Frankls moralischer Imperativ

Europäische Hochschulschriften
Publications Universitaires Européennes
European University Studies

Reihe XX
Philosophie

Série XX Series XX
Philosophie
Philosophy
Anthropology-Ethnology

Bd./Vol. 723

PETER LANG
Frankfurt am Main · Berlin · Bern · Bruxelles · New York · Oxford · Wien

Theresia Maria Leitner-Schweighofer

Frankls moralischer Imperativ

Die ethische Dimension in Viktor Frankls psychotherapeutischem/philosophischem Menschenbild

PETER LANG
Internationaler Verlag der Wissenschaften

Bibliografische Information der Deutschen Nationalbibliothek
Die Deutsche Nationalbibliothek verzeichnet diese Publikation in der Deutschen Nationalbibliografie; detaillierte bibliografische Daten sind im Internet über <http://www.d-nb.de> abrufbar.

Gedruckt mit Unterstützung des Viktor Frankl Fonds und der Wissenschafts- und Forschungsförderung der Stadt Wien, MA 7 in Wien.

Gedruckt auf alterungsbeständigem, säurefreiem Papier.

ISSN 0721-3417
ISBN 978-3-631-57695-3

Printed in Germany 1 2 3 4 5 7

www.peterlang.de

Für Christopher, Sigrid, Irene und Nikolaus

Vorwort der Autorin

Schon vor zweitausend Jahren konstatierte Aristoteles, dass Glückseligkeit das „Wünschenswerteste ist, ohne daß etwas anderes addiert werden könnte“ (Nikomachische Ethik (=NE) 1097b 16)[1]. Dass alle Menschen nach Glück streben sind Erfahrungen aus dem Alltagsleben und dem Alltagshandeln und es besteht die berechtigte Annahme, dass Menschen einen Begriff von Glück haben, wenn Glück als „der größte gemeinsame Nenner der Menschheit“ (Piper 2004: 17) angesehen wird. Der Mensch als ganzheitliches Wesen[2] wird ein Leben ohne Glück als sinnlos erachten (a.a.O., 9).

Ist es überhaupt zulässig von und über Glück zu sprechen, angesichts des Elends in der Welt? Hélène Orenga (1975: 12) empfindet eine Diskussion über Glück in der Hauptsache als Symptom einer dekadenten sterilen Philosophie, „die nur infolge unserer abendländischen Überbewertung des Individualismus denkbar ist und [...] als eine Absurdität, geradezu als Hohn angesichts der Brutalität unserer Gegenwart [...]“. Ebenso betroffen reagiert Louis Begley auf die Phänomene fanatischer religiöser Bewegungen und das Aufkommen von Theokratien. Im Gegensatz zu Oregna postuliert Begley (1999: 23) aber einen „verzweifelten kühnen Individualismus“ zu praktizieren, der in den „unerschütterlichen Vorstellungen von guter Lebensführung“ verankert ist. Damit findet Begley eine Lösung und eine Antwort auf seine irritierende Frage, welche Hilfen zur Bestimmung oder zum Erreichen des guten Lebens geblieben sind.[3] Begley definiert die meisten Vorstellungen von einer guten Lebensführung als solche, die im fünften Buch Moses enthalten sind, etwa die, die das Töten, Stehlen, Falsch-Zeugnis-Reden und das Trachten nach des Nachbarn Gut verbieten und als allgemeines Gebot, das Juden, Christen und Moslems gemeinsam ist: niemanden Schaden zuzufügen. Er erweitert die Festsetzungen mit eigenen Grundüberzeugungen, die er für die Basis einer demokratischen und einer sozialen Gesellschaft hält (a.a.O., 23). Durch die „überwiegend intuitive“ Überzeugung (a.a.O., 24) des richtigen Handelns und deren Umsetzung durch Worte und

---

1 *Aristoteles definiert damit die Glückseligkeit als ein vollkommenes und ein in sich selbst genügendes Gut, was für sich allein das Leben begehrenswert macht.*

2 *Annemarie Piper differenziert in ihren Betrachtungen über die Entwürfe eines guten Lebens den Menschen als „fühlendes, wahrnehmendes, denkendes, wollendes, handelndes Wesen“ (Piper 2004: 9).*

3 *Louis Begley (amerikanischer Romancier und Anwalt) findet durch die „unerschütterliche Vorstellung von Lebensführung“ einen Ausweg aus religiöser Umklammerung und der Differenz zwischen individuellem Glück und menschenwürdigem Leben mit anderen. Trotzdem lässt er Zweifel aufkommen, ob die rechte Lebensführung für andere Menschen verbindlich zu machen ist (Begley 1999: 25).*

Taten kristallisiert sich für Begley die autonome Persönlichkeit heraus. Der Begriff „Autonomie“ bedeutet für ihn eine Verpflichtung in strenger Selbstauferlegung so zu leben, „daß wir uns selbst achten können und der Achtung derer würdig sind, die unsere Grundüberzeugungen teilen“ (ebd.). Ein solcher Lebensvollzug bedarf einer vorgängigen Zielsetzung und eines Selbstbildes, gleich wie verschwommen es sein mag, konstatiert Mihaly Csikszentmihalyi (2001: 24), aber „Wie nahe wir an dieses Ziel herankommen, wird zum Maßstab unserer Lebensqualität.“ (ebd.)

Wer so über einen autonomen Lebensvollzug denkt, muss sagen können, an welchen Regeln und Normen er sich orientiert, um ein gutes glückendes Leben auf der Grundlage einer Entscheidungsmöglichkeit, die eine kognitiv wertende Stellungnahme voraussetzt, zu antizipieren. Überlegungen dieser Art haben Entscheidungen zu bedenken, die sich auf die Zukunft des Handelnden und der Umwelt, in der er lebt, auswirken. Viktor E. Frankl, der Begründer der Logotherapie, spricht davon, dass der Mensch ein sich entscheidendes Wesen sei, das sich jeden Augenblick entscheidet, was er im nächsten Augenblick sein wird (Frankl 1996: 197). Wie ich zeigen möchte, liegt in dieser Entscheidungsmöglichkeit das Potential einer moralischen Dimension, welche die Basis einer *Ethik der Entscheidung* bilden könnte, die das „Sollen“ zu Gunsten des „Wollens“ überwindet, die sich auf der Folie eines guten, gelingenden und glückenden Lebens entfalten lässt.

Inhaltsverzeichnis

Einleitung

Fragestellung und Aufbau der Arbeit

In der folgenden Arbeit wird Viktor E. Frankls Anthropologie im Lichte eines Konzeptes eines guten Lebens untersucht. Mein Interesse gilt Frankls Anthropologie insofern, als darin der sinnorientierte Mensch in der mehrdimensionalen Einheit von Leib, Seele und Geist sichtbar wird. In der komplexen philosophischen Anthropologie, angelegt für eine Psychotherapie, erregen das Geist- und Vernunftkonzept, die Welt der Werte, die Bedingtheit des Menschen in seiner personalen Existenz sowie die Überwindung der Bedingtheit durch „die Autonomie der geistigen Existenz" (Frankl 2000: 87) durch die der Mensch Entscheidungen treffen kann, meine besondere Aufmerksamkeit. In Viktor Frankls Anthropologie ist ein ethischer Horizont sichtbar, von dem ich annehme, dass er eine Orientierung in der Wahl der Lebensführung als eine frei gewählte Weise des Existierens anbietet. Solche Entscheidungen enthalten zugleich Wertentscheidungen, die Einfluss auf ein gutes gelingendes Leben zur Folge haben, gleichwohl Wertentscheidungen auch den pragmatischen Aspekt des Handelns betreffen und einschließen. Wird die Frage gestellt, wie ein glückendes Leben möglich ist, obwohl das Leben endlich und wechselhaft ist[1] und ob es sich darob lohnt, sich zu mühen, kommt man unweigerlich auf die Frage nach dem Sinn des Lebens. Kann der Sinn des Lebens erkannt werden? Kann im Leben Sinn gewonnen werden? Genügt es, eine exzellente Disposition zu besitzen, oder kommt es auf die Aktualisierung dieser Position in Form einer gelungenen Handlung an, um den Sinn des Lebens zu erkennen? Viktor Frankl verweist darauf, dass das Leben sinnvoll und nicht sinnlos sei. Die Suche nach dem Sinn ist nach Frankl dem Menschen immanent und besitzt einen „Willen zum Sinn."

Mit Jürgen Habermas (1991: 103) ziehe ich in Betracht, dass, „Wer in lebenswichtigen Fragen nicht weiß, was er will, wird am Ende danach fragen, *wer er ist* und *wer er sein möchte*." Habermas bildet hier einen Begriff der Ethik der Entscheidung und der Klugheit. Er verdeutlicht dies weiter: „Was du tun 'sollst' oder tun 'mußt' hat hier den Sinn, daß es für Dich auf lange Sicht und im ganzen 'gut ist', so zu handeln. Aristoteles spricht in diesem Zusammenhang von Wegen zum guten und glücklichen Leben. Starke Wertungen orientieren sich an einem für mich absolut gesetzten Ziel, nämlich am höchsten Gut einer autarken, ihren Wert in sich tragenden Lebensführung." (a.a.O., 104f.)

Ausgehend von der Annahme, dass das individuelle Glück auf das universelle Glück ausgerichtet ist und umgekehrt, und auf der Folie der gegenseitigen An-

1 *Vgl. dazu Wolf, Ursula: Die Philosophie und die Frage nach dem guten Leben. 1999: 19*

erkennung beruht, begründet meine Rezeption der Nikomachischen Ethik als ein Konzept des guten Lebens, zu dem Glück und Glückseligkeit gehören. Aristoteles nimmt darin eine Analyse des ethischen Verhaltens vor, wie es im Alltagsleben sichtbar wird: Die Tugend des Charakters, des Verstandes, des Nachdenkens und des Handelns. In diesem Sinne kann ein solch Handelnder als Mitglied einer wohlgeordneten Gesellschaft gesehen werden, in der moralische Verbindlichkeiten, wie beispielsweise Verantwortung und gegenseitige Anerkennung inbegriffen sind.

Daraus ergibt sich die Frage, ob Handlungsmaximen, die sich aus Regeln und Normen im historischen und sozialen Kontext bildeten und/oder sich davon ableiten und zur Lösung wichtiger Probleme beitragen nur für diese Kultur/Gesellschaft Geltung haben und somit als moralisch subjektiv (im Sinne für diese Gesellschaft geltend) angesehen werden können, oder ob sie einem objektiven Ideal folgen und die Folgen für Andere bedenken?

Ethisches Verhalten steht in dieser Arbeit für eine Individualethik innerhalb eines Kollektivs unter Einbindung des universellen Charakters eines guten Lebens. Damit soll Auskunft über Bedingungen des Gelingens eines Lebens gegeben werden. Die Arbeit argumentiert für eine Anerkennungstheorie, die die Frage der Gerechtigkeit bedenkt.

Ziel der Arbeit ist es, die ethischen Grundannahmen, die der philosophisch ausgerichteten, dem Bestreben nach aber psychotherapeutischen Anthropologie Frankls zugrunde liegen, zu analysieren und auszuwerten, um sie auf der Grundlage vorliegender Theorieansätze von Glück sowie Theorieansätze der Gerechtigkeit so zu analogisieren, um auf dieser Basis eine Theorie eines guten geglückten Lebens zu finden, die gleichzeitig als Letztursache einer Handlung den Erkenntnisgrund zeigt, etwas autonom zu entscheiden und sich dafür verantwortlich zu fühlen.

Die sich daraus ergebende Fragestellung lautet:

1) *Kann Frankls philosophisch/psychotherapeutisches Menschenbild Beiträge liefern, die für eine ethische Theorie relevant sind?* auf deren Grundlage

1.1) von einer an universalen Prinzipien orientierten Entscheidungsethik gesprochen werden kann?

1.2) eine Orientierung und Erweiterung verantwortungsförderlicher und glücksförderlicher Handlungskompetenzen im Umgang und Austausch (Wechselwirkung) des Subjekts mit der Außenwelt im Bemühen Probleme zu lösen begründbar ist?

Diese Antworten auf komplexe Fragen werden im Wissen der begrenzten Möglichkeit gesucht, sich einer idealen Vorstellung eines glückenden Lebens anzunähern. Dennoch versuche ich einen Begriff des Guten als Kern einer universalistischen Moral zu formulieren. Der eigene Standpunkt über ein gutes glückendes Leben auf der Grundlage einer Entscheidungsmöglichkeit, die eine kognitiv wertende Stellungnahme bedenkt, und im Sinne von Epikur (2001: 49) der meint, ein gutes Leben beruhe auf dem „nüchternen Verstand“, durch den die Gründe für jedes Wählen und Meiden aufgespürt werden können, findet Ausdruck in einer vorsichtig formulierten Definition mit thesenartigem Charakter, die davon ausgeht: dass sich ein gutes glückendes Leben auf ein moralisches Bewusstsein stützt, auf einer begründeten Zufriedenheit und wertenden Stellungnahme der Lebensbedingungen beruht, durch Selbstachtung und durch Zuerkennung der Würde, durch Mitgefühl und Verantwortung für andere verwirklicht werden kann.

Das Forschungsziel der Arbeit liegt in der Erforschung (Analyse) der Frage nach Möglichkeiten eines guten, glückenden Lebens, die die Eigenverantwortlichkeit des Handelns im Kontext eines Selbst-Weltverhältnisses zwingend einbezieht. Der Gang der Arbeit erfordert eine Zweiteilung:

Im *ersten* Teil wird in einer phänomenologischen Betrachtung versucht, die komplexe Bedeutung der Glücksbegriffe auf der Basis vorliegender Theorieansätze zu erkennen. Dabei wird Glück im *vorübergehenden objektiven Sinne* (als beobachtbare und berechenbare Tatsache) und Glück im *subjektiven Sinne* (als positive Erlebnisse) zugunsten eines *ontologischen Glücksbegriffes* im Sinne Aristoteles, (der als höchstes Gut des Menschen eine auf Vernunft und sittliches Streben gegründete Glückseligkeit bestimmt) überwunden. Im Weiteren wird mit dem Begriff des *beständigen subjektiven Glücks* (in dem ein Wissen über das Maß von Fähigkeiten vorhanden ist, um das zu erreichen was angestrebt wird) ein *allgemeines Verständnis eines guten gelingenden menschlichen Lebens* gewonnen. Wissend, dass die methodische Vorgangsweise der Phänomenologie von der Einstellung, die dem Phänomen gegenüber eingenommen wird, beeinflusst ist (Spierling 2006: 246), wird versucht, unvoreingenommen und nicht wertend, in vorliegenden Theorien das Wesentliche zu erfassen, jedoch nicht ohne kritische Analyse in die zu entwikkelnde eigene Theorie aufgenommen, mit der die angenommene These bestätigt werden kann/soll. Gleichzeitig ermöglichen mir diese Thesen in ihrem Sinnzusammenhang das benötigte Vorverständnis zur Auslegung der Anthropologie Frankls, weil sie die Bedingungen der Möglichkeiten eines glückenden Lebens enthalten und zeigen meine Position, die ich in dieser Arbeit einnehme.

Im *zweiten* Teil wird Frankls Menschenbild entfaltet, um die darin enthaltenen ethischen Aussagen durchschaubar zu machen, in der Annahme, die eigene Theorie erweitern, ergänzen und modifizieren zu können, mit dem Ziel, eine theoretische Fundierung, die auf verantworteter Entscheidungen basiert, einer anwendbaren Gestaltung der Lebenswelt zu liefern.

Bei der Explikation von Frankls Menschenbild wird eine wissenschaftsreflektierende Position eingenommen, bei der Frankls Texte in Anlehnung einer modifizierten Form der empirisch-hermeneutischen Textanalyse nach Thomas Stephenson[2], analytisch betrachtet und hermeneutisch ausgelegt werden, um den Sinnzusammenhang zu erfassen. Die Schriften Frankls werden darauf untersucht, was hinter den Aussagen steht (Phänomen), was er damit bezwecken und beabsichtigen will (Finalität) und welche Wirkung oder Auswirkung diese Aussagen im sozial-ethischen

2 *Stephenson, Thomas: Paradigma und Pädagogik. Wissenschaftsanalytische Untersuchungen im Spannungsfeld zwischen Pädagogik, Therapie und Wissenschaft.- Wien: Empirie Verlag, 2003, Habilitationsschrift, Universität Wien*

Kontext der Lebenswirklichkeit für einen Zusammenhang haben (Kausalität). Die Medialisierung als viertes Element der empirisch-hermeneutischen Textanalyse erübrigt sich, weil die Art und Weise, das zu erreichen, was Frankl erreichen will, über das gesprochene, und in dieser Arbeit über das geschriebene Wort erfolgt.

Die wissenschaftliche Vorgehensweise mit der gearbeitet wird, ist die Abduktion[3] oder das Zirkuläre Modell, von dem Mathias Karmasin und Rainer Ribing (1999: 18) sagen, sie/es gleiche einer Detektivgeschichte. Zunächst werden:

1) mittels Literatur und hermeneutischer Auslegung verschiedene Theorien über die hochkomplexen Phänomene Glück und Gerechtigkeit mit ihren Grundannahmen und den daraus entwickelten Folgerungen vorgestellt und

2) so die Übereinstimmung in ihrem Abhängigkeitsverhältnis zu zeigen, um exemplarisch und systematisch zu einem Ergebnis zu gelangen, auf dessen

3) festgelegter Grundlage es möglich ist, in Frankls aufgefalteter Anthropologie die ethischen Aussagen zu erheben und auszuwerten, um

4) zu einer allgemeingültigen Theorie über ein gutes und glückendes Leben – auf der Basis einer Ethik der Entscheidung – zu gelangen.

Eine sprachtheoretische Auseinandersetzung mit dem Wortfeld „Glück" ist nicht vorgesehen, auch kein Vergleich der Theorien zu einander. Letztlich thematisiert diese Arbeit - ohne transzendentes Schielen auf jenseitige Glückserfüllung - durch die Theorien der Praktischen Philosophie und mit Blick der Moralpsychologie in Auseinandersetzung mit Frankls Anthropologie, Glück und Gerechtigkeit als auf das irdische Leben beschränkt.

Die Länge der einzelnen Abschnitte sagt nichts über deren Wichtigkeit aus. Das Einzelne ergibt das Ganze dessen, was ich sagen und erheben will.

Kursiv gesetzte Wörter oder Stellen, wenn nicht ausdrücklich im Zitat darauf hingewiesen, verwende ich, um sie als bedeutsam zu kennzeichnen, ebenso längere Zitate oder Textabschnitte.

Diese vorliegende Arbeit ist in mancher Hinsicht eine Weiterentwicklung, Vertiefung und in gewissem Sinne eine Fortsetzung meiner Diplomarbeit „Über das Glück. Eine mögliche Theorie des Glücks in Frankls Anthropologie" an der damaligen Fakultät für Human- und Sozialwissenschaften (Pädagogik/Sonder- und Heilpädagogik) der Universität Wien, 2003. Es ist unvermeidbar, dass ich einige Überlegungen und Gedanken wiederholen werde, die ich in der Diplomarbeit bereits entwickelte.

---

3 *Abduktion wurde 1866 von dem amerikanischen Philosophen Charles S. Peirce als dritter Modus des syllogistischen Schließens eingeführt. Der abduktive Modus schließt vom Resultat (Conclusio) und der Regel (Prämisse major) auf den Fall (Prämisse minor). Ein Abduktionsschluss ist potentiell Wahrheit entdeckend und Erkenntnis erweiternd. Mittels Abduktion werden kreative, innovative und originelle Hypothesen gewonnen (vgl. Rehfus, Wulff D. (Hg): Handwörterbuch Philosophie.- Göttingen, Vandenhoeck &Ruprecht, 2003: 236).*

Teil I
Konzeption eines gelingenden glücklichen Lebens

1. Widersprechende Meinungen über das Glück

Sigmund Freud (1856-1939) wendet sich in der 1928 fertiggestellten Schrift „Das Unbehagen in der Kultur“[4] der „anspruchsloseren Frage“ (Freud 2001: 42) zu, was Menschen durch ihr Verhalten im Leben bezwecken, beabsichtigen und erreichen wollen. Freud postuliert, dass sie nach Glück streben, glücklich werden und glücklich bleiben wollen. Dieses Streben nach Glück hat jedoch zwei Seiten, ein positives und ein negatives Ziel. Einerseits soll damit die Abwesenheit von Schmerz und Unlust erreicht werden und andererseits das Erleben starker Lustgefühle. Glück wird jedoch vorwiegend auf das Erreichen von subjektiven sinnlichen Lustgefühlen bezogen. Durch diese Zweiteilung der Ziele entfaltet sich auch die Tätigkeit der Menschen entsprechend in zwei Richtungen, je nachdem welches dieser Ziele sie zu verwirklichen suchen. Freud bleibt seinem wissenschaftlichen Konzept insofern treu, als er das Programm des Lustprinzips als den Lebenszweck definiert.

„Es ist wie man merkt, einfach das Programm des Lustprinzips, das den Lebenszweck setzt. Dies Prinzip beherrscht die Leistung des seelischen Apparates vom Anfang an; an seiner Zweckdienlichkeit kann kein Zweifel sein, und doch ist sein Programm im Hader mit der ganzen Welt, mit dem Makrokosmos ebenso wohl wie mit dem Mikrokosmos. Es ist überhaupt nicht durchführbar, alle Einrichtungen des Alls widerstreben ihm; man möchte sagen, die Absicht, dass der Mensch 'glücklich` sei, ist im Plan der 'Schöpfung` nicht enthalten.“ (a.a.O., 42f.)

Aus Freuds libidinösem Dogma geht hervor, dass Glück nicht mit Lust gleichzusetzen ist. Im Pessimismus der Aussage über das Glück schwingt Freuds persönliches Lebensdrama hinein. Seit 1923, dem Jahr seiner ersten Kieferoperation, kränkelte Freud. Zum Zeitpunkt der Erscheinung „Das Unbehagen in der Kultur“ 1930, war Freud bereits von unheilbarem Krebs gezeichnet und erwartete den eigenen Tod (a.a.O., 23)[5]. Freuds Grundstimmung zeugt aber auch von einem Katastrophenbewusstsein, das wie ein Seismograph die Unruhe, das Unglück und die Angst, als

4 *„Das Unbehagen in der Kultur“ ist eine Kulturbetrachtung, die von „Kultur, Schuldgefühl, Glück und anderen hohen Dingen [handelt, d, Vf.) und kommt mir, gewiß mit Recht, sehr überflüssig vor, zum Unterschied von früheren Arbeiten, hinter denen doch immer irgendein Drang steckte. [...] ich habe die banalsten Wahrheiten während dieser Arbeit neu entdeckt.“ (Sigmund Freud in einem Brief vom 28. Juli 1929 an Lou Andreas-Salomè, unmittelbar nach Abschluss der Arbeiten am Unbehagen in der Kultur (Freud 2001: 12f.). In Zentrum von Freuds Kulturauffassung steht die Behauptung eines fundamentalen und letzten Endes unlösbaren Widerspruchs von Kultur und Trieb.*

Dagmar Fenner bezeichnet in ihrem Buch: Glück. Grundriss einer integrativen Lebenswissenschaft: Freud als „Kronzeuge eines subjektiven Glücksbegriffs“ (2003: 13).

5 *Vgl. Alfred Lorenzer und Bernhard Görlich in der Einleitung zu „Unbehagen in der Kultur“.*

Resultat des gesellschaftlichen Umfelds aufspürte, wie aus den Schlusssätzen in „Das Unbehagen in der Kultur" zu erkennen ist.[6]

Gerade zu einer entgegengesetzten Auffassung über das Glück kommt der griechische Philosoph Epikur (342-271 v. Chr.), der zweitausend Jahre früher in einem Brief an seinen Schüler Menoikeus die Meinung vertritt, dass eben die Freude das erste und angeborene Gut ist (Epikur 2000: 47).

Aus diesen widersprechenden Überlegungen heraus ergibt sich die Notwendigkeit, eine Differenzierung verschiedener Glücksbegriffe vorzunehmen.

1.1 Glücksbegriffe

Glücksbegriffe haben gemeinsam, dass sie alle etwas Positives und Wertvolles bezeichnen, obwohl sie sich voneinander unterscheiden. Werden weniger verbreitete Begriffe über das Glück außer Acht gelassen, verbleiben nach dem polnischen Philosophen Wladyslaw Tartarkiewicz noch vier verschiedene Begriffe des Glücks übrig, die einen „beachtlichen Platz im Begriffsinventar der Menschheit" (1984: 13) einnehmen[7].

1.1.1 Das episodische Glück: Positive Ereignisse

In einer objektiven Bedeutung kann das Glück als eine Reihe positiver Ereignisse und günstige Fügung der Lebensumstände, als Erfolg und Wohlergehen angesehen werden. Lotteriegewinne, die Überwindung einer unangenehmen Situation, „Glück im Spiel" oder „Glück im Geschäftemachen" beruhen auf einem positiven Zufall, auf einem glücklichen Ereignis, auf einem günstigen Schicksal. Umgangssprach-

---

6 *„Die Schicksalsfrage der Menschenart scheint mir zu sein, ob und in welchem Maße es ihrer Kulturentwicklung gelingen wird, der Störung des Zusammenlebens durch den menschlichen Aggres-sions- und Selbstvernichtungstrieb Herr zu werden. In diesem Bezug verdient vielleicht gerade die gegenwärtige Zeit ein besonderes Interesse. Die Menschen haben es jetzt in der Beherrschung der Naturkräfte so weit gebracht, daß sie es mit deren Hilfe leicht haben, einander bis auf den letzten Mann auszurotten. Sie wissen das, daher ein gut Stück ihrer gegenwärtigen Unruhe, ihres Unglücks, ihrer Angststimmung. Und nun ist zu erwarten, daß die andere der beiden 'himmlischen Mächte', der ewige Eros, eine Anstrengung machen wird, um sich im Kampf mit seinem ebenso unsterblichen Gegner zu behaupten. Aber wer kann den Erfolg und Ausgang voraussehen?" (Freud 2001⁷: 108)*
Vgl. dazu auch den Briefwechsel vom September 1932 mit Albert Einstein „Warum Krieg?" (a.a.O., 165-177), in dem Freud die kommende Kriegsgefahr voraussah und seine Friedenssehnsucht offen legte.

7 *Tatarkiewicz, Wladyslaw: Über das Glück: unterscheidet vier Glücksbegriffe: 1. Positive Ereignisse, 2. Positive Erlebnisse, 3. Das höchste Maß an Gütern, 4. Die Zufriedenheit mit dem Leben als Ganzen (1984: 13-16). Obwohl Martin Seel in seiner Untersuchung: Versuch über die Form des Glücks (1999) einen differenzierteren Begriff von der Bedeutung des Glücks verwendet, übernehme ich Tatarkiewiczs Glücksbegriffe (in modifizierter Form). Meinem Ermessen nach eröffnet sich damit die Möglichkeit, die Glücksbegriffe so zu differenzieren, um auf deren Grundlage zu einer gültigen Definition über das geglückte Leben zu kommen.*
Martin Seel, Professor für Philosophie an der Universität Gießen, verdanke ich wichtige Anregungen, die ich in diese Arbeit einfließen lasse.

lich wird in solchen Fällen auch von „mehr Glück als Verstand“ gesprochen und damit gemeint, dass manchmal etwas mehr das Glück als der Verstand Ursache für positive Ereignisse war. Mit dieser Art von Glück, den günstigen und ungünstigen Zufallsereignissen, beschäftigt sich die Wahrscheinlichkeitstheorie, die ihren Ursprung in den Bemühungen der Glücksspieler, durch Berechnung den großen Wurf zu bannen, hat. Ernst Gehmacher, Soziologe, Meinungsforscher und frühere Geschäftsführer des Instituts für empirische Sozialforschung in Wien, weist jedoch darauf hin, dass die Wahrscheinlichkeitstheorie an ein unüberwindliches Hindernis stößt: „Man kann zwar berechnen, wie oft, oder besser: wie selten das große Los vorkommt – aber man kann nie wissen, auf wen es fällt. Man vermag ziemlich genau zu schätzen, wie viele Menschen in einem Jahr auf der Straße sterben werden; doch es bleibt Glückssache, ob Sie oder ich darunter sein werden.“ (Gehmacher 1991: 9f)

Aus Gehmachers Feststellung geht hervor, dass der Glücksbegriff relativierbar ist. Unter Glück wird auch verstanden, wenn ein Unglück nicht zu groß ausfällt. Wenn beispielsweise bei einem Autounfall nur Blech- und kein Totalschaden entstanden oder in der dramatischsten Formulierung: Es kein Menschenleben zu betrauern gibt. Sigmund Freud (2001: 43), der den Glücksbegriff „im strengen Sinn“ als eine „plötzliche Befriedigung hoch aufgestauter Bedürfnisse“[8] definiert, meint, sich glücklich preisen zu können, „dem Unglück entgangen zu sein.“ Doch die Abwesenheit von Unglück als eine negative Bestimmung des Glücks, kann kein allgemeiner Begriff von Glück sein. Freuds Ausgleich einer physiologischen Spannung deckt sich mit seinem Glücksbegriff im strengsten Sinne und ist für ihn als ein „episodisches Phänomen“ denkbar. Eine Fortdauer, der vom Lustprinzip ersehnten Situation rufe nur ein „Gefühl von lauem Behagen“ hervor. Nur der Kontrast kann genossen werden, der Zustand nur sehr wenig[9]. Die Konstitution des Menschen beschränke die Möglichkeit, Glück zu erfahren. In einer Fußnote verweist Freud, zwar daran zweifelnd, auf ein Goethezitat: „Nichts ist schwerer zu ertragen, als eine Reihe von schönen Tagen.“ (ebd.) Die These des Psychoanalytikers Erich Fromm (2004: 147) Glück und Freude sei nicht eine Befriedigung, die durch Beseitigung einer Spannung entsteht, kann als Antithese zu Freuds triebtheoretischer Ansicht,

8 *Erich Fromm kritisiert in: Den Menschen verstehen. Psychoanalyse und Ethik, 2004: 146, Freuds Sexualbegriff: „Freuds Sexualbegriff geht davon aus, daß es sich um ein Bedürfnis handelt, das ausschließlich auf eine physiologisch bedingte Spannung zurückgeht, und das, wie auch der Hunger, durch Befriedigung gestillt wird. Freud übersieht jedoch, daß es sexuelle Wünsche und Lust gibt, die dem Appetit [„Appetit ist das Vorgefühl einer genussreichen Erfahrung des Geschmacks.“ (ebd.) eingefügt zur Erklärung des Appetits, d. Vf.] entsprechen, lediglich im Bereich des Überflusses existieren und somit ein ausschließliches menschliches Phänomen ist.“*

9 *Vgl.: Robert Spaemann in: Glück und Wohlwollen. Versuch über Ethik, 1989: 9. Spaemann spricht von einer doppelten Herausforderung, die darin besteht, dass sich „beim Menschen die Integration der Partialtriebe zum Ganzen eines gelingenden Lebens nicht von selbst macht.“ Lebensführung muss gelernt werden, denn „unmittelbare Triebbefriedigung und 'Glückseligkeit' stehen nicht jederzeit in einer prästabilierten Harmonie“ (ebd.).*

Glück sei eine lustvolle Verkürzung durch Erfüllung von Begehren, verstanden werden.

Martin Seel (1999: 62) besteht auf der Differenzierung der terminologischen Grundbedeutung des Glücks in die *episodische* und die *übergreifende* Bedeutung. Das episodische Glück bezieht sich auf einen glücklichen Zufall, auf einen glücklichen Abschnitt oder einer plötzlichen Befriedigung. Die zweite Bedeutung ist nach Seel „eine Gestalt meines Lebens" (ebd.)[10]. Dagmar Fenner (2003: 31) verweist auf die Schwierigkeit, mit der sich „jede neuzeitliche Glücksphilosophie" in Seels Worten wiederfindet und auseinandersetzen muss.

„Erstens: Ein glückliches Leben ist ohne Episoden des Glücks nicht möglich. Zweitens: Ein glückliches Leben besteht nicht einfach aus einer nicht endenwollenden Kette von Episoden des Glücks; zu einem guten menschlichen Leben gehört ein gelingendes Bestehen von erfreulichen und unerfreulichen Situationen verschiedener Art. Jede Theorie des Glücks steht also vor der Aufgabe, den Zusammenhang zwischen vereinzelten Glückszuständen und der qualitativen Einheit menschlichen Lebens aufzuklären. Denn von einem bloßen Wohlgefühl unterscheidet sich das episodische Glück wesentlich darin, daß es – für diejenigen die es erfahren – in einem Horizont übergreifender Glückserwartung steht, die Situationen episodischen Glücks erlangen ihre Farbe und ihr Gewicht innerhalb der Situation eines in unterschiedlichen Maßen gelingenden oder mißlingenden Lebens. Die philosophische Frage nach dem Glück ist daher letztlich immer die Frage nach der Bedeutung der übergreifenden Verwendung von 'Glück`." (Seel 1999: 62)

Die von Seel angesprochene Zeitlichkeit verweist auf einen Horizont eines gelingenden Lebens, in dem vorauseilende Erwartungen und zurückreichende Erinnerungen stehen, und es begreift Glück, das episodische sowie das übergreifende, als eine Daseinsmöglichkeit, die nur selbstbewussten Lebewesen offen steht, die um ihre Endlichkeit wissen (a.a.O., 63). „Wirklichkeit hat nur die bewußte Gegenwart" postuliert Robert Spaemann (1998: 55). Der Richtungssinn des „sich selbst zeitigenden Wesens" (ebd.) gehört zum Phänomen gelebter Gegenwart, dem sich der Mensch als zeitstiftendes Wesen nicht entziehen kann. Durch seinen Begriff von Zeit und im Alltagsbewusstsein erlebend als „schwimmend 'im Strom der Zeit`" (ebd.) kann der Mensch als historisch lebend definiert werden. Im Gegensatz dazu lebt nach Nietzsche das Tier unhistorisch. In den „Unzeitgemäßen Betrachtungen" Band II, (1964: 101) gibt er dazu ein bekanntes Beispiel:[11]

„Betrachte die Herde, die an dir vorüberweidet: sie weiß nicht, was Gestern was Heute ist, springt umher, frisst, ruht, verdaut, springt wieder, und so vom Morgen bis zur Nacht und von Tage zu Tage, kurz angebunden, mit ihrer Lust und

---

10 Diese Sichtweise verstehe ich im Sinne Aristoteles, der das glückliche und gelingende Leben als ein qualitatives Ganzes sieht.

11 Vgl. dazu: Piper, Annemarie: Glücksache. Die Kunst gut zu leben: (2004: 16), die dieses Beispiel wählt, um der Frage nachzugehen, ob tierisches Glück an menschlichen Glücksvorstellungen gemessen werden kann. Ebenso wählt Dagmar Fenner (2003: 271) Nietzsches Betrachtung in ihrer Diskussion über Hedonismus und die Wunschtheorien des Glücks.

Unlust, nämlich an den Pflock des Augenblickes und deshalb weder schwermütig noch überdrüssig. Dies zu sehen geht dem Menschen hart ein, weil er seines Menschentums sich vor dem Tiere brüstet und doch nach seinem Glücke eifersüchtig hinblickt – denn das will er allein, gleich dem Tiere weder überdrüssig, noch unter Schmerzen leben, und will es doch vergebens, weil er es nicht will wie das Tier. Der Mensch fragt wohl einmal das Tier: warum redest du mir nicht von deinem Glücke und siehst mich nur an? Das Tier will auch antworten und sagen: das kommt daher, daß ich immer gleich vergesse, was ich sagen wollte – da vergaß es aber auch schon diese Antwort und schwieg: so daß der Mensch sich darob verwunderte."

Aus Nietzsches Darstellung kann weder auf eine tierische Glücksunfähigkeit noch auf ein subjektives Wohlbefinden glücklicher Hühner oder glücklicher Kühe geschlossen werden, wohl aber darauf, dass Tiere keine lebensstrukturierende Aussicht besitzen. Menschen sind nicht an den „Pflock des Augenblicks" (ebd.) gebunden, sondern besitzen eine Vorstellung von Vergangenheit, Gegenwart und Zukunft. Mit Verweis auf Seels angesprochene Offenheit der Daseinsmöglichkeit selbstbewusster Lebewesen mit der Verknüpfung qualitativer Einheit menschlichen Lebens ist demzufolge Glück eine menschliche Gegebenheit. Wir bedürfen, wie mit Seel gezeigt, des episodischen Glücks, das sich vom Moment eines günstigen Augenblickes nicht trennen lässt und in Summe sich als Ergebnis glücklicher vielfältiger Umstände ergibt (Seel 1999: 91). Wohl ist aus einer objektiven Perspektive eines positiven Ereignisses wie aus einer subjektiven Perspektive - als ein Kriterium des Glücks überhaupt - ein „episodisches Phänomen" als Glück zu bezeichnen. Doch dieser Umstand reicht nicht aus, um zu einer formalen Bestimmung eines geglückten Lebens zu gelangen und verlangt daher nach weiteren theoretischen Ansätzen.

1.1.2 Flüchtige Glücksgefühle: Positive Erlebnisse

Positive Erlebnisse sind Phänomene des Augenblicks, nicht ohne weiteres herstellbar und nicht stabil. Ein bestimmter Duft ruft Erinnerungen an die Kindheit hervor, eine vertraute Melodie rührt zu Tränen, das Happy End eines Films wird erwartet, weil wir Glück erwarten. Ist es vielleicht nicht Glück, den Anblick einer roten Melone auf einem grünen Teller an einem heißen Sommertag sehen oder das Fenster zu öffnen und eine Biene aus dem Zimmer lassen? (Worte und Gleichnisse östlichen Denkens aus: Kleine Kostbarkeiten der Aldus Manutius Drucke, o.J. in modifizierter Form wiedergegeben)

In dieser Bedeutung ist Glück ein subjektives Erleben, ein Zustand tiefer Freude,[12] eine Glückseligkeit, ein Sinnesrausch. Im Gegensatz zur ersten Bedeutung ist hier das, für das Subjekt allein gültige Erleben ausschlaggebend, unabhängig davon, welche äußeren Bedingungen dieses Erlebnis verursachten. Für Tartakiewicz handelt es sich hier um ein Glück in psychologischer Bedeutung (1984: 14).

12 *Erich Fromm (2004: 147) differenziert die Begriffe „Freude" und „Glück" daraufhin, dass sie sich nicht in der Qualität unterscheiden, „sondern nur insofern, als Freude sich auf einen einzelnen Akt bezieht, während man vom Glück sagen kann, es sei eine stetige oder integrierte Erfahrung von Freude."*

Physiologisch gesehen überfluten Glückshormone (Serotonin und Dopamin)[13] das Gehirn und erzielen eine neue Dimension der Emotionalität. Gleichzeitig sorgen Neurohormone dafür, dass sich Rezeptoren wieder in das Zellinnere zurückziehen und das schöne Gefühl wieder abebbt. Die Hirnforscherin Isabella Heuser[14] meint, die Natur sei im Grunde dagegen, dass der Mensch glücklich ist. Ein emotionelles Hochgefühl könnte nicht lange ausgehalten werden, doch genau in dieser Flüchtigkeit liege das Geheimnis des Glücks (Heuser in: „Brigitte" balance 1/2005: 15). Mit dieser Ansicht geht Heuser mit Freuds Glückspessimismus konform, der besagt, Glück sei im Schöpfungsplan nicht vorgesehen.

Nicht nur durch tiefes Erleben kann intensive Freude oder ein Sinnesrausch empfunden werden, sondern auch durch chemische Substanzen, die von außen zugeführt werden. Freud nennt sie die „roheste, aber auch wirksamste Methode" (Freud 2001: 44) wie Menschen Glück gewinnen und Leid fernhalten können. Beispielsweise gibt es „körperfremde Stoffe [...], deren Anwesenheit in Blut und Geweben uns unmittelbare Lustempfindungen verschafft, aber auch die Bedingungen unseres Empfindungslebens so verändert, daß wir zur Aufnahme von Unlustregungen untauglich werden." (ebd.) Freud vermutet, dass auch körpereigene Stoffe Ähnliches leisten können, denn im krankhaften Zustand der Manie kann es zu rauschhaftem Verhalten kommen, ohne dass Rauschgift eingenommen wurde. Im Kampf um das Glück und zur Fernhaltung des Elends wird die Leistung der Rauschmittel als Wohltat geschätzt. „Individuen und Völker" (ebd.) danken dem Rauschmittel nicht nur den unmittelbaren Lustgewinn, sondern eine Unabhängigkeit von der Außenwelt. Mit Hilfe dieser „Sorgenbrecher" kann dem Druck der Realität entgangen und in einer eigenen Welt mit besseren Empfindungsbedingungen Zuflucht gefunden werden (a.a.O., 45).

Die Reduktion dieser Sichtweise, die auf einen durch Drogen hervorgerufenen kurzen Glückszustand zurückgeht, ist der Vorwurf zu machen, die kausalen Folgen des Drogenkonsums zu wenig zu beachten, wie sie beispielsweise im „Bericht zur Drogensituation 2004"[15] deutlich sichtbar werden. Demnach sind im Jahre 2003

---

13 *Eine kurze Einführung in die physiologische Forschung wohlbefindensrelevanter physiologischer Transmittersubstanzen gibt Philipp Mayring in: Psychologie des Glücks (1991: 60): „Ein [...] Forschungszweig beschäftigt sich mit den Substanzen im Gehirn, die Wohlbefinden auslösen können (Transmitter). Ein Meilenstein der Forschung war hier die Entdeckung der Endorphine durch J. Hughes, 1975 (vgl. Demling, 1986; Hopson, 1988). Man fand im menschlichen Gehirn Stoffe, die dem Morphium ähnlich sind und in geringsten Mengen vom Körper selbst hergestellt werden (endogen hergestellte Morphine = Endorphine). Wie Morphium haben sie stimmungsaufhellende, euphorisierende und auch schmerzstillende Funktion [...]. Heute weiß man, daß es eine ganze Reihe von Transmitterstoffen gibt, die bei positivem Befinden eine Rolle spielen [...]."*

14 *Heuser, Isabella: Professorin im Department für Psychiatrie, Psychosomatik und Psychotherapie an der Charité, Berlin in: „Brigitte" Balance, 1/2005: 15.*

15 *Bericht zur Drogensituation 2004, des Österreichischen Bundesinstitutes für Gesundheitswesen, im Auftrag der Europäischen Beobachtungsstelle für Drogen und Drogensucht, Lissabon, und des Bundesministeriums Gesundheit und Frauen, Wien, Oktober 2004.*

in Österreich 163 Personen direkt an den Folgen des Drogenkonsums verstorben. Ein Ansteigen findet sich vor allem in der Altersgruppe der 20- bis 24-jährigen. Bezüglich der suchtgiftbezogenen Todesfälle der Infektionskrankheiten von HIV wurde eine Steigerung von 8% festgestellt. Infektionen von Hepatitis B und Hepatitis C sind etwas rückläufig, gleichwohl nicht von einem allgemeinen Trend gesprochen werden kann, da die bisher verfügbaren Daten meist auf freiwilligen Tests beruhen und damit kein unabhängiges Sample darstellen. Mit Sorge wird in dem Bericht darauf hingewiesen, dass es im Zuge des zunehmenden Kokainkonsums in der Straßenszene, durch Nichtbeachtung der „Safer-Use-Regeln" zu einem Anstieg von HIV und Hepatitis kommen könnte. Der steigende Drogenkonsum – vor allem bei Jugendlichen und jungen Erwachsenen - dürfte einerseits den „Zeitgeist" und andererseits gesamtgesellschaftliche Entwicklungen widerspiegeln (vgl. Bericht zur Drogensituation 2004, Kurzfassung: IV).

Aus heutiger Wahrnehmung kann Freuds Sichtweise der Leidminimierung durch Drogenkonsum und Glückserreichung mittels Droge als naiv, wenn nicht sogar als verantwortungslos angesehen werden. Es gibt Anlass zu berechtigter Sorge, sich mittels Droge jederzeit dem Druck der Realität entziehen zu können. Auf der Suche nach Glück kann der kritische Blick auf die Wirklichkeit getrübt werden und zur Haltlosigkeit und Apathie abdriften. Oder ist das künstliche Bedürfnis - als lebenszerstörende intrinsische Motivation gesehen - größer, den „Kampf um das Glück" (Freud 2001: 44) durch einen „Sorgenbrecher" (a.a.O., 45) zu gewinnen? Das kurze Glücksgefühl, durch Befriedigung der Lust, kann der Kontrolle entgleiten und in Sucht enden. Spaemann (1998: 61) stellt kategorisch fest, dass es kein Gelingen des Lebens um den Preis des Wirklichkeitsverlustes gibt.

Eine andere Art der Leidabwehr, die Freud „das Leben geopfert" (Freud 2004: 44.) nennt, erhofft er sich durch Einwirkung auf die Triebregung. „Diese Art der Leidabwehr greift nicht mehr am Empfindungsapparat an, sie sucht der inneren Quellen der Bedürfnisse Herr zu werden. In extremer Weise geschieht dies, indem man die Triebe ertötet, wie die orientalische Lebensweisheit lehrt und die Yogapraxis ausführt. Gelingt es, so hat man damit auch alle andere Tätigkeit aufgegeben (das Leben geopfert), [...]." (ebd.) Mihaly Csikszentmihalyi, (2001: 142), amerikanischer Psychologe ungarischer Herkunft, sieht jedoch Yoga als eine Möglichkeit an, eine direkte Kontrolle über das Bewusstsein zu erreichen. In Yoga sieht Csikszentmihalyi einen Gegenpol zu westlichen Kulturen, bei denen materielle Energien nutzbar gemacht werden. Dessen ungeachtet birgt die Beherrschung der materiellen Energien die Gefahr in sich, sie als Ressource so rasch wie möglich zu konsumieren und so die Umwelt zu erschöpfen. Kritisch verweist der Psychologe darauf, dass aber auch die „indische Faszination von hochentwickelten Techniken zur Selbstkontrolle auf Kosten des Lernens geht, wie man die materiellen Herausforderungen der Umwelt bewältigt" (ebd.). Die Unerreichbarkeit einer gleichgewichtsschaffenden Vereinigung zwischen materieller und spiritueller Welt für eine vollkommene Gesellschaft nimmt Csikszentmihalyi realistisch wahr (a.a.O., 143). Die exemplarisch gewählten Beispiele eines kurzen subjektiven Glücksgefühls, als kurzes *illusionäres Glück* wahrgenommen, zeigt deutlich, wie thematisch und inhaltlich der Begriff eines „glückenden Lebens“ zwischen Psychologie und Philosophie oszilliert.

Der Dalai Lama, das geistliche und weltliche Oberhaupt der Tibeter, warf in Bezug auf die wissenschaftliche Forschung, dass Gedanken und Empfindungen das Resultat verschiedener chemischer Reaktionen und Veränderungen im Gehirn sind, die Frage auf, ob nicht auch die umgekehrte Abfolge vorstellbar wäre, bei der die Gedanken die chemischen Vorgänge im Gehirn entstehen lassen (Dalai Lama/ Cutler 2002: 15). Ausgehend von der Annahme, in der modernen westlichen Gesellschaft herrsche eine machtvolle, auf der Wissenschaft fußende kulturelle Konditionierung, kritisiert der Dalai Lama die „Sturheit, um den Entschluss, die eigene Denkungsart nicht zu hinterfragen“ (ebd.). Mittels neuerer Hirnforschung und der Lerntheorie kann die Vermutung des Dalai Lama bestätigt werden, Gedanken lassen chemische Vorgänge im Hirn entstehen. Gestützt wird diese Hypothese durch Beispiele aus der Hirnforschung und Lerntheorie. Wie kompliziert dieser physiologisch-chemische Vorgang ist, wird an Beispielen plausibel gemacht. In einem Interview verneint Isabella Heuser die Frage: ob sie, die Hirnforscherin, ihr Hirn auf Glück programmieren könne. Wohl aber lasse sich ein gelassener und heiterer Blick auf die Welt lernen: Durch Umprogrammieren des Hirns, lassen sich bestimmte Nervenverbindungen neu anlegen. Alles was gelernt wird, hinterlässt im Hirn Spuren. Je häufiger diese Verbindungen genutzt werden, umso fester werden sie. Wer den „positiven Blick aufs Leben übt, hat ihn später immer häufiger. Das ist ein ganz einfacher Selbstläufer.“ (Heuser in: „Brigitte“ balance 1/2005: 15) Wie aus einer Untersuchung von Karl Toifl[16] anzunehmen ist, handelt es sich bei dem Vorgang der Verfestigung durch häufige Nutzung der neu angelegten Verbindung vorgängiger Gedanken um *implizites Lernen* auf der Basis der *Konditionierung* im speziellen Fall um *Selbstkonditionierung*. Den physiologisch-chemischen Prozess des funktionellen Lernens erläutert Karl Toifl (1995: 178-182) so:

„Nach dem derzeitigen Wissensstand dürfte es mehrere Möglichkeiten des Lernens geben.

Besonders untersucht sind zwei Formen, nämlich das sogenannte 'explizite` Lernen, dessen bewußtes Registrieren an eine ungestörte Schläfenlappenfunktion gebunden ist und das sogenannte 'implizite` Lernen, das auch ohne Bewußtwerdung abläuft. Beim expliziten Lernprozeß, der rasch verläuft, werden gleichzeitig erlebte Reize miteinander assoziiert und so gelernt.

Beim impliziten Lernen dagegen, das langsam abläuft, werden wie beim Üben von Tanzschritten oder beim Erlernen eines komplexen Arbeitsablaufes vorhersagbare Beziehungen zwischen bestimmten Ereignissen durch oftmaliges Wiederholen eingeübt und dadurch gelernt. [...]

16 *Ass.-Prof. Univ.-Doz. Dr. Karl Toifl ist Arzt in der Universitätsklinik für Neuropsychiatrie des Kindes- und Jugendalters, AKH, Wien*

Nach einem zweiten expliziten Lernmodell, [...] ist eine lernbedingte Synapsenverstärkung auch dann möglich, wenn das nachgeschaltete Neuron nicht aktiv ist, stattdessen aber ein drittes verschaltetes Neuron aktiv feuert. [...] Bei dieser assoziativen Lernvariante sind die Aktivitäten des präsynaptischen und des modulatorischen Neurons eng koordiniert. [...]

Für einen optimalen Ablauf des Koordinierungsprozesses ist ein bestimmter zeitlicher Ablauf notwendig, und zwar muß der bedingte Reiz dem unbedingten um ein bestimmtes, zeitlich eng begrenztes Intervall vorausgehen. [...]

Der Einstrom von Kalzium-Ionen hat für den Prozeß der aktivitätsabhängigen Bahnung eine entscheidende Bedeutung. Innerhalb der Zelle kommt es nämlich zu einer Bindung der Kalzium-Ionen an das Protein Calmodium, welches wiederum die Aktivierung von Adenylatzyklase über eine Reaktion mit dem Transmitter Serotonin stimuliert. Dieser Weg ermöglicht ebenfalls eine vermehrte Bereitstellung von zyklischem Adenosinmonophosphat.

Die Bereitstellung dieses wichtigen Enzyms erfolgt also über zwei unterschiedliche Wege, die zeitlich voneinander abgesetzt, aber mit dem gleichen Ergebnis diese Enzymproduktion ermöglichen. Dieses zeitliche Intervall ist nach E. KANDEL und R. HAWKINS aber wahrscheinlich entscheidend dafür, daß konditioniertes Lernen stattfinden kann.“

Dieser hochkomplexe chemische Vorgang im Gehirn beim Verfestigen von bewussten Motiven/Gedanken (anzunehmen auch bei unbewussten Motiven/Gedanken) führt durch quantitative Vermehrung von neu angelegten Nervenzellen zu neuen Qualitäten des Verhaltens. Das Neue, das durch Wiederholung gebändigt und verfestigt wird, bezeichnet Heuser als „einfachen Selbstläufer“.

Eine besondere Art von Glücksgefühl, Seel nennt es „das Glück des erfüllten Augenblicks“ (Seel 1999: 102)[17], erfährt Johann Peter Eckermann, der ab 1823 Goethe als unbezahlter Helfer für Ordnung und Redaktion seiner Manuskripte und Alterswerke diente und aus dieser Gemeinschaft die „Gespräche mit Goethe in den letzten Jahren seines Lebens“ (vgl. Brockhaus Band 3: 215) aufzeichnete, hatte, als er noch nach seiner Bestimmung als Schriftsteller rang, einmal einen Band mit Gedichten von Goethe bekommen. „Ich las seine Lieder und las sie immer von neuem und genoß dabei ein Glück, das keine Worte schildern.“ (Eckermann 1998: 24) Eckermann fand in diesen Gedichten eine verwandte Seele, er fand „ein menschliches Herz, in all seinem Verlangen, Glück und Leiden [...]“ (ebd.) Unabhängig von seiner damaligen materiellen Bedürftigkeit empfand der junge Eckermann Glück in einem tiefen freudigen Erleben bei der Hingabe an Goethes Lyrik und dem Erkennen einer

17 *Für den Begriff des „erfüllten Augenblicks“ verwendet Seel den Oberbegriff „Der ästhetische Glücksbegriff“. Annemarie Piper in Glückssache den Begriff „Die ästhetische Lebensform: das sinnliche Glück“ (Piper 2004: 39) und Dagmar Fenner widmet dem Thema „Ästhetisierung und reflexiv-ästhetisches Glücksverständnis“ (Fenner 2003: 87-149) ein ganzes Kapitel. Ich wählte Seels Formulierung des „Erfüllten Augenblicks“, da er Eckermanns Gefühl der Ergriffenheit am besten charakterisiert und keine Vertiefung in Bezug auf Ästhetik im Sinne künstlerischer Darstellung geplant ist.*

Seelenverwandtschaft. Seel deklariert diese Form des Glücks als das „Zufallsmoment allen Glücks“ (Seel 1999:102) als direkt zur Bedeutung der Glückserfahrung selbst gehört. Dieses Glück kann nicht erwartet und nicht erstrebt werden, es entzieht sich der Machbarkeit, es ist der „absichtsvoll gelenkten Aufmerksamkeit nicht zugänglich“ (ebd.). Die veränderte Wahrnehmung der Situation des Augenblicks versetzt diejenigen, die es erfahren, frei. Unter dieser Freiheit versteht Seel ein Freisein „von dem, worum es mir sonst geht, und ich bin frei für ein Verweilen bei dem, was mir die Situation hier und jetzt eröffnet (a.a.O., 103f.). In diesem Sinne erreicht die Erfahrung der Freiheit eine doppelte Bedeutung: einerseits ist sie Erfahrung *„von“* Freiheit, was über diesen Augenblick hinaus liegt, andererseits *„für“* Freiheit, was sich in diesem Augenblick zeigt (a.a.O., 102)[18]. Eckermann war auf die Situation eines erfüllten Augenblicks nicht eingestimmt und nicht in Erwartung eines solchen Phänomens. Es war das Zusammentreffen einer einmaligen Situation mit der „Empfänglichkeit eines Subjekts“ (a.a.O., 103). Csikszentmihalyi, bezeichnet einen Zustand, wie ihn der junge Eckermann erlebte als „flow“. Csikszentmihalyis Grundthese besagt, dass „flow“ das Gefühl des völligen Aufgehens in eine Tätigkeit ist, in der das Fühlen, das Wollen und das Denken in diesem Augenblick in völliger Übereinstimmung sind. In diesen Momenten finden eine Selbstvergessenheit und ein verändertes Gefühl für Zeitabläufe statt. „Flow“ erzeugend können alle Arten von Tätigkeit sein: körperliche Arbeit, geistige Tätigkeit, Beschäftigung mit Kunst, Sportaktivitäten, sowie soziale Bindungen wie Freundschaft und Partnerschaft. Da fast jede erfreuliche Aktivität süchtig machen kann, besitzen auch „flow“ auslösende Aktivitäten potentiell einen negativen Aspekt und zwar „in dem Sinne, dass sie, statt eine bewusste Entscheidung darzustellen, zur Notwendigkeit wird, die andere Aktivitäten behindert. Manche Chirurgen etwa beschreiben das Operieren als Sucht, 'wie Heroin'“ (Csikszentmihalyi 2001: 91). Kritisch mahnt daher Dagmar Fenner (2003: 413f.) vor einer suchtartigen Entgleisung auf Kosten der persönlichen Selbstbestimmung auf Grund von „flow“ Erfahrung und empfiehlt eine reflexive Distanz zum persönlichkeitskonstitutiven Handlungs- und Motivationssystem. Die Wahrnehmung einer Veränderung der Zeit zur objektiven Dauer in Beziehung zu äußeren Ereignissen wie Tag und Nacht bei „flow“ erzeugenden Tätigkeiten ist ein Phänomen, von dem Csikszentmihalyi annimmt, dass dieses Phänomen nur ein Nebenprodukt der intensiven Konzentration ist. Die Zeit aus dem Auge zu verlieren ist kein Hauptaspekt für Freude, konstatiert Csikszentmihalyi, doch die gewonnene

18 *Im Zusammenhang der Erfahrung der Freiheit durch den erfüllten Augenblick spricht Seel von einem „ästhetischen Schrecken“, der an dieser Freiheit teilnimmt. Der ästhetische Schrecken kann in einer überraschenden erfreulichen Situation auftreten, im Gegensatz zu Augenblicken der Panik und der Lähmung, beispielsweise bei einem Verkehrsunfall oder einer Prüfung. „Was jedoch die Glücksaugenblicke von allen Augenblicken realen Schreckens grundsätzlich unterscheidet, ist das genannte Moment der in ihnen geöffneten Freiheit.“ (Seel 1999: 102) Eine weitere Form des Augenblicks, die auf den Spuren Kierkgegaards und Heideggers verstanden werden kann, ist der Augenblick der Angst oder Verzweiflung, „hier fehlt jedoch gegenüber dem Glücksaugenblick das Moment der situativen Erfüllung“ (a.a.O., 103).*

Freiheit von der Tyrannei der Zeit trägt zu der Erregung bei, die man verspürt, wenn man vollständig eins ist (Csikszentmihalyi 2001: 97). In dieser Hingebung an eine intrinsische Tätigkeit „scheinen sowohl das Selbstbewusstsein wie die Reflexivität suspendiert zu sein, indem das Selbst von der Tätigkeit schlichtweg absorbiert ist (Fenner 2003: 411). Eine andere Erfahrung mit der Zeit, dem flüchtigen Glücksgefühl, das der Ausgangspunkt der Überlegung zu dem Phänomen des nicht intendierbaren Augenblicks ist, macht Marc Aurel.

Marc Aurel,[19] römischer Kaiser und spät-stoischer Philosoph, war sich der Flüchtigkeit des Augenblickes bewusst. Die Kernaussage seiner Philosophie ist die Einordnung des Einzelschicksals in ein kosmisches Ganzes und die Veränderung des Lebens und Leibes im Fluss der Zeit. „Des Menschenleben Zeit nur ein Punkt, sein Wesen im ewigen Fluß, die Sinne trübe, des ganzen Leibes Gefüge ein Raub der Fäulnis." (Marc Aurel 2001: 19) Wenn allerdings das menschliche Leben endlich, und der Augenblick des Glücks flüchtig, trotzdem das Glück „übergreifend" (Seel 1999: 62) als ein Lebensziel gehalten und angestrebt wird, muss der Blick auf das Gelingen eines geglückten Lebens erweitert werden. Einen Hinweis auf einen beständigen Glücksbegriff, der allerdings Erinnerung und reflexive Distanz auf Glück einschließt und der Jugend Experimentiermöglichkeit in der Erstellung eines Lebenskonzeptes zugesteht, bietet Epikur, der aufmerksam macht, dass nicht der Jüngling glücklich zu preisen ist, sondern der Greis, der vollendet gelebt hat. Der Jüngling in seiner „Vollkraft sinnt mal auf dies, mal auf jenes und wird vielfach vom Zufall verschlagen. Der Greis aber ist in seinem Alter wie in einem Hafen vor Anker gegangen und hat die früher kaum erhofften Güter eingeschlossen in sicheres Gedenken." (Epikur 2001: 83)

1.1.3 Das ontologische Glück

Aristoteles (384-322 v. Chr.) Schüler Platons, hält die Glückseligkeit für das höchste Gut, um das es im Leben geht. Für ihn stellt sich dennoch die Frage, ob

„Glückseligkeit durch Lernen, Gewöhnung oder anderweitige Übungen angeeignet werden könne oder ob sie durch eine göttliche Zuteilung oder durch das Glück gewährt werde. Wenn es nun überhaupt ein Geschenk der Götter an die Menschen gibt, so ist anzunehmen, daß die Glückseligkeit gottgegeben sei, und zwar umso eher, als sie unter den menschlichen Gütern das Beste sei." (Nikomachische Ethik (=NE) 1099b 10 ff.)

---

19 *Marcus Aurelius Antonius, geb. 26.4.121 in Rom, gest. 17.3.180 in Vindobona, schrieb die „Selbstbetrachtungen". Im Mittelpunkt seiner antimaterialistischen Lehre steht das Teilhaben des Menschen an Leib, Seele und Geist, deren Träger die fromme, tapfere, vernunftgelenkte Persönlichkeit ist. Herr kann der Mensch allerdings nur über den Geist, Setzer der Pflichtgebote und Sitz des prüfenden Gewissens sein. Der Geist ermöglicht die Teilhabe aller Menschen am Göttlichen und bildet insofern über alle Schranken hinausreichende ideelle Gemeinschaft, einen Kosmopolitismus, dessen Befürworter Marc Aurel war (vgl. Philosophisches Wörterbuch 1991: 456).*

Dieses Gute wird durch menschliches Handeln erreicht, da „jede Erkenntnis und jeder Entschluß nach irgendeinem Gute strebt [...]" (NE 1095a 15). Die Leute wie die Gebildeten sind sich einig, dass das Gut-Leben und sich Gut-Verhalten gleichzusetzen ist mit dem Glückseligsein. Obwohl verschiedene Sichtweisen über das zu erstrebende Gute herrschen, beispielsweise so „etwas Selbstverständliches und Sichtbares, wie Lust, Reichtum oder Ehre, der eine dies, der andere jenes [...], wenn er krank ist, meint er die Gesundheit, wenn er arm ist, den Reichtum" (NE 1095a 20 ff.). Das Ziel des Strebens ist die Erreichung eines Gutes. Diese Güter sind dreigeteilt in: äußere Güter, in körperliche und seelische Güter. Zu den äußeren Gütern gehören Reichtum, Freundschaft, gute Herkunft, gute Nachkommen. „Es ist nämlich unmöglich, oder doch nicht leicht, das Edle zu tun, wenn man keine Mittel zur Verfügung hat." (NE 1099a 32ff.). Die seelischen Güter sind die eigentlichen und hervorragendsten. Der Seele werden die entsprechenden Handlungen und Tätigkeiten zugeschrieben, die notwendig sind, ein geglücktes Leben zu führen und damit im Einflussbereich des Handelnden liegen.

Das Gut wird von Aristoteles definiert als dasjenige, wonach alles strebt (NE 1091a 2). Das Strebensziel bei jedem Handeln muss nicht das Endziel sein. Das vollkommene Gute scheint aber ein Endziel zu sein." Das höchste Gut, oder das „vollkommene Ziel [ist] dasjenige, was stets nur an sich und niemals um eines anderen willen gesucht wird." (NE 1097a 20 ff.) Damit, dass das höchste Gut nur um seiner selbst willen gesucht wird, hat Aristoteles ein formales Kriterium bestimmt, die ein höchstes Gut erfüllen soll. Wenn nun die Glückseligkeit das „Endziel des Handelns" (NE 1097b 20) ist, so ist zu bestimmen, worin das gute und geglückte Leben besteht. Aristoteles geht davon aus, dass jede Sache oder jede Handlung so gut ist, wie ihre zugedachte spezifische Aufgabe erfüllt wird. Die besondere Leistung des Menschen liegt in der Tätigkeit der Seele, „die sich nach der Vernunft oder doch nicht ohne die Vernunft vollzieht" [...] (NE 1098a 3).

„[...] wenn wir die Leistung eines beliebig Tätigen und eines hervorragend Tätigen derselben Gattung zurechnen, [...] so daß wir zur Leistung überhaupt noch das Merkmal hervorragender Tüchtigkeit in ihr beifügen [...] – wenn also das so ist und wir als die eigentümliche Leistung des Menschen ein bestimmtes Leben annehmen und als solches die Tätigkeit der Seele und die vernunftgemäßen Handlungen bestimmen und als die Tätigkeit des hervorragenden Menschen eben diese Tätigkeit in einem hervorragenden Maße, und wenn endlich dasjenige hervorragend wird, was im Sinne der ihm eigentümlichen Leistungsfähigkeit vollendet wird -, wenn das alles so ist, dann ist das Gute für den Menschen die Tätigkeit der Seele auf Grund ihrer besonderen Befähigung, und wenn es mehrere solche Befähigungen gibt, nach der besten und vollkommensten; und dies außerdem ein volles Leben hindurch. Denn eine Schwalbe macht noch keinen Frühling, und auch nicht ein einziger Tag; so macht auch ein einziger Tag oder eine kurze Zeit niemanden glücklich oder selig." (NE 1098b 3 ff.)

Aristoteles hat demnach das höchste Gut (das menschliche Glück) bestimmt als eine *hervorragende Tätigkeit,* als *Vortrefflichkeit (*nach der besten und vollkommensten Befähigung) *der Seele* (die sich nach der Vernunft vollzieht) und als *zeitliche Bestimmung* (ein volles Leben hindurch). Aus dieser Bestimmung ist zu schließen: *das Ziel sinnvollen Handelns ist die Glückseligkeit.* Durch die Annahme, dass Glück gottgegeben sei, (obwohl Tugend, Übung und Gewöhnung benötigt werden) begründete Aristoteles im weiteren Glück als etwas Seiendes, als ontologisch.

Durch die Bestimmung des aristotelischen Glücksbegriffes und des Aufweises, dass glücklich ist, wer ein richtiges (tugendhaftes) Leben führt, wurde eine Nähe zum gesuchten Zielbegriff, eines guten glückenden Lebens, geschaffen. Bisher wurde mit den Begriffen des flüchtigen Glücks: des *episodischen und illusionären Glücks* operiert. Eine Bedingung des Zielbegriffes ist das gute Leben ein Leben lang (ein volles Leben hindurch) auf der Basis der Zufriedenheit. Weitere Beispiele müssen daher zur Exemplifizierung herangezogen werden. Es werden dabei jene Merkmale, die gelingendes glückliches Leben definieren, Schritt für Schritt eingeführt, die als Bedingung für ein solches angenommen werden müssen. Indem jeweils ein neu eingeführtes Merkmal zu Ende geführt wird, bis zu seinem Ende durchgedacht wird, muss es sich noch nicht als die ursprünglich intuitive Bedeutung des Wortes betreffend erweisen. Erst die Ganzheit jener Merkmale, die das enthalten, ist für die Definition ausreichend. In diesem Prozess werden aber schon andere Bedeutungen vom Glück, die sich aber nicht als die gemeinte Bedeutung erweisen, abgeleitet.

1.1.4 Das beständige Glück: Zufriedenheit

Am 27. Januar 1824 sagte Goethe in seinem Gespräch mit Eckermann, dass er im Laufe seiner fünfundsiebzig Jahre keine vier Wochen vollständiges Glück hatte[20]. Goethe bekannte Eckermann gegenüber ein, dass sein eigentliches Glück sein poetisches Sinnen und Schaffen war. Zu Carl Friedrich Zelter[21] äußerte sich Goethe um 1830, dass „er glücklich ist und sich wünscht, sein Leben ein zweites Mal zu durchleben“ (Goethe zit. nach Tartarkiewicz 1984: 17). Diese Bekenntnisse klingen einander widersprechend, divergieren aber insofern nicht, als Goethe darunter die „vier Wochen Glück“ im Sinne von intensivster Annehmlichkeit und wunderbarer Freude verstand. Während das Glück, zu dem er sich Zelter gegenüber bekannte, im Sinne von allgemeiner Zufriedenheit mit dem Leben gesehen werden kann. Goe-

20 *„Man hatte mich immer als einen vom Glück besonders Begünstigten gepriesen, auch will ich mich nicht beklagen und den Gang meines Lebens nicht schelten. Allein im Grunde ist es nichts als Mühe und Arbeit gewesen, und ich kann wohl sagen, daß ich in meinen fünfundsiebzig Jahren keine vier Wochen eigentliches Behagen gehabt. Es war das ewige Wälzen eines Steines, der immer von neuem gehoben sein wollte. Meine Annalen werden es deutlich machen, was hiermit gesagt ist. Die Ansprüche an meine Tätigkeit, sowohl von außen als innen waren zu viele.“ (Johann Peter Eckermann: Gespräche mit Goethe in den letzten Jahren seines Lebens: 1994: 90)*

21 *Carl Friedrich Zelter, geb.11.12.1758 in Berlin, vertonte Gedichte von Goethe, mit dem er befreundet war. Zelter starb am 15. Mai 1832, zwei Monate nach dem Tod seines Dichterfreundes (vgl. Der große Brockhaus Band 12: 560).*

thes Einsicht kommt einem Begreifen gleich, dass das Leben in seiner Gesamtheit gut war.

Eine ähnliche Ansicht vertritt bereits der antike Philosoph Epikur (342-271 v. Chr.) Er sieht die Glückseligkeit als höchstes Gut des menschlichen Lebens und versteht sie als Gemütsruhe, als Ruhe der Seele. Die Ruhe der Seele, die Unerschütterlichkeit, ist nach Epikur durch das Freisein von Furcht vor den Göttern, vor dem Schicksal oder vor dem Tod zu erreichen. Epikur schreibt an seinen Schüler Menoikeus, dass nicht die Trinkgelage, Tafelfreuden oder das „Genießen von Knaben und Frauen“ (Epikur 2001: 49) ein lustvolles Leben erzeugen, „sondern ein nüchterner Verstand, der die Gründe für jedes Wählen und Meiden aufspürt […]“ (ebd.). Der Brief, den Epikur am Sterbebett an Idomeneus schrieb, zeugt von diesem Verständnis des Wählens und der Fähigkeit zu Reflexion der Glücksgründe. Er nennt die Gründe, die ihn auf seinem Sterbebett auf sein Leben zurückblicken lassen, ihn zufrieden und froh stimmen. „Den glücklichsten Tag feiernd und zugleich als letzten meines Lebens vollendend schreibe ich euch dies: ihn begleiten Blasen- und Darmkoliken, die keine Steigerung der ihnen innewohnenden Heftigkeit zulassen. Doch all dem widersetzt sich die Freude meines Herzens über die Erinnerung an die von uns abgeschlossenen Erörterungen. Du aber erweise dich würdig deiner von Jugend an vorhandenen Zuneigung zu mir und der Philosophie und sorge für die Kinder des Metrodoros.“ (a.a.O., 61ff.) Epikurs Furchtlosigkeit vor dem Tod,[22] denn der beträfe uns nicht, weil „das Aufgelöste ist empfindungslos. Das Empfindungslose aber ist nichts, was uns betrifft“ (a.a.O., 67), befähigt ihn, einerseits sein Leben retrospektiv, sowie andererseits den Zustand seines momentanen (zu Ende gehenden) Lebens zu betrachten und gleichzeitig einen Auftrag für die Zukunft zu geben. Der sterbende Philosoph, der stets den Erwerb der Freundschaft als das weitaus Größte hielt, was die Weisheit für den Erwerb der Glückseligkeit des gesamten Lebens bereitstellt (a.a.O., 75), erinnerte sich mit Dankbarkeit der Freundschaft und der Philosophie. Epikur, der nach Piper (2004: 47) die Lust nach Augenmaß und Urteilskraft domestiziert zu einem Gleichmaß der ausgewogenen Befriedigung der Bedürfnisse, begreift in der Situation des Abschiednehmens: das Leben im Ganzen war gut.

Goethes Beurteilung des Lebens als Ganzes sowie Epikurs Brief an Idomeneus erfolgen retrospektiv aus der subjektiven Erfahrung eines langen Lebens heraus und in „affirmativer Selbstbeurteilung“ (Fenner 2003: 240). Aus der „Perspektive der ersten Person“ (Seel 1999: 69) wurden in diesen Erinnerungen punktuelle subjektive Zustände zu einem subjektiven Ganzen geformt, die eine Zufriedenheit mit der Gesamtheit des Lebens bezeugen. Obwohl Spaemann (1998: 60) die Meinung

---

22 *Spaemann (1998: 54f.) ist der Auffassung, dass Epikur den kontinuierlichen Prozess der Integration von Vergangenheit und Zukunft in einer sich ständig erneuernden Gegenwart wahrgenommen und seine Lebenskunst an ihr orientierte, gleichwohl er diesen Prozess uminterpretierte in eine Art Solipsmus des gegenwärtigen Augenblicks. „Sogar die Metaphysik Epikurs ist unter dem Gesichtspunkt entworfen, dem Menschen durch Befreiung von Furcht und Hoffnung den ungestörten transzendenzlosen Genuß der Gegenwart zu sichern.“*

vertritt, der Begriff des glückenden Lebens kann als etwas Subjektives und Objektives gedacht werden, wäre eine objektive Aneinanderreihung subjektiver Zustände für diesen Begriff unangemessen. Nur aus der „Perspektive der dritten Person" (vgl. Seel 1999: 69), der Perspektive eines Betrachters, ist das Leben als Ganzes zu sehen um es beurteilen zu können. Das Leben als Ganzes hat nur der Überlebende vor Augen nicht der Lebende selbst. Als Exempel zitiert Spaemann (1998: 60) ein griechisches Sprichwort, nachdem niemand vor seinem Tode glücklich zu preisen ist. Vom Gesichtspunkt eines Betrachters aus ist diese Vorwegnahme verständlich. Der Tod ist für Epikur nicht real, nur das zu Ende gehende Leben ist Realität. Im Lichte der Verschränkung, teils mit der Realität im Kontext der extremen Situation, teils mit der rückblickenden Reflexion, ist Epikurs Abschiedsbrief wohl deshalb ein glaubhafter Beweis dafür, dass Zufriedenheit mit dem Leben als Ganzen, (in dem in dieser Arbeit verstandenen „übergreifenden Sinn") von einem subjektiven Standpunkt aus gesehen werden kann. Eine gedachte Zufriedenheit enthält nicht nur eine gefühlsmäßige Komponente, sondern bedarf einer wichtigen Voraussetzung: *die kognitive Komponente der Zufriedenheit*, nämlich um das Maß der Fähigkeit zu wissen, um das zu erreichen was angestrebt wird, bzw. um die realistische Einschätzung der Verwirklichung des Antizipierten[23].

1.1.5 Die Vieldeutigkeit der Glücksbegriffe

Bisher wurden vier fundamentale Glücksbegriffe unterschieden:

1) Ein objektiver Glücksbegriff: Die Flüchtigkeit des Glücks: Positive Ereignisse, bei dem diejenigen glücklich sind, denen ein günstiges Schicksal widerfährt.

2) Ein vorübergehender subjektiver Glücksbegriff: Die Flüchtigkeit der Glücksgefühle. Positive Erlebnisse, bei denen diejenigen glücklich sind, die intensive Freude erleben oder erlebten.

3) Der ontologische Glücksbegriff, in dem diejenigen glücklich sind, die im Sinne Aristoteles nach dem höchsten Gut streben.

4) Der beständige subjektive Glücksbegriff, bei dem diejenigen glücklich zu nennen sind, die ein Maß an Zufriedenheit besitzen und das Wissen über das Maß an Fähigkeiten, um das zu erreichen, was angestrebt wird.

Diese vier Begriffe über das Glück, die einen Zustand benennen, verschwimmen oft im Denken über das Glück und tendieren dazu, sich im Bewusstsein gegenseitig zu durchdringen um einen Begriff mit „unbestimmtem Inhalt zu erzeugen, der zwischen den vieren oszilliert" (Tatarkiewicz 1984: 18)

Trotz der verschiedenen Bedeutungen des Glücks stehen diese in einem Zusammenhang zueinander, obwohl dieser nicht beständig ist. Zufriedenheit mit dem Leben kann sich nicht nur aus intensiven Freuden zusammensetzen. Zufriedenheit

23 *Philipp Mayring, (1991: 75) stellt dazu fest, dass Zufriedenheit die eher kognitive Wohlbefindlichkeitskomponente darstellt. „Sie wird in der Regel über Prozesse des Abwägens definiert: Wieviel meiner Ziele habe ich erreicht? Wie schätze ich das Verhältnis positiver und negativer Faktoren in meinem Leben ein? Das aus diesem Abwägen hervorgehende Gefühl der Dissonanz oder Kongruenz könnte man als Lebenszufriedenheit bezeichnen [...]."*

mit dem Leben kann ohne Ekstase, jedoch, das muss zugestanden werden, nicht ganz ohne Gunst des Schicksals empfunden werden. Intensive Freude und günstiges Schicksal sind noch keine Garanten für Zufriedenheit mit dem Leben. Wird Glück nur als äußeres Wohlergehen verstanden, wird das innere Gefühl der Freude, die Zufriedenheit, das Empfinden des Glücks, die Glückseligkeit außer Acht gelassen. Wird die Bedeutung des Glücks nur für innere Gefühle verwendet, wird Gefahr gelaufen, die Ausdrücke als übertrieben, sentimental und veraltert zu empfinden. Trotz der vier fundamentalen Glücksbegriffe wird die Vieldeutigkeit des Begriffes Glück in Bezug auf ein gutes, gelingendes Leben wieder sichtbar.

Um eine Begriffsschärfe zu erreichen, muss die Vieldeutigkeit überwunden und von den vieren einer ausgewählt werden. Dies kann gelingen, wenn für die drei übrigen Begriffe andere Bezeichnungen oder Synonyme gefunden werden. Die Auswahl ist deshalb schwierig, weil alle vier Begriffe des Glücks wichtig sind. Um Träume, Sehnsüchte, Vorhaben und Erreichtes auszudrücken, bedarf es ebenso der Begriffe der Zufriedenheit, wie des Erfolgs oder der der großen Freude.

Auf diese Weise gelingt es, mit einem auf Tatarkiewicz zurückzuführenden Ansatz, Synonyme, im Sinne von anderen Bedeutungen für den Begriff „Glück" zu finden[24]. Glück im objektiven Sinn kann durch den Ausdruck „Erfolg", Glück im subjektiven Sinn durch „große Freude" und der dritte Glücksbegriff durch „Eudämonie" ersetzt werden. Dem vierten Begriff ist kein Synonym zuzuordnen. Nur durch Hinzufügen von mehreren Ausdrücken könnte eine Sinnverwandtschaft entstehen, beispielsweise „Zufriedenheit mit der Gesamtheit des Lebens" (Tatarkiewicz 1984: 19) doch das würde nicht das gleiche sein und müsste genauer differenziert werden. Sollte ein Begriff aus der Vielheit der Bedeutungen ausgewählt werden, dann wäre der Begriff „Zufriedenheit" der richtige. Begriffe, die nur der Alltagssprache eigen sind, beispielsweise „Erfolg", oder nur der philosophischen Sprache wie „Eudämonie", dann ist der Glücksbegriff „Zufriedenheit" sowohl in der Alltagssprache als auch in der philosophischen gebräuchlich. Wird vom Glück erwartet, dass es einerseits ein großes Gut im Sinne Aristoteles ist, andererseits als Ziel des Lebens angestrebt wird, dann bezieht es sich auf die vierte Bedeutung der Glücksbegriffe. Trotzdem sollte darauf hingewiesen werden, dass das Glück in psychologischer Bedeutung als größte Freude oder Hochstimmung dauernd auf unsere Gedanken einwirkt und in unseren Gedanken verwurzelt ist und deshalb schwer ist, sich davon zu lösen. Hinsichtlich dieser Verschränkung der beiden Begriffe findet eine gedankliche Verbindung zwischen dem Glück als Erleben intensiver Freude und dem Glück als allgemeine Zufriedenheit mit dem Leben statt.

Obwohl sich der ausgewählte Begriff der Zufriedenheit von den Begriffen der Freude, des Wohlergehens und der Vollkommenheit unterscheidet, sind diese Begriffe im allgemeinen Verständnis von Glück in vielfältiger Weise miteinander

24 *Wie bereits in der Fußnote 3 angemerkt, zwingt mich auch dieser Ansatz den Begriff „Glück" immer weiter zu differenzieren, um einen klaren Begriff dessen zu erreichen, was unter gelingendem guten Leben verstanden wird.*

verbunden. „Glück" im Sinne von Zufriedenheit mit dem Leben ist eine mögliche Wirklichkeit des konkreten Daseins des Menschen. Zufriedenheit beruht auf einer subjektiven Empfindung und kann qualitativen Schwankungen unterliegen. Deshalb kann der unbestimmte Begriff der Zufriedenheit nicht die Definition eines guten, glücklichen Lebens bestimmen und bedarf weiterer Explikation, um zu einer Festlegung zu gelangen, welche im allgemeinen Gebrauch der Sprache als glückendes Leben verstanden wird. Dessen ungeachtet, darauf soll hingewiesen werden, ist Zufriedenheit eine Begleiterscheinung eines glückenden Lebens.

2. Versuch einer Definition des guten Lebens

Der Ausgangspunkt ist die Bedeutung des glückenden Lebens als „Zufriedenheit". Es stellt sich die Frage, welche Art von Zufriedenheit damit gemeint ist. Nicht jede Zufriedenheit ist gleichzeitig Glück und nicht jedes Glück gleichzeitig Zufriedenheit. Für Tartakiewicz (1984: 21) gibt es nicht nur die eine Zufriedenheit, sondern auch „andere Zufriedenheiten". Es gibt eine Zufriedenheit mit einzelnen Dingen, die für das Leben wichtig sind, beispielweise Gesundheit, berufliche Stellung, ruhiges Gewissen. Doch Zufriedenheit ist ein fragiler Zustand. Neid und Unzufriedenheit schleichen sich leicht ein. Sorgen, Unzufriedenheit und Zorn passen nicht zum Glück. Immanuel Kant nennt in „Metaphysische Anfangsgründe der Tugendlehre" (= TL) Neid, eine der Menschenliebe entgegensetzte Haltung.

„Sie machen die abscheuliche Familie des Neides, der Undankbarkeit und der Schadenfreude aus. – Der Haß ist aber hier nicht offen gewalttätig, sondern geheim und verschleiert, welches zu der Pflichtvergessenheit gegen seinen Nächsten noch Niederträchtigkeit hinzutut, und so zugleich die Pflicht gegen sich selbst verletzt. Der Neid [...] als Hang, das Wohl anderer mit Schmerz wahrzunehmen, obzwar dem seinigen dadurch kein Abbruch geschieht, der, [...] qualifizierte[r] Neid, [...] ist doch nur eine indirekt bösartige Gesinnung, nämlich ein Unwille, unser eigen Wohl durch das Wohl anderer in Schatten gestellt zu sehen, weil wir den Maßstab desselben nicht in dessen innerem Wert, sondern nur in der Vergleichung mit dem Wohl anderer, zu schätzen, und diese Schätzung zu versinnlichen wissen." (Kant TL, § 36 in: Weischedel (Hrsg.) 1990: 105f.)

Obwohl die Regung des Neides in der Natur der Menschen liegt („wie die Erfahrung uns unsere Gattung kennen lehrt" (a.a.O., 106), ist der gefühlsmäßige Ausdruck des Unbehagens, der dem Wunsche nach, auf die Zerstörung des Glücks Anderer gerichtet ist, Kant zufolge eine Verletzung der Pflicht gegen sich und gegen Andere (ebd.). Wird Neid als dem eigenen Glücksempfinden divergierenden Affekt begriffen, so ist mit Kant dieser Pflichtwidrigkeit die Pflicht der Achtung des Anderen entgegenzusetzen und selbst den „Lasterhaften als Menschen" (a.a.O., 110) ist nicht alle Achtung zu versagen, weil die Menschheit selbst eine Würde hat.

Auf der Suche nach der Auffindung einer passenden Begriffsbestimmung kann Zufriedenheit, frei von Neid und Missgunst als Maßstab für das Gelingen eines guten Lebens angesehen werden und als Kennzeichen eines glückenden Lebens, das der *vollen Zufriedenheit* gelten. Neben der gefühlsmäßigen Komponente des Glücksempfindens ist auch die Zeit als glücksstiftende Komponente zu begründen, quasi als Gesamtzusammenhang eines Lebensabschnittes oder des ganzen Lebens.

Um das zu erreichen, werden Aussagen von Marc Aurel herangezogen. Marc Aurel war Philosoph und Regent des römischen Weltreiches, dessen vorrangige Daseinsauffassung eine Einheit von Denken und Handeln darstellt, wie seine „Selbstbetrachtungen“ zeigen, die er unter ungünstigen Umständen, meist in Feldlagern, verfasste. Daher weiß er um die Unbehaustheit des Menschen. In der Vernunft, die allen Menschen gemeinsam ist, sieht er ein Merkmal, das sie alle gleichermaßen zu Teilhabern einer großen Gemeinschaft und gleichberechtigter Bürger macht. Deshalb ist einer seiner Lehrsätze der: „[...] dein Streben auf nichts anderes richten als auf das Gemeinwohl“ (Marc Aurel 2001: 175). An einer weiteren Stelle ruft er auf, nichts für wichtig zu halten als das eine: „zu handeln, wie deine Natur dich führt“ (a.a.O., 179). Diese Anweisung zum Handeln gibt Marc Aurel im Zusammenhang einer Fragestellung: „Welch winziger Teil der grenzenlosen, unendlichen Zeit ist einem jeden von uns zugemessen? Verschwindet er doch sofort in der Ewigkeit.“ (ebd.) Die Sichtweise der kurzen Zeitspanne des Verweilens auf Erden mag vielleicht rückblickend am Ende eines Lebens gerechtfertigt sein. Für die Betrachtung des Glücks in Bezug auf ein gutes Leben ist dieser Moment zu kurz. Volle Zufriedenheit mit dem Leben, wie sie oben definieret wurde, entscheidet noch nicht über Glück, wenn sie nur momentan ist. So gäbe es nur Glückliche auf Erden, meint Tatarkiewicz, denn irgendwann in seinem Leben ist jeder Mensch einmal glücklich und zufrieden. Ein kurzer Zeitabschnitt, im Besonderen in der Betrachtung Marc Aurels unendlicher Zeit, eine kurze Episode des Glücks, gibt den Menschen keine Zufriedenheit und keine längerfristige Befindlichkeit des Glücks. Obwohl die Qualität der Gegenwart untrennbar mit der Bedeutsamkeit von Vergangenheit und Zukunft gekoppelt ist. Robert Spaemann (1998: 54) macht auf diesen Umstand aufmerksam, dass in einem kontinuierlichen Prozess der Integration von Vergangenheit und Zukunft eine immer erneuernde Gegenwart entsteht, die eben über die Bedeutsamkeit und den Gefühlswert von Vergangenheit und Zukunft entscheidet. Wird in dieser Betrachtung Zufriedenheit im Kontext der Zeit gesehen, so entwikkelte sich damit ein weiteres Kriterium für die angestrebte Definition: Es ist die *beständige Zufriedenheit.*

2.1 Das ganze Leben[25]

Für die Lesart der Glücksbestimmung ist es allerdings erheblich, was mit „Gesamtheit des Lebens“ gemeint ist. Auf der Suche einer Gegenposition zu Robert Spaemann, der die Meinung vertritt, das Leben kann nur aus der Sicht des Betrachters, nicht für sich selbst als Ganzes gesehen werden, sondern aus der Bilanzierung nach Beendigung des Lebens aus der „Perspektive der dritten Person“ (Seel 1999: 69) (vgl. Kapitel 2.4), wurde mit Martin Seel, der sich mit heutigen Autoren einig weiß, dass „das gute Leben nicht – als gelungenes – von seinem Ende her, sondern – als gelingendes – aus der Mitte des Lebensvollzuges“ zu betrachten ist, eine solche Position gefunden. Nach Seel sind sich Autoren heute einig, dass ein solcher prä-

25 Übernommen von Martin Seel (1999: 69)

senter Begriff des guten Lebens einen logischen Vorrang gegenüber retrospektiven Vorstellungen hat. Obwohl seit der Antike der Begriff des guten Lebens auf das Ganze des menschlichen Lebens bezogen wird, soll gelingendes Leben aus dem Lebensvollzug selbst verstanden werden, als einen Prozess des internen Lebensvollzuges auf das Ganze eines Lebens, in dem sich ein solcher Prozess vollzieht. Diese Sichtweise berücksichtigt diejenigen, die dieses Leben führen, ob es für sie ein gutes oder schlechtes Leben sei.

„Mit diesem Ganzen ist nicht einfach die Strecke zwischen Geburt und Tod gemeint, sondern das Ganze der subjektiven Erfahrung dessen, wie es ist und wie es war, das jeweilige Leben zu leben. Auf diese subjektive Erfahrung muß – wie gesehen – jeder Versuch einer möglichst objektiven Beurteilung der Verfassung eines individuellen Lebens zurückgehen. Auch diese Beurteilung aber – ob sie nun aus der Perspektive der ersten oder der dritten Person erfolgt – ist nicht immer aus einem Stück." (ebd.)

Das „Ganze des Lebens" versucht Seel (a.a.O., 70) klar zu bestimmen, indem er drei „Situationen des Lebens" einführt: die *momentane* und *lokale Situation*, deren normalerweise viele am Tag durchlaufen werden (beim Einkaufen, im Büro, im Fitnesscenter). In jeder dieser Situationen kann es uns besser oder schlechter gehen, daher ist in diesem Zusammenhang der Begriff „Situation" immer individuell. Solange in diesen Situationen gewechselt werden kann, hängt das Wohlergehen von keiner alleine ab. Bestimmte lokale oder momentane Situationen sind jedoch für die jeweilige *globale Lebenssituation* bedeutend. Als globale Lebenssituation versteht Seel den „Inbegriff der Situationen, in deren Umkreis sich unser Leben zu einem gegebenen Zeitpunkt abspielt" (ebd.). In der globalen Lebenssituation kann es besser oder schlechter gehen, ohne dass hier ein einfacher Wechsel möglich wäre. Die globale Situation zu ändern, bedarf einer Änderung der lokalen Situationen, oder den Zusammenhang zwischen ihnen. Von den lokalen Situationen des Lebens und der je gegenwärtigen (globalen) Lebenssituation ist die „übergreifende *Situation des Lebens* eines Individuums zu unterscheiden" (ebd.).

Mit dem dritten Begriff hat Seel den Boden für die Rede vom „Ganzen des Lebens" bereitet. „Gemeint ist jetzt die [individuelle d. Vf.] Lebenssituation, wie sie in die Vergangenheit zurückreicht, und in die Zukunft vorausweist – im Kontext der Veränderungen, denen sie unterlegen ist und (voraussichtlich) unterliegen wird" (a.a.O., 70f.).

Mit Philipp Mayrings „Empirische Studien zum Glückskonzept" (1991: 144-149)[26] in Form von Interviews mit Hochbetagten kann Seels These bestärkt werden, dass die Qualität einer erfüllten Lebenssituation immer in erfüllten lokalen Situationen verankert ist (Seel 1991: 70). Eine Fallschilderung eines 91jährigen bettlägerigen Mannes, der auf Grund seiner Schmerzen mit dem Leben nicht zu-

26 In dieser Studie - mittels teilstandardisierten Interviews durchgeführt - wurde der Frage nachgegangen, wie einerseits das subjektive Wohlbefinden der Hochbetagten ist und ob es andererseits tendenzielle Unterschiede zum frühen Erwachsenenalter gibt (vgl. Mayring 1991: 144f.). Philipp Mayring ist an der Universität Klagenfurt Vorstand des Instituts für Psychologie.

frieden ist (wenn auch nicht unzufrieden) zeigt, dass trotzdem ein differenzierter Bewertungsprozess über Freude und Glück mit seiner momentanen Lebenssituation stattfindet. Er empfindet Freude, wenn ihm das Essen schmeckt, wenn Besuch kommt. Außerdem hat er einen Begriff von Glück, beispielsweise, dass er noch alles versteht und dass er schöne Träume hat, an die er sich am nächsten Morgen noch erinnert (Mayring 1991: 146). Mayring folgert daraus, dass sich auch noch in den negativsten Lebenssituationen Anlässe für Glückserlebnisse finden lassen, und seien es nur schöne Träume (a.a.O., 149). Diese Art von Zufriedenheit ist eine psychische Selbstwahrnehmung, die ein auf subjektiver Erfahrung beruhender Bewertungsprozess eines individuellen Lebens aus der Sicht der ersten Person ist, dessen Sichtweise möglicherweise mit der Bewertung aus der Sicht der dritten Person divergiert, doch in dieser Arbeit als eine anthropologische Realität gilt, wenn „Zufriedenheit" heißt, zum Frieden mit sich selbst gekommen zu sein.

Wenn Glück, wie bisher die volle und andauernde Zufriedenheit mit dem „Ganzen des Lebens" ist, erscheint diese als *ideale Formulierung des Glücks*. Glück in diesem Sinne ist Gewissheit, die Sicherheit zu verspüren, dass mein Handeln und Tätigsein zu einem guten Ende führt. „Gutes Ende" mag vieles bedeuten/sein. Glücklich macht, was immer in diese Richtung weist. Ebenso macht Tätigsein in seinen verschiedenen Formen glücklich, wie im Kapitel 2.3 noch behandelt werden wird. Durch die getroffene Feststellung der idealen Formulierung des Glücks entsteht bereits eine weitere Unterscheidung. Das Ideal des Glücks kann als volle, ganzheitliche und andauernde Zufriedenheit in Übereinstimmung mit sich selbst bezeichnet werden. Im Gegensatz dazu ist das *reale Glück* zu nennen. Für beide Arten des Glücks, des idealen sowie des realen, ist die gleiche Definition zu verwenden. Die gegebene Begriffsbestimmung kann als Maximum von Glück und daher als ideale Formulierung des Glücks angesehen werden. Das reale Glück ist als Annäherung an das ideale Glück zu sehen. Daraus folgt, dass jeder, 1.) der sich dem Maximum von Glück nähert, glücklich zu nennen ist und 2.) der Mensch sich selbst dazu bestimmen kann. Da das reale Glück aber nur als Annäherung an das ideale Glück verstanden werden kann, bedarf es weiterer Auslegung. Aus diesem Grund werden die Leitgedanken der Begriffsbestimmung: Glück in der Fülle, Ganzheitlichkeit und Dauerhaftigkeit in Bezug auf die Gesamtheit des Lebens nochmals kurz zu betrachten sein. In der Folge wird eines der Merkmale ausgewählt und näher darauf eingegangen, um den Begriff näher bestimmen zu können.

2.2 Begründete Zufriedenheit als Übereinstimmung mit sich selbst

Der Mensch ist nicht in der Lage, sich ohne Unterbrechung zu freuen. Dies würde bedeuten, ständig sein Leben zu reflektieren, um sich seines Glückes bewusst zu sein. Der Anspruch der ständigen Reflexion wäre im Alltagsleben nicht durchführbar, ebenso wenig die ständige Wiederholung des bewusst gewordenen Glücks im Sinne einer monotonen Rezitation. Sigmund Freud zufolge (2001: 43) ist die Glücksmöglichkeit durch unsere Konstitution beschränkt. Epikur, der im Aufspüren von Wählen und Meiden bereits Glück ortet, ist sich sicher, dass Reichtum, der unserer Anlage entspricht, begrenzt und leicht zu beschaffen ist, „der ziellosen Erwartungen entsprechende [Reichtum, d. Vf.] artet jedoch ins Grenzenlose aus“ (Epikur 2001: 71). Aristoteles, der zwischen Glück und Glücksempfinden, der Glückseligkeit, unterscheidet, meint: „Denn das Glück selbst, wenn es im Übermaß vorhanden ist, hindert, und dann ist es vielleicht nicht mehr richtig, es Glück zu nennen; denn seine Bestimmung hängt von der Glückseligkeit ab.“ (NE 1153b 23) Damit ist die Glückseligkeit als ein wahrgenommenes Zeichen einer Glücksempfindung zu sehen, als ein Bewusstsein eines vorhandenen Glücks, ein Erkennen der glücklichen Situation und als Zufriedenheit mit der momentanen Situation. Glücksempfinden setzt eine Wahrnehmung voraus. „Wahrnehmungen wiederum setzen jemanden voraus, der imstande ist, sie zu machen.“ (Spaemann 1998: 11) Aber kann andauernd in der Tiefe des Bewusstseins gelebt werden?

Hans, der Held im Märchen „Hans im Glück“, ist ein Sinnbild für die Zufriedenheit mit der momentanen Situation und der Bedürfnislosigkeit. „Ich muß mit einer Glückshaut geboren sein“ (Gebrüder Grimm 1987: 613), meint er, als er die Güter im Tauschhandel wechselte, und zum Schluss befreit von materieller Last zu Hause bei seiner Mutter anlangte. Für Hans gab es keine andauernde Zufriedenheit mit den „höchsten Gütern“ im Sinne der gesetzten Definition. Der Schluss des Märchens gibt keine Auskunft darüber und bietet keine Klarheit, ob Hans, nachdem er seinen Weg gegangen und sein Schicksal erfüllte, dauerhaft glücklich war. Hans hat für sieben Jahre Dienst einen Klumpen Gold bekommen und es wäre denkbar, dass er damit ein Maß von Zufriedenheit erfuhr und eine unmittelbare Freude über seinen Erfolg als würdiger Arbeiter seines Meisters empfand. Aber diese Zufriedenheit war nur ein Teil seines Lebens. Als selbstbestimmter Mensch verstand Hans unter Glück etwas anderes: er wollte heim zu seiner Mutter. „Herr, meine Zeit ist herum, nun möchte ich gerne wieder heim zu meiner Mutter, gebt mir meinen Lohn“ (a.a.O., 609) bat Hans seinen Meister am Beginn des Märchens. Das Märchen endet damit, dass Hans ausruft: „So glücklich wie ich, gibt es keinen Menschen unter der Sonne. Mit leichtem Herzen und frei von aller Last sprang er nun fort, bis er daheim bei seiner Mutter war“ (a.a.O., 614). Im Märchen werden die Gründe, nach denen Hans den materiellen Wert seines Lohnes beurteilte, nicht angeführt. Es findet sich auch kein Hinweis auf eine Mutmaßung darin. Nur die Freude über die Befreiung der materiellen Last, und die Wandlung der Tauschobjekte vom Goldklumpen zum Schleifstein sind Inhalt der Geschichte. Hans hatte kein Gefühl für den Reichtum, aber er hatte *Gründe für seine Zufriedenheit.* Seine Sehnsucht nach der Mutter war groß und sein Wunsch besaß eine motivatonale Kraft. Ohne Behinderung durch materielle Güter konnte er sein Ziel schneller erreichen. Hans im Glück traf seine Entscheidungen zu handeln zwar ungeplant, doch bewusst nach seiner Glücks- und Wunschvorstellung, weil die Motivation seines Wunsches stärker war. Deshalb konnte er sich entschieden mit seinem Schicksal identifizieren und sich glücklich im Sinne einer begründeten Zufriedenheit nennen. In diesem

Sinne kann der Schluss gezogen werden, dass eine psychische Selbstwahrnehmung in Bezug auf Zufriedenheit möglich ist.

Aus der märchenhaften Loslösung vom Goldklumpen zum Schleifstein kann nicht gefolgert werden, wie Annemarie Piper (2004: 20) es tut, die die Pointe der Geschichte darin sieht, dass derjenige wirklich glücklich ist, der sich der belastenden Verpflichtung durch den Besitz entzieht. Piper vermutet, dass der Aspekt, sich von materiellen Dingen zu trennen, einen Aspekt der Freiheit enthält: der Traum, den Aussteiger von einem absoluten Neuanfang träumen. Wohlwissend, dass der Traum vom Glück in absoluter Freiheit und Bindungslosigkeit durch das Unglück derer, die zurückgelassen werden erkauft wird.

Aus einer hedonistischen Perspektive heraus könnte angenommen werden, Hans im Glück sei ein Tölpel, der den materiellen Wert des Goldklumpens nicht erkannte. Einer anderen Beurteilung zufolge förderte Hans jedoch sein eigenes Wohlergehen, weil er von seiner Selbstbestimmung[27] Gebrauch machte. In der phänomenologischen Auslegung des Märchens, wie hier in dieser Arbeit, orientieren sich seine Wunsch- und seine Wertvorstellung an den Bedingungen, der ihm zu Verfügung stehenden Möglichkeiten. Sein Wunsch war durch die reale Einschätzung der Möglichkeiten nicht begrenzt und seine Transaktionen gingen nicht auf Kosten anderer. Gerechterweise wurde Hans für sieben Jahre Arbeit mit einem Goldklumpen entlohnt. Ebenso hatte Hans eine starke emotionale Bindung an seine Mutter. Es ist fiktiv, jedoch annehmbar, dass diese emotionale Bindung an seine Mutter gegenseitig war. Hans wurde Gerechtigkeit und Anerkennung zuteil und er handelte selbstbestimmt. Es wird angenommen, dass diese Faktoren glückskonstitutiv sind und Zufriedenheit stiften, gerade auch deshalb, weil Hans seine gesetzten Ziele erreichte und er mit den gegebenen Verhältnissen einverstanden war, die im Weiteren zur Entwicklung eines bestimmten Selbst- und Weltkonzepts beitragen. Demnach beinhaltet der gefühlsmäßige/emotionale Zustand der Zufriedenheit unstreitig das Potenzial der innerpsychischen Entwicklung[28] und kann/soll durch einem prozesshaften Verlauf zu dem Zustand führen, wie im Kapitel 2.1 bereits angedeutet wurde – im Sinne eines inneren Gleichgewichts, quasi „zu sich selbst gekommen zu sein“ – an dessen Ende eine bestimmte innere Haltung und Einstellung zur Lebenswirklichkeit steht. Da der Begriff der „Zufriedenheit“ auf einen situationsabhängigen, unabgeschlossenen Prozess verweist, verlangt der Gang der Arbeit geradezu einen Vorgriff auf Viktor Frankls Axiome der Existenzanalyse (die im Teil II dieser Arbeit behandelt werden). Frankl geht einerseits davon aus, dass Glück jeweils die „Wirkung des Ein-Ziel-erreicht-Habens“ ist (Frankl in Gehmacher 1991: 70) und im Weiteren, dass der Mensch trotz Bedingtheiten das Potenzial

27 *In diesem Sinne äußert sich auch Martin Seel (1999: 129). Für ihn ist Selbstbestimmung „zwar nicht an irgendeine Spielart des 'Individualismus', durchaus aber an die Individualität des einzelnen gebunden: an seine Fähigkeit, existenzielle Alternativen nach eigenen Überlegungen selbst zu entscheiden.“*

28 *Als „innerpsychisch“ wird in dieser Arbeit eine emotionale und kognitive (im Sinne von Gedanken, Bewertungen, Einstellungen und Überzeugungen) Entwicklung bezeichnet.*

der Entwicklung in sich trägt. In diese Richtung denkt auch Philipp Mayring (1991: 74), der ein Vier-Faktoren-Modell vertritt, das neben den Faktoren „Belastungsfreiheit", „Glück", „Freude" und „Zufriedenheit" das „Subjektive Wohlbefinden" zusammenfasst. Demnach ist Glück ein über große Freuden hinausgehender Wohlbefindensfaktor, der einerseits Erlebnisse großer Freude beinhaltet und über aktuelle Situationen hinausweist, und andererseits eine „normative Komponente, besitzt, die über die reine Ich-Bezogenheit hinausgeht" (a.a.O., 75). Soll die „über große Freude hinausgehende Gestimmtheit" einer realistischen Einschätzung standhalten, erfordert es die kognitive Komponente der Zufriedenheit[29], die nach Mayring die kognitive Wohlbefindenskomponente darstellt, die in der Regel über Prozesse des Abwägens definiert wird. „Das aus diesem Abwägen hervorgehende Gefühl der Dissonanz oder Kongruenz könnte man als Lebenszufriedenheit bezeichnen" (ebd.). Auf dieser Grundlage ist eine Denkart möglich, die den Schluss zulässt: dass *der ein zufriedenes Leben (das über das Hier und Jetzt hinausgeht) führt, der sein Glück zu bewerten vermag.* Mit dieser Schlussfolgerung glückte eine zusätzliche definitorische Erweiterung.

2.3 Immaterielles Glück

Ein glückendes Leben, so wurde mit Hans im Glück präsentiert, ruht nicht nur auf materiellen, sondern auch auf immateriellen Werten, die sich auf erfüllende Tätigkeiten (wie das Exempel von Hans im Glück zeigt) beziehen, sowie auf intellektuelle und auf künstlerische Tätigkeiten.

Beispielsweise ergriff Eckermann als Knabe die Gelegenheit, von einem Stück Papier, in dem Tabak eingewickelt war und als Wappen ein Pferd zeigte, dieses Pferd nachzuzeichnen. Die Zeichnung erschien ihm als sehr geglückt und er empfand darüber ein „unbekanntes Glück" (Eckermann 1994: 16). Erich Fromm (2004: 147) sieht diesen Zustand, die aus der inneren Produktivität des Menschen entstehende Leistung, als glückskonstitutiv an. Glück sei kein Geschenk der Götter, sagt Fromm. „Glück und Freude ist nicht die Befriedigung eines auf physiologischen oder psychologischen Mangel beruhenden Bedürfnisses; nicht die Beseitigung einer Spannung, sondern die Begleiterscheinung allen produktiven Tätigseins im Denken, Fühlen und Handeln." (ebd.) In gleicher Weise argumentiert Csikszentmihalyi (2001: 16): Optimale Erfahrung entsteht, wenn Körper und Seele eines Menschen bis an die Grenzen angespannt sind, im freiwilligen Bemühen, „etwas Schwieriges und Wertvolles zu erreichen." Optimale Erfahrung wird nicht von außen an uns herangetragen, sondern von uns herbeigeführt und ruft den Zustand des „flow" hervor, bei dem man in der Handlung so vertieft ist, dass nichts anderes eine Rolle zu spielen scheint und ein Selbst-Vergessen stattfindet.

Erich Fromm, ein Vertreter der humanistischen Ethik, der Psychologie und Philosophie so zu verschränken weiß, indem er Probleme der Ethik und der Normen erörtert, die dem Menschen zur Verwirklichung seines Selbst und seiner Möglich-

---

29 Vgl. dazu auch Dagmar Fenner (2003: 243).

keiten verhelfen sollen (vgl. Fromm 2004: 9), nimmt die produktive Orientierung als die Grundlage für Freiheit, Tugend und Glück wahr (a.a.O., 177). Er postuliert:

„Wenn einer Gesellschaft daran gelegen ist, die Menschen tugendhaft zu machen, dann muß ihr daran gelegen sein, die Menschen produktiv zu machen, und infolgedessen auch daran, die Voraussetzungen für die Entfaltung der Produktivität zu schaffen. Die erste und wichtigste Voraussetzung besteht darin, daß jede soziale und politische Aktivität die Entfaltung und das Wachstum des einzelnen Menschen zum Ziel haben muß, daß der Mensch der einzige Zweck und das einzige Ziel ist und nicht ein Mittel für irgendjemanden oder irgend etwas – außer für sich selbst." (ebd.)

Fromm erhebt in dieser Forderung den Anspruch einer auf Demokratie aufgebauten Staatsform, in der die Bürger ihr Eigeninteresse vertreten können und damit Miturheber von Sozial- und Rechtsnormen sind, wenngleich nicht alle Wünsche und Bedürfnisse auf Grund von Kompromissen und Mehrheitsverhältnissen erfüllt werden können (vgl. Pieper 2004: 162). Im weiteren entwickelt Fromm ein ideales Denkbild einer sittlichen Erziehung, die unweigerlich durch die Steigerung der Freude an der Kultur eintritt und mehr bewirkt, als alle Strafandrohungen und Tugendpredigten (vgl. Fromm 2004: 178)[30]. Nun soll auf der Folie dieser idealen Vorstellung eine Sequenz aus Thomas Morus (1478-1535) utopischen Roman „Utopia" (1516), als Exempel eines idealen Staates entfaltet und kritisch betrachtet werden. In Utopia, einer Insel mit einem einfachen agrarwirtschaftlichen Niveau, setzen die Behörden oft die Arbeitszeit herab, um ihre Bürger nicht mit überflüssiger Arbeit zu „schinden" (Morus 1981: 89), weil es ein Ziel des Staates ist, die Bürger vom Frondienst zu entlasten, „zugunsten der freien Pflege des Geistes: darauf nämlich beruht, wie sie glauben, das Glück des Daseins" (ebd.). Die Behörden im utopischen Staat erkannten, dass sich zufriedene Bürger nicht nur mehr freuen, sondern auch das positiv beurteilen, womit sie zufrieden sind. Selbst Thomas Morus, als Gegenredner von Raphael Hyzhlodaeus, bezweifelt am Ende des zweiten Buches, ob die Kultur und das Staatswesen in Utopien so ideal sind oder ob nicht „die Gleichheit des Lebens und der Lebenshaltung" (a.a.O., 182) die Freiheit der Wahl einer individuellen Selbstbestimmung beschränkt. Piper (2004: 163) nennt die Staatsform in Utopia kommunistisch, weil Geld und Privatbesitz abgeschafft wurde. Gleichwohl Thomas Morus mit Utopia eine Staatsform konzipierte, in der auch utilitaristische Prinzipien erkennbar sind: ein maximales Gesamtglück für eine Gesellschaft, in der individuelles Handeln auf reguliertes öffentliches Handeln übertragen wird. Darauf beruht eine Erkenntnis der Bürger von Utopia, dass nämlich genügend vorhandene Annehmlichkeiten, eine liberale Einheit der Familie, ein soziales Netzwerk und eine Entfaltung des Geistes nützliche Glieder des Staates hervorbringt und somit den staatlichen Frieden in Utopia sichert und Kollektivwohl gewährleistet.

---

30 Vom Standpunkt der humanistischen Ethik mag diese Sichtweise begründet sein, von einer politischen Perspektive aus erscheint dieses Denkbild als „ideal wünschenswert".

In Utopia sind die Grundbedürfnisse der Menschen nach Frieden, sozialem Gemeinwohl und emotionaler Bindung abgesichert, weil das Glück des Einzelnen über den gut verwalteten und gerechten Staat hergestellt wird. Damit müsste ein situatives Glück geschaffen sein, obwohl die Utopier zum „Glück gezwungen" werden. Doch nach Fromm ist Glück eine Begleiterscheinung allen produktiven Tätigseins im Denken, Fühlen und Handeln. In Utopia ist die individuelle Entwicklung aber abgekoppelt und dem Gemeinwohl unterstellt. Dementsprechend kritisch äußert sich Annemarie Piper, weil individuelle Leistung

„[...] in Utopia nicht einmal erwünscht [ist], weil das Gleichheitsprinzip in Gefahr scheint, wenn sich in den verschiedenen Wissens- und Handlungsgebieten Eliten herausbilden, deren Überlegenheit die anderen benachteiligen könnte. Daher besteht kein Interesse an Spezialisten und Experten, die eine Höherentwicklung des Staates vorantreiben. Nur so ist zu erklären, dass Utopia ständig auf einem einfachen agrarwirtschaftlichen Niveau bleibt [...]. Offensichtlich wird ein solcher Entwicklungsprozess von vornherein gebremst, in der Meinung, dass die Menschen nur glücklich sind, wenn niemand sie auf irgendeinem Gebiet überragt." (Piper 2004: 164),

Auffällig an Utopia ist die Tatsache der schlichten Lebensführung in Ablehnung der Luxusgüter und in Ablehnung individueller Kleidung oder von Schmuckgegenständen. Künstlerisches Tätigsein wird zu Gunsten handwerklicher Tätigkeiten oder praktischen Wissens vernachlässigt und dadurch Fantasie unterdrückt. Fantasie ist ein wesentlicher Bestandteil der menschlichen Erfahrung und bedingt das eigentliche kreative Vermögen. Mittels dieses Vermögens und der Einbildungskraft als eine „bildgebende Tätigkeit" (a.a.O., 166) kann die Erfassung und Gestaltung einer Lebenswelt ermöglicht werden. „Eben dies macht sie [die Fantasie, d.Vf.] aber in einer politischen Lebensform, die die sozialen Verhältnisse auf der Basis der Prinzipien Gleichheit und Einheit bis ins Kleinste durchreglementiert haben möchte, verdächtig" (ebd.) und beschränkt gleichzeitig den Prozess eines gelingenden Welt-Selbst-Verhältnisses, in der individuelle Selbstbestimmung stattfindet.

Die Diskussion um das immaterielle Glück hat den Weg über die Kritik einer Utopie eines idealen Staates genommen und wird aus dem psychoanalytischen Blickwinkel Sigmund Freuds abschließend betrachtet.

Sigmund Freud sieht neben der Triebbefriedigung auch in der Sublimierung der Triebe eine Möglichkeit Glück und „Unabhängigkeit vom Schicksal" (Freud 2001: 48) zu erreichen. Die Quelle dieser Lustgefühle ist nach Freud die physische und intellektuelle Arbeit. „Das Schicksal kann einem dann wenig anhaben." (a.a.O., 46) Ein Künstler, der sein „Phantasiegebilde" (ebd.) verkörpern kann oder ein Forscher, der Probleme löst und die Wahrheit erkennt, erleben eine besondere Qualität von Freude und Lust. Im Gegensatz zu der „Sättigung grober, primärer Triebregungen" (ebd.) erscheint diese Freude aber gedämpft und „erschüttert nicht unsere Leiblichkeit" (ebd.). Freud bedauert, dass dieses Modell nicht allgemein anwendbar ist, weil es nur wenigen Menschen zugänglich sein kann, denn dieses Modell setzt

Anlage und Begabung voraus. Nicht zuletzt wird bei diesem Verfahren die Absicht deutlich, sich von der Außenwelt unabhängig zu machen, indem durch innere, psychische Vorgänge Befriedigung empfunden wird.

2.4 Das Besondere als Allgemeines

Das Glücksstreben und die Leidvermeidung ist ein humanes Konstituens, die den Menschen gegenüber Tieren und Engeln auszeichnet und verdankt sich der menschlichen Freiheit, seine angeborene Disposition aktualisieren zu können. In Giovanni Pico della Mirandulas (1463-1494) Rede „Über die Würde des Menschen“ (1486) ist die Frage impliziert: Was ist der Mensch? Er findet darauf folgende Antwort:

„Müssen wir darin nicht zugleich die höchste Freigebigkeit Gottvaters und das höchste Glück des Menschen bewundern? Des Menschen, dem es gegeben ist, das zu haben was er wünscht, und das zu sein, was er will. Denn die Tiere, sobald sie geboren werden, tragen vom Mutterleibe an das mit sich, was sie später besitzen werden, wie Lucilius sagt. Die höchsten Geister aber sind von Anfang an oder bald darauf das gewesen, was sie in alle Ewigkeiten sein werden. In den Menschen aber hat der Vater gleich bei seiner Geburt die Samen aller Möglichkeiten und die Lebenskeime jeder Art hineingelegt. Welche er selbst davon pflegen wird, diejenigen werden heranwachsen und werden in ihm ihre Früchte bringen.“ (Mirandola 1996: 11)

Die Würde des Menschen liegt in dieser individuellen Freiheit, sich selbst zu gestalten. Darin liegt auch die spezielle Verantwortung des Menschen gegenüber der Gestaltung seines Lebens als ein gelingendes. Pico della Mirandola hat am Übergang zur Neuzeit durch die Benennung der Selbstbestimmung zur Glücksmöglichkeit eine anthropologische Festlegung getroffen und Glücksfähigkeit als einen intrinsischen Wert festgelegt. Das Besondere (das individuelle Glück) ist damit zu etwas menschlich Allgemeinem geworden, weil Tiere und höchste Geister determiniert sind und nur der Mensch die Möglichkeit zur Gestaltung seines je eigenen Lebens besitzt. Ohne Zweifel wurde damit eine Konzeption eines Menschenbildes geschaffen, das trotz aller Unterschiede der Zeit und des Ortes eine gegenseitige Anerkennung und Achtung fordert[31].

Nicht nur die Selbstbestimmung zur Glücksmöglichkeit ist universell, sondern auch die Gegenseite des Glücks: das Leid. Für Freud schien klar, dass die Glücksmöglichkeit durch unsere Konstitution beschränkt ist, aber nicht die Gelegenheit, Unglück zu erfahren. „Von drei Seiten droht das Leiden, vom eigenen Körper her, der, zu Verfall und Auflösung bestimmt, sogar Schmerz und Angst als Warnsignale nicht entbehren kann, von der Außenwelt, die mit übermächtigen, unerbittlichen, zerstörenden Kräften gegen uns wüten kann, und endlich aus der Beziehung zu anderen Menschen.“ (Freud 2001: 43) Dieses letztere, der Schmerz der aus einer Beziehung entsteht, sieht Freud als schmerzlicher an, als die Leiden aus anderen Quellen.

---

31 Gegenseitige Anerkennung als Menschen über viele Unterschiede der Zeit und des Ortes verlangt auch Martha C. Nussbaum in: Steinfath, Holger (Hrsg.): Was ist gutes Leben? (1998: 208)

Die Leiderfahrung durch die Außenwelt fordert in einer unübersichtlich gewordenen, schnelllebigen Gesellschaft eine immer wieder neue Abstimmung des eigenen Lebens mit den gesellschaftlichen Bedingungen. Verena Kasts[32] Ansatz zum kompetenten Umgang mit der Angst ist ein kompetenter Umgang mit den Emotionen. Dieser Umgang ist für sie eine Schlüsselqualifikation, gleichbedeutend etwa mit der Fähigkeit, sich einigermaßen richtig ausdrücken zu können. Kasts geforderten Umgang mit Krisen geht auf die Rezeption des Sozialwissenschaftlers Ulrich Beck zurück, der meint, in unserer Gesellschaft werden Krisen als individuelle Krisen gesehen, auch wenn es gesellschaftliche sind wie etwa die Arbeitslosigkeit (Kast 2000: 17). Gesellschaftliche Krisen, besonders die, die Menschen betreffen, werden als individuelle Krisen empfunden. Das Schuldgefühl an einer gesellschaftlichen Krise ist nicht so heftig als an einer Krise, von der man denkt, sie sei durch eine schlechte Entscheidung hervorgerufen worden. Gesellschaftliche Krisen stehen heute mehr in der Verantwortung des Individuums. In der Frage nach Ursache und Schuld an der gesellschaftlichen Krise vertritt Kast die Meinung: „Wenn die Maxime lautet, daß jeder und jede seines oder ihres Glückes Schmied ist, dann sind wir auch für das Unglück verantwortlich“ (ebd.). Auch wenn die Probleme gesellschaftliche Probleme sind, bleibt ein Scheitern „mehr in unserer Verantwortung“ (ebd.). Weil Glück und Unglück etwas Individuelles ist und gleichzeitig etwas Allgemeines, ist Glück und Unglück auf ein Verhältnis zur Welt aufgebaut. *Ein glückliches oder unglückliches Leben vollzieht sich in der Relation zwischen Ich und Welt und betrifft unsere gemeinsame Menschlichkeit.*

Die Annäherung an den Zielbegriff einer Konzeption eines gelingenden Lebens auf der Grundlage einer universellen Konzeption basiert auf den Bedingungen eines immer klarer werdenden Begriffs von zentralen und universalen Eigenschaften des menschlichen Lebens. Mit Martha C. Nussbaums[33] aristotelischen Essentialismus und der Aufstellung von bedeutenden menschlichen Bedürfnissen und Funktionsfähigkeiten kann der Zielbegriff noch konkreter ermittelt werden.

2.5 Das uns allen Gemeinsame

Das Konzept des aristotelischen Essentialismus von Martha C. Nussbaum enthält bestimmte zentrale und universale Eigenschaften menschlichen Lebens. Gegen den Vorwurf des dem Essentialismus innewohnenden „patriarchalischen“ Denkens (Nussbaum 1998: 201) verwehrt sich Nussbaum insofern, als sie ihr Konzept der universalen menschlichen Eigenschaften und elementaren menschlichen Bedürfnisse im Rahmen ihrer Arbeit der Entwicklungshilfe, als Grundlage einer politischen Begründung der Aufgabe öffentlicher Planung, bereitstellt. In der Liste der ele-

---

32 *Verena Kast ist Psychotherapeutin und Dozentin am C.G.-Jung-Institut in Zürich. Kasts Zugang zur Psyche des Menschen ist das Märchen. Mit dessen Hilfe sucht sie nach Möglichkeiten zur positiven Veränderung und Ressourcenaktivierung bei Krisen und Übergangsphasen im Leben eines Menschen.*

33 *Martha C. Nussbaum ist Professorin für Recht, Literatur und Ethik an der University of Chicago Low School.*

mentaren menschlichen Bedürfnisse und Tätigkeiten sieht Nussbaum einerseits die Grundlage einer Darstellung sozialer Gerechtigkeit, im umfassenden Sinne eine internationale Begründung der Verteilungsgerechtigkeit, andererseits aber die *Grundlage für eine globale Ethik*, gleichzeitig aber auch eine normative Darstellung eines universalen menschlichen Wesens. Die elementaren Bedürfnisse oder menschlichen Grundfunktionen sieht Seel (1999: 245) als Möglichkeiten/Fähigkeiten eines gelingenden Lebens an, von der Nussbaum (1998: 208) von einer „Gesamtgestaltung und [...] Inhalt der menschlichen Lebensform" spricht. Nussbaum nennt die Konzeption „vage" (ebd.), um damit auszudrücken, das im philosophischen Verständnis des menschlichen Lebens die Formen der vielen verschiedenen örtlichen und persönlichen Konzeptionen realisiert werden können und der Entscheidungsspielraum offen ist (ebd.). Darum enthält die Konzeption eine Liste von potentiellen und keine Liste von festgelegten Fähigkeiten und Bedürfnissen, um eben diesen Entscheidungsspielraum zu gewährleisten (a.a.O., 217). Nussbaums Konzeption der menschlichen Lebensform und Funktionsfähigkeiten ist eine sensible Auslegung, die über religiöse, kulturelle und individuelle Unterschiede hinweg eine universelle gegenseitige Anerkennung als Menschen zu erreichen beansprucht. Im Folgenden wird ein kurzer Aufriss der Gestalt der menschlichen Lebensform und der elementaren menschlichen Funktionsfähigkeiten gegeben, die sich in Grenzen (gegen die angedrängt wird), und Fähigkeiten (die eine Weiterentwicklung ermöglichen) bedingen und als Annäherung dessen zu verstehen ist, was Bestandteil eines menschlichen Lebens zu sein scheint.

A) Die menschliche Lebensform[34]

Sterblichkeit: Alle Menschen haben den Tod vor sich und wissen nach einem bestimmten Alter, dass sie sterben müssen. Diese Faktizität überformt mehr oder weniger jedes andere Element des menschlichen Lebens, verursacht Kummer und/ oder Angst.

Der menschliche Körper ist eine verletzliche Heimstatt, der durch die Vielfältigkeit der Möglichkeiten weitaus mehr Ähnlichkeit als Unähnlichkeit schafft. Er macht bestimmte Optionen zugänglich, gewährt Möglichkeiten zu außergewöhnlichen Fähigkeiten und setzt gleichzeitig Grenzen. Die allgemeine Menschlichkeit des Körpers gestattet, dass jeder Mensch die Möglichkeit besitzt, an jedem Ort und in jeder Kultur zu leben. Diese Tatsache bedingt einen großen Teil dessen, was unsere wechselseitige Anerkennung begründet.

Kognitive Fähigkeiten: Wahrnehmen, Vorstellen, Denken: Alle Menschen haben diese Fähigkeit, zumindest in einer gewissen Form, und sie wird als überaus wichtig angesehen.

Frühkindliche Entwicklung: Alle Menschen fangen ihr Leben als hungrige Säuglinge an, die sich ihrer Hilflosigkeit bewusst sind. Wechselnde Nähe und Di-

34 *Die „Gestalt der menschlichen Lebensform" und „Elementare menschliche Funktionsfähigkeiten" (a.a.O., 209-215).*

stanz wird in Abhängigkeit von denen erlebt, von denen sie abhängig sind. Diese gemeinsame Struktur des Lebensanfangs, gewährt eine Gemeinsamkeit der Erfahrung und eine Gemeinsamkeit des Wiedererkennens im Bereich von Gefühlen wie Kummer, Liebe und Zorn.

Praktische Vernunft: Alle Menschen beteiligen sich (oder versuchen es) an der Planung und Führung ihres eigenen Lebens. Die reflexive Bewertung fließt in die Lebensplanung ein.

Zugehörigkeit zu anderen Menschen: Ein gewisses Gefühl der Zugehörigkeit und sozialer Bindung, sowie eine Anteilnahme am Leben Anderer, sowie die Wertschätzung dieser Lebensform sind allen Menschen gemeinsam.

Bezug zu anderen Spezies und zur Natur: Menschen erkennen die komplexe Verkettungsordnung der Menschen, Tiere und Pflanzen in einem Universum und die Abhängigkeit von dieser Ordnung. Ein weiteres Erkennen gilt der Achtung und Anerkennung einfordernden Ordnung.

Humor und Spiel: Menschliches Leben räumt überall, wo es gelebt wird, Platz für Erholung und für das Lachen ein. Über kulturelle Schranken hinweg erkennen wir andere Menschen als die Lebewesen, die lachen.

Vereinzelung: Trotz Bedürfnis nach sozialer Bindung und Interaktion durchläuft der einzelne Mensch den Lebensweg auf einen je eigenen Weg. Jede Person erleidet ihren Schmerz und nicht den einer anderen. Es kann ein wechselseitiger Prozess des Reagierens und Antwortens stattfinden, jedoch keiner der Verschmelzung.

Starke Vereinzelung: Auf Grund der Vereinzelung hat jedes menschliche Leben sozusagen seinen eigenen Kontext, der nicht genau der gleiche ist wie der von jemand anderen und deshalb in einem gewissen Maß eine Selbstidentifizierung zulässt.

B) Menschliche Funktionsfähigkeiten

Nussbaums Ansatz der Funktionsfähigkeit geht von dem internen Zusammenhang mit den Lebensformen aus, sowie der Möglichkeit in differenzierter Art und Weise die Lebensformen im Lebensentwurf handlungswirksam werden zu lassen. In sozialpolitischer Absicht äußert sich Nussbaum, dass es Funktions- und Handlungsfähigkeiten sind, die als Bestandteil der Menschlichkeit einer elementaren Art der Bewertung unterliegen. Das bedeutet, dass auf dieser Basis der Bewertung eine Lebensform ohne die Beachtung der Fähigkeiten und ohne die Möglichkeit, diese Fähigkeiten zu aktivieren, zu mangelhaft oder zu verarmt wäre, um überhaupt ein gutes menschliches Leben zu sein. Im Lichte der politischen Absicht vertritt Nussbaum die These, die Funktions- und Handlungsfähigkeit und nicht das tatsächliche Funktionieren soll das Ziel der Gesetzgebung und der allgemeinen Planung sein. Die Liste der Funktionsfähigkeiten reicht von elementaren Fähigkeiten wie eines angemessenen Gesundheits- und Ernährungszustandes, Möglichkeit zu sexueller Befriedigung[35] über umfassende Sachverhalte wie selbstbewusste Beteiligung am

35 *In kritischer Absicht hinterfragt Angelika Krebs die menschliche Funktionsfähigkeit in Bezug auf sexuelle Befriedigung und Anteilnahme für die Natur als notwendig zu einem guten mensch-*

gesellschaftlichen und sozialen Leben sowie die Fähigkeit das eigene Leben im je eigenen Kontext zu leben. Die Aktivierung dieser Fähigkeiten lässt eine Chance für neue Einsichten, Erkenntnisse und Alternativen zu, die die Selbstbestimmung fördern und einen Ausblick auf Wahlfreiheit eröffnen. In dieser Möglichkeit der Selbstbestimmung liegt die Wahlfreiheit, die es dem Individuum ermöglicht, sich auch moralisch frei zu verhalten. Der Spielraum für moralisches Handeln – dem *müssen* oder dem *wollen* – ist offen. Das Moment der Autonomie zeigt sich, wenn die Funktionsfähigkeiten die Lebensformen im Lebensentwurf handlungswirksam werden lassen. Nussbaum verabsäumt im Zusammenhang der Liste der Funktionsfähigkeiten explizit von Autonomiefähigkeit zu sprechen. Gleichwohl zu einem gelingenden Leben diese gehört, weil Funktionsfähigkeit und die ihr zugrundeliegende Wahlfreiheit die Bedingung einer elementaren Stufe von autonomem Leben ist, in dem die Verantwortung für die Entscheidung übernommen werden muss. Aus diesem Grund wird in kritischer Absicht die *Autonomiefähigkeit als Summe der Funktionsfähigkeit* bestimmt.

Bedeutsam an diesem philosophisch-empirischen Funktionsfähigkeitsansatz ist die politische Relevanz der elementaren Bewertungsgrundlage für ein gutes menschliches Leben im Aufgabengebiet des Rechts und des politischen Handelns. Das der Theorie der Funktionsfähigkeit uns allen implizierte Gemeinsame ist die praktische Vernunft, von der Aristoteles meint, sie liege in der Tätigkeit der Seele, „die sich nach der Vernunft oder doch nicht ohne die Vernunft vollzieht" [...] (NE 1098a 3). Kraft dieser Vernunft können die einzelnen Fähigkeiten geplant und mit anderen Fähigkeiten in Hinblick auf Handlungen wirksam werden. Die große Leistung der Konzeption des Menschlichen im aristotelischen Essentialismus liegt in der Anerkennung des Menschen oder des Menschlichen als einen solchen, der zur moralischen Anerkennung zwingt. Martha C. Nussbaum formuliert das so:

„Mit dem Begriff 'Mensch' kann man [...] jederzeit sagen: 'Schau dieses Wesen an: Du kannst ihnen die Anerkennung nicht verweigern, daß sie ihre Sinne gebrauchen, daß sie über ihre Zukunft nachdenken, daß sie sich auf ethische Gespräche einlassen, daß sie Bedürfnisse und Empfindlichkeiten haben, die den deinen ähnlich sind. Räumst du dies ein, dann räumst du ein, daß sie Menschen sind. Räumst du ein, daß sie Menschen sind, dann räumst du ein, daß sie Bedürfnisse des Wohlergehens haben, die auf jeden, der sie bestreiten würde, einen moralischen Druck ausüben'." (Nussbaum 1998: 219)

Nussbaums Konzeption des menschlichen Wesens zeichnet uns als Mitglieder einer moralischen Gemeinschaft mit sozialen Bindungen aus. Damit einher geht die verbundene soziale Anerkennung. Aristoteles weist in der Nikomachischen Ethik (NE 1097b 7-11) auf die soziale Struktur des Menschen hin, in der Handeln stattfindet. Darin kann ein konstitutives Merkmal des Menschen gesehen werden. Denn:

---

lichen Leben gehörend (Krebs, Angelika in: Werden Menschen schwanger? In: Steinfath, Holger (Hrsg.) Was ist ein gutes Leben? Philosophische Reflexionen.- Frankfurt am Main: Shurkamp Taschenbuch, 1998: 239).

Handeln findet immer schon in einer menschlichen Gemeinschaft statt, weshalb nicht zuletzt die Konsequenzen der Handlung in Hinblick auf mögliche Folgen auf diese Gemeinschaft zu bedenken und moralisches Handeln zu erwägen ist. Martha C. Nussbaums Konzeption wäre nicht vollständig, ohne das moralische Gefühl zu erwähnen, das dieses Konzept fördert und/oder zulässt: Der Begriff der gemeinsamen Menschlichkeit als Grundlage für Achtung und Anerkennung (Nussbaum 1998: 231) ist Diskussionsgrund in der Ökonomisierung der Gegenwart, von der Paul Lissmann meint, dass sie sich zuletzt darin ausdrückt, dass eine Anerkennung, die sich nicht in einem Geldwert ausdrückt, nichts mehr wert ist[36]. Entgegen dieser pessimistisch-realistischen Einschätzung des Menschen als Humankapital im gegenwärtigen Wirtschaftssystem steht Spaemanns Sicht der Menschenwürde.

Robert Spaemann beruft sich auf Kant, der sagt, der Mensch besitze Würde und als Würdebesitzer trage er die Würde der Menschheit in seiner Person (Kant, Metaphysische Anfangsgründe der Tugendlehre in Ludwig (Hrsg.) 1990: 67). Spaemann legt das so aus, dass „'Würde` jenes Inkommensurable, Erhabene, *unbedingt*[37] zu Achtende“ (Spaemann 1998: 127) sei. Achtung, die Menschen entgegen gebracht wird, ist unbedingte Zustimmung zu einem Seienden, dem es immer um etwas und zuerst um sein eigenes Sein geht, postuliert Spaemann. Einer Tendenz kann aber nicht zugestimmt werden, ohne in dieselbe Richtung zu tendieren und die Pflicht gegen sich selbst zu erkennen: sich selbst zu achten. In diesem Erkennen des Selbstseins, „als das Andere des Anderen“ (a.a.O., 130) und dem Achtung gebietenden „unrückführbaren Andersein“ (a.a.O., 128) des Anderen findet eine gefühlsmäßige Identifikation statt, die Spaemann „Wohlwollen“ (a.a.O., 129) nennt. Mit Wohlwollen könnte auch Liebe gemeint sein, doch Spaemann hält sich wegen der „Zweideutigkeit des Begriffs der Liebe“ (ebd.) an die Differenzierung, die Leibniz getroffen hat: „zwischen dem amor concupiscentia und dem amor benevolentiae, zwischen Begierde und Wohlwollen“ (ebd.).

Über alle soziokulturellen Grenzen hinweg geht Kants Begriff der Achtung und der Pflicht. Im Ersten Gebot aller Pflichten gegen sich selbst §15: betont Kant die Fähigkeit Achtung zu empfinden und impliziert damit fähig zu sein, Achtung und Anerkennung zuteil werden zu lassen: „[...]durch die herrliche in uns befindliche Anlage zum Guten, welche den Menschen achtungswürdig macht [...]“ (Kant TL in Weischedel 1990: 82). Demzufolge ist die „Anlage zum Guten“ eine metaphysische Disposition in der Natur des Menschen begründet, die der faktischen Anwendung der Achtung und Anerkennung als moralisches Prinzip a priori beigegeben ist. Gleichwohl moralische Gesetze missachtet werden können, müssen sie als moralische Gesetze mit Verbindlichkeit gedacht werden, um aus Pflicht so zu handeln, wie

---

36 vgl. Liessmann, Paul Konrad: Bruder Müll, in: „Die Presse“ vom 17. September 2005, Spectrum II.

37 Im Original kursiv geschrieben

wir handeln müssen/sollen, um eine normative Basis des guten Zusammenlebens denken zu können[38].

Die Veranlagung, fähig zu sein Achtung und Anerkennung teil werden zu lassen, zu empfangen und zu empfinden, wird abschließend nicht als Gefühl, sondern als ein *Essential* der aristotelischen Konzeption des Menschen nach Martha C. Nussbaum hinzugefügt. *Das uns allen Gemeinsame ist unter Einbeziehung der menschlichen Lebensform und Autonomie, der praktischen Vernunft, der sozialen Bindung, der Fähigkeit zu Achtung und Anerkennung* im ausführlich diskutierten Begriff *der gemeinsamen Menschlichkeit* gefasst.

Dem Vermögen, Achtung und Anerkennung einander zu gewähren, korrespondiert Martin Seels Begriff der „moralischen Rücksicht" (Seel 1998: 284). Im Sinne Seels sind Individuen, die ihre Bestimmung des Lebensentwurfes selbstverantwortlich vertreten können, offen für eine „freie Weltbegegnung" (a.a.O., 282), die als eine Bedingung für ein gelingendes Leben gilt. Alle, die von der biologischen Konstitution her zu einer freien Weltbegegnung fähig sind, sind Adressaten der Moral (a.a.O., 284). Das würde bedeuten, dass der Begriff eines guten Lebens festlegt, wer zum Kreis der moralischen Adressaten gehört. Die Einführung des korrespondierenden Begriffes der „moralischen Rücksicht" erfordert eine genaue Auseinandersetzung mit den Bedingungen, die Seel zu diesem Begriff führten um auch festzustellen, wie die „moralische Rücksicht" mit Achtung und Anerkennung korrespondiert. In diesem Zusammenhang wird auch Harry G. Frankfurts Auslegung der „Achtung" gedeutet. Nicht, um eine zusätzliche Bestimmung des guten Lebens mehr zu haben, sondern statt einer Ansammlung verschiedener Bestimmungen *eine* Bestimmung zu finden, die die Aspekte des guten gelingenden Lebens bündelt.

2.6 Moralische Adressaten

Unter der Voraussetzung, dass es moralische Adressaten gibt, muss es auch moralische Akteure geben, diejenigen also, die moralische Grundsätze anwenden. Der Bestimmung des moralischen Adressaten muss ein kurzer Exkurs vorgehen. Auf der Suche nach der Charakterisierung des Guten im Leben als tragfähige moraltheoretische Bestimmung, findet Martin Seel diejenigen Lebewesen als Adressaten der Moral, die ein gutes Leben haben können und definiert sie in einem umfassen-

38 *Horster, Detlef, Professor für Sozialphilosophie in Hannover, vertritt eindrücklich die Auffassung: „In der gegenwärtigen Gesellschaft, mit der Tendenz zunehmender Individualisierung, fehlt ein für alle gleichermaßen geltender gemeinsamer moralischer und rechtlicher Bezugspunkt, wie es die christliche Offenbarung einstmals war. In der Gegenwart besteht die Notwendigkeit, moralische Präferenzen selbst zu setzen. Dennoch gibt es eine einheitliche, offenbarungsäquivalente Basismoral. Es handelt sich um die Moral der wechselseitigen Achtung und Anerkennung. Wir kommen zu richtigen moralischen Entscheidungen nur dann, wenn dieser Grundsatz nicht verletzt wird." (Horster Detlef in: Recht, Moral und Gerechtigkeit in Stäblein, Ruthard (Hrsg.): Glück und Gerechtigkeit. Moral am Ende des 20. Jahrhundert 1999: 245)*

den Begriff[39] als unterschiedliche Adressaten, die früher oder später auf Schutz und Schonung angewiesen sind und denen es in der Zeit ihres Leben auch besser oder schlechter gehen kann (Seel 1998: 276). Ebenso, wie im Kapitel 2.5 das „uns allen Gemeinsame“ gesucht wurde, fahndet Seel danach, auf welche Weise die „unterschiedlichen Adressaten in die Einheit von Adressaten der moralischen Rücksicht rücken“ (ebd.) können. Um einer Tendenz der Reduktion vorzubeugen, lehnt Seel in kritischer Absicht den negativen Begriff der Leidensfähigkeit als dieses Gemeinsame ab, weil Leidenkönnen zur Konstitution der moralischen Adressaten gehört[40]. Zum moralischen Adressaten wird ein Mensch, weil er Lebensmöglichkeiten erstrebt oder hat, unter deren Beeinträchtigung er leiden kann (a.a.O., 278). Als eine allgemeine Form eines guten Lebens schlägt Seel die „freie Weltbegegnung“ (a.a.O., 280) vor. Die freie Weltbegegnung ist für Präferenzen und Betätigungen des faktischen Vollzugs offen. Die Offenheit der Vollzugsorientierung, was nichts anderes bedeutet als eine Offenheit für Alternativen und Wahlfreiheit, ermöglicht im Sinne einer Selbstbestimmung oder Selbstgestaltung eine autonome Lebensgestaltung, die im Kontext der Funktionsfähigkeiten (Kapitel 2.5) bereits angesprochen wurde. Die Offenheit der Vollzugsorientierung nennt Seel „Spielraum der Lebensbewegung“ (a.a.O., 281). In den „Spielräumen der Lebensbewegungen“, so kann Seel verstanden werden, können die empfindungsfähigen Individuen ihren Befähigungen und ihren bevorzugten Tätigkeiten nachgehen, und ihr Wohl hängt von der Möglichkeit ab, insoweit sie für ihre wichtigsten Lebenstätigkeiten in freier Selbstbestimmung einen Spielraum besitzen und Weltbegegnung stattfinden kann (ebd.). Diese Bestimmung des Modus des freien Weltbezugs besitzt eine qualitative Komponente, weil Seel definitiv bestimmt, dass ein Individuum dann ein gutes Leben führt, wenn es für seinen Lebensvollzug relevanter Wirklichkeit so begegnen kann, dass es in ihr einen Spielraum für befriedigende Lebenstätigkeiten findet (a.a.O., 283).

Dieser Exkurs expliziert den Entwicklungsgang von Seels Theorie des moralischen Adressaten. Denn nun kann Seel sagen:

„Zu den Adressaten der Moral, [...] gehören (mindestens) alle die, die von ihrer biologischen Konstitution her einer freien Weltbegegnung fähig sind. [...] weil sie in einer zentralen Hinsicht so sind wie wir – einer Hinsicht, die für sie so zentral ist wie für uns selbst. Für sie wie für uns ist ein Leben im Modus freier Weltbegegnung das beste Leben. 'Wir`, das sind in diesem Fall die moralischen Akteure, diejenigen Individuen also, die sich nach moralischen Grundsätzen verhalten, die moralische Rücksicht ausüben können. Diese Rücksicht ist etwas, was die Menschen einander41 gewähren können und gewähren sollen, weil nur so ein gedeihliches Leben der Menschen untereinander möglich ist.“ (a.a.O., 284)

---

39 In diese umfassende Bestimmung nimmt Seel künftig Lebende und Individuen, die nicht mehr am Leben sind, hinein, als Respekt vor den Toten, wenn der Respekt den Toten gilt und nicht auf einer Konvention mit Rücksicht auf Lebende beruht.

40 Wohl als Korrektiv zur Leidensfähigkeit führt Seel den Terminus des empfindungsfähigen Individuums ein.

41 Im Original kursiv geschrieben.

Seel erweitert seinen erkenntnistheoretischen Ansatz dahingehend, dass moralische Rücksicht alle Individuen bedürfen, die auf personale Rücksicht angewiesen sind. Aus diesem Grund übernehmen moralisch Handelnde Hilfe und Pflichten in Bezug auf Individuen, die noch nicht, nicht mehr oder überhaupt nicht die Hilfe symmetrisch oder gar nicht erwidern, sowie auch nicht moralische Verantwortung übernehmen können (ebd.)[42]. So wie Seels Definition der moralischen Rücksicht verstanden wird, ist diese eine starke Bedingung wechselseitiger Anerkennung moralfähiger Subjekte. Daraus ergibt sich, dass in der Logik dieser Anerkennung alle Individuen, denen an einem für sie guten Leben liegt, zu respektieren sind. Aus dieser Folgerung heraus soll der Ansatz einer *konsistenten universalen Moral* in dieser Arbeit bestimmt werden, *als einer Moral, in der im Sinne der gegenseitigen Anerkennung moralische Akteure Rücksicht auf alle empfindungsfähigen Individuen nehmen und die Würde all jener respektieren, die auf personale Rücksicht angewiesen sind und die diese Rücksicht möglicherweise nicht oder nur teilweise erwidern können.*

Wer Kant zustimmt, dass in der faktischen Anwendung der Achtung und Anerkennung als moralisches Prinzip auf Grund der metaphysischen Disposition des in „uns angelegten Guten", die Fähigkeit des Menschen sichtbar wird, mittels der Vernunft sich selbst Gesetze zu geben und moralisch zu handeln, der wird auch Seels Argument teilen, dass wir Menschen die Würde nicht von Natur aus haben, sondern weil wir in Besitz der Freiheit sind, uns „darauf verpflichten, einander in allen denkbaren Lebenslagen die Möglichkeit eines guten Lebens zu gewähren" (a.a.O., 285). So wie Seel argumentiert, bestätigt er, dass die verallgemeinerbare Freiheit des Einzelnen, und die rückbindende Entscheidung zum moralisch Handeln, ein wesentliches Element der Menschenwürde ist, weil wir es selbst sind, die sich unter die Moral der universellen Achtung, Anerkennung und moralischen Rücksicht stellen.

Harry G. Frankfurt[43] gelangt zum Begriff der Achtung über die Diskussion des Begriffes der Egalität. Im Aufsatz „Gleichheit und Achtung" wehrt sich Frankfurt dagegen, Egalität sei von intrinsischem moralischem Wert, deren Verwirklichung um ihrer selbst willen schon wertvoll sei (Frankfurt 2001: 189). Gleichwohl er der Theorie der Gleichheit insofern zustimmt, als ein Zuwachs an Gleichheit für die Befolgung anderer sozial und politisch wünschenswerter Ziele vorgängig ist und dadurch ein anderer Wert gefördert wird (ebd.), würde Frankfurt anders argumentieren, wäre dies eine Absage an das Rechtsprinzip demokratischer sozialer Staatlichkeit. Im Weiteren wehrt sich Frankfurt gegen eine strikte Gleichverteilung von Gütern, weil aus der Perspektive des Empfängers nicht die Gleichheit der Verteilung bedeutsam ist, sondern die eigene Vorstellung von einem guten Leben, und nicht, wie dieses Leben gegenüber zum Leben anderer steht. Jede Person müsse soviel

42 *Zu diesem Kreis der moralischen Adressaten zählen: Babys, Schwerstbehinderte und Sterbende und moralische Akteure, die noch nicht auf personale Hilfe angewiesen sind, es aber werden können.*

43 *Harry Gorden Frankfurt ist Professor für Philosophie an der Princeton University.*

haben, dass es genug für ein gutes Leben ist, um ihre Bedürfnisse und Interessen zu befriedigen (a.a.O., 190, Fußnote). Damit erreicht Frankfurts kritischer Blick auf das egalitäre Prinzip eine andere Qualität. Warum es Frankfurt geht, ist eine differenzierte Sichtweise der Egalität in Relevanz zur Sozialpolitik. Er argumentiert, wenn einige ein besseres Leben führen, ist dies ein Beweis, dass besseres Leben möglich ist und dies ist anzustreben (a.a.O., 192, Fußnote). Im Besonderen geht es Frankfurt um die gleiche Verteilung gesellschaftlicher Güter mit moralischem Wert wie Achtung, Rücksicht und Anerkennung, die die Behandlung - auf der Basis der Rechtsstaatlichkeit – von Gleichen als Gleiche garantieren und Parteilichkeit und Willkür vermeiden soll. Die Idee der Unparteilichkeit klingt ungleich bescheidener, ist aber im Gegensatz zur Idee der Gleichheit radikal, weil Unparteilichkeit eine normative Voraussetzung des demokratischen Rechts ist und in diesem Verständnis ein Grundrecht, welches Demütigung ausschließt. Demütigung, als Verletzung der Achtung und grundgebend zur Verletzung der Selbstachtung, wird als eine normative Kategorie im Teil II in Auseinandersetzung mit Viktor Frankls Menschenbild diskutiert.

Frankfurts Kritik richtet sich also auf die Gleichverteilung von materiellen Gütern. In diesem Zusammenhang werden die Begriffe: *Güterrelevanz* und *Personenrelevanz* eingeführt, um Frankfurts kritische Prüfung der Begriffe „Gleichheit" und „Achtung" klarer hervorzuheben. Güterrelevanz fordert in Bezug auf Gleichheit eine Verteilung von wirtschaftlichen Ressourcen in subjektiver Übereinstimmung von Interessen und Bedürfnissen der Beteiligten. Achtung und Unparteilichkeit richtet sich auf die *einzig* relevanten Eigenschaften einer jeden Peson. Personenrelevanz orientiert sich an der Bedeutsamkeit, die das Menschsein ausmacht und die der Einzelne mit allen anderen Menschen teilt. Menschen nicht zu achten, bedeutet, die Relevanz eines Aspektes ihres Wesens oder ihrer Lage nicht zu achten (a.a.O., 198). Das Beharren auf Gleichheit kommt einer Berechnung auf der Grundlage dessen gleich, was andere besitzen und nicht einer Übereinstimmung mit den eigenen Lebensumständen und den relevanten Interessen und Bedürfnissen, authentischen Projekten also, die den Bedürfnissen des eigenen Lebens entspringen. Die Vorenthaltung von Achtung und Unparteilichkeit verletzt und ignoriert die Bedeutsamkeit eines Menschen in seinem Menschsein. Es verletzt den Anspruch, wahrgenommen zu werden. In weiterer Folge kann dies zu Verstörung, latenter Angst und zu einem Gefühl der Bedrohung der eignen Existenz führen, weil die Vorenthaltung von Achtung ein elementares Grundrecht verletzt. Diese Argumente sollten nicht verleiten anzunehmen, Gleichheit und Achtung seien divergierende Begriffe. Sondern Harry. G. Frankfurt gibt einen Verweis darauf, der thesenartigen Charakter besitzt: „Der Anspruch des Egalitarismus ist vielmehr abgeleitet. Er findet seine Begründung in den grundlegenderen Anforderungen der Achtung und Unparteilichkeit." (Frankfurt 2001: 197) Die Wichtigkeit der sozialpolitischen Bedeutung der Gleichheit ist bereits betont worden und braucht nicht weiter diskutiert zu werden. Wohl aber sei auf die wechselseitige Beziehung von Gleichheit und Achtung hingewiesen. Bedeutsam hingegen erscheint die Konsequenz aus Frankfurts abschließender These. Diese macht zweierlei deutlich: Das Angewiesensein eines sozialen Individuums auf *intersubjektive Anerkennung* und die daraus resultierende wechselseitige Anerkennung, die auf dem zugrundeliegenden Prinzip der Achtung beruht. Analog dazu kann eine Gesellschaft jeweils daran gemessen werden, wie die Gewährung und Umsetzung der wechselseitigen Anerkennung in ihr verankert ist und wie sie praktiziert wird.

Als gemeinsame Einsicht von Martha C. Nussbaum, Martin Seel und Harry G. Frankfurt kann ein anerkennungstheoretisches Moralkonzept genannt werden, das innerhalb der sozialen Lebenswelt als normative Basis im faktischen Lebensvollzug Chance auf Verwirklichung besitzt. Infolge der Grundvoraussetzung in den Anerkennungstheorien ist die Umsetzung von Achtung und Anerkennung in den Gemeinschaftsbeziehungen als begründete essentielle Bedingungen eines guten glückenden Lebens zu bestimmen.

Die Konklusion über die Diskussion der Achtung und Anerkennung als eine, die über unsere Fähigkeit Achtung und Anerkennung zu gewähren und unserem Bedürfnis nach Achtung und Anerkennung Aufschluss gibt, sowie der Bestimmung von Achtung und Anerkennung als essentielle Bedingung eines guten Lebens als ein moralisches Argument, bedarf einer Begründung: Das Gute, das im guten glükkenden Leben gesucht wird, ist darin legitimiert, dass das in uns angelegte Gute, wie Kant es setzt, den Menschen achtungswürdig macht und auf wechselseitige Anerkennung hoffen darf, weil in Kants Konzept das Angewiesensein auf intersubjektive Anerkennung impliziert ist. Das ist ein starker Grund, der als Basis einer universellen Menschenrechtskonzeption rechtsphilosophisch und rechtsstaatlich vertreten werden kann und auf die vertraut werden muss, wenn die Idee der Achtung und Anerkennung nicht verfehlt werden soll. Die Motive, die uns leiten, wenn wir nicht nur auf uns, sondern auf alle Betroffenen Rücksicht nehmen, sind moralische Motive. Martin Sell macht das plausibel: „Wir nehmen Rücksicht auf die Möglichkeit eines für sie guten Lebens“ (Seel 1999: 325).

Der Zielbegriff der angestrebten Definition scheint nun bestimmt zu sein. Er verdankt sich der Diskussion der verschiedenen Theorien eines gelingenden Lebens und die immer weiter führende Differenzierung der gefundenen Merkmale und Bedingungen eines guten gelingenden Lebens. bis zu dem Punkt, der es erfordert, die Begriffe zu einer allgemeinen Annahme zu bündeln. Es zeichnet sich eine moralische Haltung ab, die mit der universellen Achtung kongruiert. Die Theorie der zeitgenössischen Philosophin Martha C. Nussbaum und die Theorien der gegenwärtigen Philosophen Martin Seel und Harry G. Frankfurt sowie Kants Begründung der Achtung der Menschenwürde sind ausschlaggebend zur Bestimmung eines universell geforderten moralischen Arguments der Achtung und Anerkennung des Anderen auf der Basis der gemeinsamen Menschlichkeit, in der moralische Rücksicht geübt wird. Somit sind mit Achtung und wechselseitiger Anerkennung nun formale Bedingungen eines gelingenden Lebens grundgelegt.

Trotzdem der Zielbegriff begründet und letztlich keiner Stützung mehr bedarf, sei der Fokus noch einmal auf die Achtung des Anderen als ein zu Absichten fähiges Gegenüber gerichtet. Diese Fokussierung basiert auf der Idee, den Begriff der Selbstachtung näher zu betrachten und zwar insofern, als durch die Achtung des Anderen diese (seine) Selbstachtung gefördert wird. Der Umkehrschluss heißt aber, wie mit Robert Spaemann bereits gezeigt wurde, einer Absicht kann nicht zugestimmt werden, ohne in dieselbe Richtung zu streben. Die Pflicht gegen sich selbst fordert es, sich als das „Andere des Anderen" (Spaemann 1998: 130) zu erkennen und sich selbst zu achten. In der Selbsterkennung als achtungswürdiges Individuum liegt die Kraft der gefühlsmäßigen Identifikation mit den Anderen und stützt gleichzeitig die Fähigkeit zu autonomem verantwortungsvollen Handeln. Selbstachtung kann als eine Bedingung für die Erlangung eines glückenden Lebens gesehen werden, weil Achtung und Selbstachtung reziprok sind. Mit den „Regeln des Glücks", einer Auffaltung von Glaubenssätzen des tibetischen Buddhismus durch den Dalai Lama, soll keine religiöse Begründungsinstanz für Glück und Moral eingeführt werden. Mit dem Blick auf die Lehre des tibetischen Buddhismus wird lediglich gezeigt, dass *eine* Quelle des Glücks der Sinn für den eigenen Wert darstellt und dass ein echtes dauerhaftes Glück möglich, aber nicht mühelos zu erlangen sei. Entsprechend dazu ist die Denkart möglich, dass Glück ist und nur kultiviert werden muss. Denn: „Sinnlos ist es, von den Göttern zu erbitten, was einer sich selbst zu erschaffen imstande ist" (Epikur 2000: 95), riet Epikur.

2.7 Normen des Glücks

Das Buch „Die Regeln des Glücks" entstand in Zusammenarbeit des Dalai Lamas mit dem amerikanischen Psychologen Howard C. Butler. Der Dalai Lama, der von der Prämisse ausgeht, der eigentliche Sinn des Lebens bestehe im Streben und Ausrichten nach Glück, vertritt eine wichtige Maxime des tibetischen Buddhismus, dass Glück über die Schulung des Geistes erlangt werden kann. Mit Geist sind nicht die kognitiven Fähigkeiten oder der Intellekt gemeint, sondern im Sinne des tibetischen Wortes „sem" umfassendere Fähigkeiten. „sem" entspricht den Begriffen „Psyche" oder Gewahrsein" und schließt Intellekt, Gefühl, Herz und Verstand ein. Die Schulung des Geistes verlangt innere Disziplin und kann nach dem Dalai Lama die gesamte Lebenseinstellung umwandeln. Der tibetische Buddhismus vertritt das Prinzip eines aktiven Prozesses, dass Erfolg zeitweilig eine gehobene Stimmung verursachen kann, Unglück eine Periode der Depression hervorrufen, aber das Gesamtmaß von Glück wird sich wieder auf ein gewisses Grundniveau einpendeln (Dalai Lama/Cutler 2002: 28). Als eine Quelle des Glücks und als einen intrinsischen Wert kann das Wissen um den eigenen Wert genannt werden, von dem der Dalai Lama als ein Gefühl der inneren Zufriedenheit spricht. Dieses Selbstwertgefühl ermöglicht es, eine Beziehung zu den Mitmenschen zu knüpfen und eine Beziehung aufzubauen. Das Bindeglied dazu ist das Wissen, ein menschliches Wesen innerhalb einer Gemeinschaft von Menschen zu sein und als solcher

Würde und Wert zu besitzen (a.a.O., 38f.). Im Weitern erachtet der Dalai Lama Güte und Mitgefühl als wichtige Faktoren einer psychisch gesunden Person, die die intersubjektive Anerkennung als ein Gefühl der Zusammengehörigkeit fördert und die Option zur Entwicklung des inneren Wertgefühls enthält. Die Kultivierung von positiven Geisteszuständen auf der Basis der Selbstkondition, darauf wurde im Kapitel 1.1.2 hingewiesen, führt nicht nur zu einer besseren geistigen Gesundheit und Glück, sondern „beschwört einen Geist der Freundschaft herauf (a.a.O., 49).

Glück über die Schulung des Geistes zu erreichen, betrifft im Ansatz einen weisen Umgang mit einem realen Ziel. Ein Leben, das auf ein Streben nach Glück ausgerichtet ist, ist nicht von Natur aus egozentrisch, sonder beruht auf einem verantwortungsvollen Selbsterkennen und Kultivieren seiner Fähigkeiten und ermöglicht vielmehr ein Heraustreten aus einem Solipsismus. In „Metaphysische Anfangsgründe der Tugendlehre“ (= TL), „Von dem Ersten Gebot aller Pflichten gegen sich selbst“ §14, fordert Kant dieses Selbsterkennen als das eines moralischen Selbsterkenntnisses.

„Erkenne (erforsche, ergründe) dich selbst nicht nach deiner physischen Vollkommenheit (der Tauglichkeit oder Untauglichkeit zu allerlei dir beliebigen oder auch gebotenen Zwecke), sondern nach der moralischen, in Beziehung auf deine Pflicht – dein Herz – ob es gut oder böse sei, ob die Quelle deiner Handlungen lauter oder unlauter, und was, entweder als ursprünglich zur Substanz des Menschen gehörend, oder, als abgeleitet (erworben oder zugezogen) ihm selbst zugerechnet werden kann und zum moralischen Zustand gehörend.“ (Kant TL in: Weischedel 1990: 81f.)

Obwohl Kant von einer Pflichtethik ausgeht, erkennt er, dass Menschen nach Glück streben und sieht in der Glückseligkeit eine Naturnotwendigkeit (Kant 1974: 44f. BA 42). In der Glückseligkeit sieht Kant ein notwendiges Element der Ethik, wenn er einen Pflichtbegriff mit dem eines Zweckes verbindet. Diese Zwecke sind für Kant: Eigene Vollkommenheit – fremde Glückseligkeit (Kant TL in: Weischedel 1990: 18). Kant sagt, die eigene Glückseligkeit ist ein Zweck, aber niemals Pflicht, „Was ein jeder unvermeidlich schon von selbst will [...]. Es widerspricht sich also zu sagen: man sei verpflichtet seine eigene Glückseligkeit mit allen Kräften zu befördern“ (ebd.). Ebenso kann die fremde Vollkommenheit nicht mein Zweck sein: „Denn darin besteht eben die Vollkommenheit eines anderen Menschen, als einer Person, daß er selbst vermögend ist, sich seinen Zweck nach seinen eigenen Begriffen von Pflicht zu setzen, und es widerspricht sich, zu fordern (mir zur Pflicht zu machen), daß ich etwas tun soll, was kein anderer als er selbst tun kann.“ (a.a.O., 19) Durch die Verbindung eines Pflichtbegriffes mit dem des Zweckes „Pflichtzwecke“ (Ludwig 2004: 117), wird die innere Freiheit der Entscheidung sichtbar, einer Autonomie, die als rationale Selbstgesetzgebung Moral impliziert, die für Kants Ethik konstitutiv ist. Gleichwohl Kant die eigene Glückseligkeit als verbindlichen Zweck ausscheidet, fordert er dennoch die eigene Glückseligkeit als bedingte Pflicht zu sichern und nicht nur fremde Glückseligkeit zu fördern, denn Widerwärtigkeiten,

Schmerz und Mangel sind große Versuchungen zur Übertretung der Pflicht (Kant TL in Weischedel 1990: 21). In diesem Sinne wird die bedingte Pflicht als Forderung der Vorsorge oder Absicherung gegen Pflichtübertretung gedacht und als eine Maxime einer sittlichen Pflicht gegen sich selbst verstanden, in der die Verantwortung gegen sich selbst als Selbstwertschätzung impliziert ist. Denn die „herrliche in uns befindliche Anlage zum Guten, welche den Menschen achtungswürdig macht" (Kant TL in Weischedel 1990: 82,) ist eine verlässliche moralische Verhaltensregel jedes Individuums gegen sich selbst und begünstigt wiederum sittliches Handeln. So kann, medizinisch ausgedrückt, die Selbstwertschätzung als eine Prophylaxe zur Stärkung des psychischen Immunsystems eingeschätzt werden. Erich Fromm (2004: 9ff.) weist aus Erfahrung als Psychoanalytiker explizit darauf hin, dass in vielen Fällen ein neurotisches Symptom die spezifische Erscheinungsform eines moralischen Konflikts ist. Der Erfolg der therapeutischen Bemühungen, so Fromm, hängt davon ab, ob bei der Erforschung der Persönlichkeit das moralische Problem erkannt und gelöst wird. Fromm bedauert die Trennung von Psychologie und Ethik in der gegenwärtigen Praxis. Die großen humanistischen Ethiker der Vergangenheit waren Philosophen und Psychologen zugleich, da nach deren Auffassung ein „Verstehen der menschlichen Natur und die für das menschliche Leben gültigen Werte und Normen unlösbar miteinander verbunden" (a.a.O., 10) sind. Was Fromm aber trotz aller irrationalen Strebungen seiner Patienten beobachtete, ist die Fähigkeit und Zähigkeit und Stärke des Strebens nach Glück und Gesundheit, das zur Natur des Menschen gehört. Ein Therapeut, der den Zusammenhang zwischen Psychotherapie und ethischen Fragen erkannte und seine therapeutische Theorie auf ein komplexes philosophisches Menschenbild ausrichtete, ist Viktor E. Frankl. Seine Theorie aufzufalten, die ethischen Momente zu erheben und auf der Folie eines glückenden Lebens sichtbar zu machen, ist die Aufgabenstellung im Teil II.

Die stringente Abfolge der Gedankenzusammenhänge erforderte, dass bereits auf die leitenden Fragen des Abschnittes II hingewiesen wird, bevor noch die Bedingungen eines guten glückenden Lebens in eine abschließende Bestimmung gefasst sind. Als Abschluss und Zusammenfassung dieses Kapitels wird auf die Konvergenz der Grundaussagen der Theorie des tibetischen Buddhismus und auf die große Theorie der Ethik nach Kant in einer Verhaltensregel gegen sich selbst hingewiesen, die besagt: der Menschen ist zur *Achtung seiner eigenen nie verlierbaren, ursprünglichen Würde und den Sinn für den eigenen Wert sowie die Zuerkennung der Würde und Achtung des Mitmenschen verpflichtet,* als Basis für die Beziehung der Menschen zueinander – als Bedingung für das Gelingen eines guten Lebens.

2.8 Was also ist ein glückendes Leben?

Es bleibt zum Schluss die Ungewissheit: Was ist also ein glückendes Leben? Welche Bedingungen konstituieren ein gelingendes Leben? Diese Fragen sollen und können nichts Neues enthalten. „Wo es um Fragen des richtigen Lebens geht, könnte nur Falsches wirklich neu sein" (Spaemann 1998: 9). Was Menschen immer schon wissen, muss trotzdem von Zeit zu Zeit neu gedacht werden, weil die Bedingungen der Lebenswirklichkeit und die zur Verfügung stehenden Begriffe sich für unsere Selbstverständigung wandeln (ebd.). Dem Menschen als fühlendes, wahrnehmendes, denkendes, wollendes und handelndes Wesen geht es zentral um das Glück (Piper 2004: 9) und es besteht kein Zweifel, dass alle Menschen nach Glück streben und Glück der „größte gemeinsame Nenner der Menschheit ist" (a.a.O., 17). Denn schon vor zweitausend Jahren betrachtete Aristoteles ein gelingendes Leben als ein qualitatives Ganzes, in dem die Glückseligkeit das „Wünschenswerteste ist, ohne daß etwas anderes addiert werden könnte" (NE 1097b 16). Freud postuliert, dass Menschen nach Glück streben, glücklich werden und glücklich bleiben wollen (Freud 2001: 42f), sieht aber „im strengen Sinn" Glück als eine „plötzliche Befriedigung hoch aufgestauter Bedürfnisse" (a.a.O., 43).

Trotz verschiedener Auslegung herrscht ein Konsens darüber, dass der Mensch nach Glück strebt, das ein jeder unvermeidlich schon von selbst will (Kant TL in: Weischedel 1990: 18). Glückendes Leben hat viele Bedeutungen und kennt viele Spielarten, die im Falle einer Begriffsbildung vom Ganzen eines gelingenden Lebens nicht durch eine freie Festsetzung Ausdruck finden kann. Die Überlegungen dieser Arbeit suchen im Teil I nach einem Zielbegriff des guten gelingenden Lebens. Die Zusammenfassung zeigt die schrittweise Entwicklung und Differenzierung eines vielfältigen Begriffes zu einer Zieltheorie, die in dieser Arbeit als ein Versuch eines Modells angesehen wird, eine Scharnierstelle zwischen Individual- und Sozialethik zu finden, als eine Begründung eines gelingenden Lebens, das zugleich ein glückendes ist.

Das Ergebnis der bisherigen Überlegungen ergeben im Kapitel 1.1.1, dass episodisches Glück in einer objektiven Bedeutung als positives Ereignis, auf einen glücklichen Abschnitt oder einer plötzlichen Befriedigung angesehen werden kann. Beachtet man die Relativierbarkeit des Glücksbegriffes, so lassen sich mit Martin Seel eine Differenzierung der terminologischen Grundbedeutung des Glücks in die *episodische* und die *übergreifende* Bedeutung unterscheiden. Im übergreifenden Sinne besteht ein glückliches Leben nicht aus einer nicht enden wollenden Kette von Episoden des Glücks, sondern aus einem gelingenden Bestehen von erfreulichen und unerfreulichen Situationen verschiedener Art (Seel 1999: 62). Mit Seels Sichtweise auf die übergreifende Bedeutung ist auch Freuds hedonistische Ansicht, Glück im Sinne einer lustvollen Verkürzung durch Erfüllung von Begehren, widersprochen. Nachdem außer Frage steht, dass unmittelbare Triebbefriedigung und Glückseligkeit nicht jederzeit in einer stabilen Harmonie stehen, ergibt sich die Herausforderung, dass Menschen ihr Leben führen lernen müssen (Spaemann 1989: 9). Glück, das episodische, sowie das übergreifende ist eine Daseinsmöglichkeit, die nur selbstbewussten Lebewesen offen steht, die um ihre Endlichkeit wissen.

Im Kapitel 1.1.2 werden positive Erlebnisse als Phänomene des Augenblicks diskutiert, die nicht intendierbar und instabil sind. Im Gegensatz zur ersten Bedeutung eines episodischen Phänomens ist das für das Subjekt allein gültige Erleben ausschlaggebend unabhängig davon, welche äußeren Bedingungen dieses Erlebnis verursachten. Physiologisch gesehen überfluten im Zustand tiefer Freude Glückshormone das Gehirn und lösen wohlbefindlichkeitsrelevante Prozesse aus, wie im Kapitel 1.1.2 ausführlich erörtert wurde. Der glücksrelevante Wunsch nach Leidvermeidung und Lustgewinnung kann durch „körperfremde Stoffe" (Freud 2001: 44) befriedigt und geleistet werden. Bedenken ist bei der Reduktion einer Sichtweise auf ein Glücksverständnis, das mit Hilfe der „Sorgenbrecher" (a.a.O., 45) den Druck der Realität zu entfliehen versucht, anzumelden und der Vorwurf zu machen, die kausalen Folgen des Drogenkonsums zu unterschätzen. Dagegen kann eine absichtslos entwickelte Aufmerksamkeit ein „Glück des erfüllten Augenblicks" (Seel 1999: 102) entfalten, in dem die Bedeutung einer Glückserfahrung als „Zufallsmoment allen Glücks" (ebd.) liegt. In einer tätigkeitsorientierten intrinsischen Versenkung eröffnet sich eine Freiheit in doppelter Bedeutung: die Erfahrung *von* Freiheit was über diesen Augenblick hinausliegt, andererseits *für* Freiheit, was sich in diesem Augenblick zeigt (ebd.). Der Zustand der Versenkung in eine selbstzweckhafte Tätigkeit bezeichnet Csikszentmihalyi als „flow", eines völligen Aufgehens in eine Tätigkeit, in der das Fühlen, das Wollen und das Denken in völliger Übereinstimmung sind. Trotzdem, so muss kritisch vermerkt werden, bedarf es eine reflexive Distanz zum persönlichkeitskonstitutiven Handlungs- und Motivationssystem, um im exzessiven Fall einer Steigerung von „flow-Erleben-Wollen" vor einem Kontrollverlust durch eine suchtartige Entgleisung auf Kosten der persönlichen Selbstbestimmung geschützt zu sein. Das Wissen um die Endlichkeit des Lebens, um die Flüchtigkeit des Glücks des erfüllten Augenblicks und zugleich das Streben nach einem dauerhaften Glück fordern ein reflexiv-kognitives Glücksverständnis in Bezug auf ein Lebensdauerglück.

Aristoteles anthropologische Grundannahme, dass der Mensch nach Glück strebt, und Glück als göttliche Zuteilung sieht, begründet Glück als etwas Seiendes, als ontologisch. Im Kapitel 1.1.3 wird hinsichtlich eines Geschenkes der Götter an den Menschen zum Zwecke des höchsten Gutes im menschlichen Leben als End- und Strebensziel, die Erreichung des höchsten Gutes um seiner selbst willen, durch sinnvolles tugendhaftes Handeln ein volles Leben hindurch, ein formales Kriterium bestimmt und unabdingbar festgesetzt. Durch die Anbindung des richtigen sittlichen tugendhaften Handelns zur Erreichung der Glückseligkeit und der Tätigkeit der Seele, die sich nach der Vernunft vollzieht, wurde durch die sittlich-ontologische Idee – mit Blick auf eine Sozialethik – bereits eine Nähe zum gesuchten Zielbegriff geschaffen. Notwendigerweise müssen weitere Beispiele folgen, um das erwünschte Modell eines guten glückenden Lebens zu begründen.

Die Herausforderung im Kapitel 1.1.4 besteht darin, für das beständige Glück als Zufriedenheit, die eine kognitive Wohlbefindlichkeitskomponente darstellt (Mayring 1991: 75) und die in der Regel über das Abwägen definiert wird, eine Begründung zu finden. Für die kognitive Komponente der Glücksbestimmung ist nicht nur die Wahl des Zieles wichtig, sondern auch das Wissen um das Maß der

Fähigkeit, um das zu erreichen, was angestrebt wird, bzw. um die realistische Einschätzung der Verwirklichung des Antizipierten. Die Antwortfindung beruht auf der Divergenz der Aussagen von Goethe am Ende seines Lebens und Epikurs Abschiedsbrief, auf dem Sterbebett geschrieben, in dem beide Zufriedenheit mit dem vergangenen Leben bekunden. Dem gegenüber steht Seels Sichtweise, dass nur aus der „Perspektive der dritten Person“ (Seel 1999: 69), der Perspektive eines Betrachters, das Leben als Ganzes zu sehen und zu beurteilen ist. Seel nach zu schließen hat das Leben als Ganzes nur der Überlebende vor Augen nicht der Lebende selbst, weil das Sterben ein Teil des Lebens ist. Die gleiche Ansicht vertritt Spaemann (1998: 60), dass glückendes Leben als etwas Subjektives und Objektives gedacht werden kann, obwohl er eine objektive Aneinanderreihung subjektiver Zustände für den Begriff eines glückenden Lebens unangemessen findet. Doch Epikurs Abschiedsbrief ist ein glaubhafter Beweis einer objektiven Beurteilung (einer Bilanzierung) eines zufriedenen Lebens im „übergreifenden Sinn“ auf der Grundlage einer kognitiv wertenden Stellungnahme. Gleichwohl in einer rückblickenden Reflexion eine „affirmative Selbstbeurteilung“ (Fenner 2003: 240) stattfindet und in Erinnerungen punktuelle subjektive Zustände zu einem subjektiven Ganzen geformt werden (Seel 1999: 69), ist es zulässig, ein zu Ende gehendes Leben aus einem subjektiven Blickwinkel, retrospektiv wertend, als Zufriedenheit mit dem Leben als Ganzes zu definieren. Trotz der Begründung für eine subjektive Beurteilung des Lebens als Ganzes kann nicht verschwiegen werden, dass Zufriedenheit auf einer subjektiven Empfindung beruhend, qualitativen Schwankungen unterliegt, weil Glück als große Freude, im Sinne eines objektiven Ereignisses und eines subjektiven Erlebnisses dauernd auf unsere Gedanken einwirkt und in unseren Gedanken verwurzelt ist und die persönliche Zufriedenheit beeinflusst.

Der fragile Zustand der Zufriedenheit wird in Kapitel 2 diskutiert. Dabei kristallisiert sich heraus, dass Neid und Missgunst eine der Menschenliebe entgegengesetzte Haltungen sind und eine Verletzung der Pflicht gegen sich selbst (Kant TL, § 36 in: Weischedel (Hrsg.) 1990: 105f.)) darstellt. Durch die Entscheidungsfähigkeit, mittels nüchternen Verstandes, der die Gründe für jedes Wählen und Meiden aufspürt, ein glückliches Leben zu erreichen, konstituiert Epikur (2001: 49) eine Form einer autonomen Handlung, die durch intrinsisch-selbstzweckhafte Motivation das Ziel in sich trägt. Tatarkiewicz realitätsgerechter Einschätzung mit dem Blick auf die Zufriedenheit mit dem Leben als Ganzes kann zugestimmt werden, dass irgendwann in seinem Leben jeder Mensch einmal glücklich und zufrieden ist, jedoch diese Momente keine längerfristige Befindlichkeit des Glücks begründen. Dagegen entsteht in einer zeitstiftenden-qualitätsorientierten Sichtweise der Verschränkung der Gegenwart, im Prozess der Integration von Vergangenheit und Zukunft, eine immer erneuernde Gegenwart, die entscheidend den Gefühlswert über die Bedeutsamkeit von Vergangenheit und Zukunft bestimmt (vgl. Spaemann 1998: 54) und infolgedessen die Qualität der Zufriedenheit mit der Gesamtheit des Lebens beeinflusst.

Im Kapitel 2.1 ist hinsichtlich des Begriffes von der „Gesamtheit des Lebens" zum Zwecke der Bestimmung einer dauerhaften Zufriedenheit mit Martin Seels Modell eines gelingenden Lebens, das nicht von seinem Ende her, sondern als gelingendes, aus der Mitte des Lebensvollzuges (Seel 1999: 69) zu betrachten, eine Gegenposition zu retrospektiven Vorstellungen einer Bilanzierung nach Beendigung des Lebens aufgestellt worden. Gelingendes Leben wird als eine subjektive Erfahrung eines prozesshaften Verlaufes innerhalb eines internen Lebensvollzuges gesehen. Die Divergenz der objektiven Beurteilung des individuellen Lebens, aus der ersten oder der dritten Person erfolgend, wird als eine anthropologische Realität gewertet. Den Beweis erbringen Philipp Mayrings „Empirische Studien zum Glückskonzept" (1991: 144-149), die unter anderem in Form von Interviews das subjektive Wohlbefinden von Hochbetagten untersuchen und besagen, dass trotz belastender Lebenssituationen ein differenzierter Bewertungsprozess über Freude und Glück mit der momentanen Lebenssituation stattfindet. Als eine ideale Formulierung des Glücks erscheint die volle und andauernde Zufriedenheit mit dem „Ganzen des Lebens", die in diesem Sinne die Gewissheit beinhaltet, die Sicherheit zu verspüren, dass das Handeln und Tätigsein zu einem guten Ende führt. Durch die ideale Formulierung des Glücks entsteht bereits eine weitere Unterscheidung: die des realen Glücks, das nur als Annäherung an das ideale Glück zu sehen ist und weiterer Auslegung bedarf.

Das reale Glück verdankt „Hans im Glück" seinem tätigkeitsorientierten Handeln. Seine Wunsch- und Handlungsmotivation war bewusst auf ein Ziel gerichtet und die zu erwartende Erfüllung nahm er als Glücksempfindung wahr, die nach Robert Spaemanns (1998: 11) Sicht besagt, dass diese Wahrnehmung jemand voraussetzt, der imstande ist, sie zu machen. Die Glückswahrnehmung ermöglichte Hans eine Identifizierung mit seinem Schicksal und ein Erkennen einer Zufriedenheit, die er begründen konnte. Deshalb wird im Kapitel 2.2 der Schluss gezogen, dass eine psychische Selbstwahrnehmung in Bezug auf Zufriedenheit möglich ist. Unter anderem verdankt Hans sein Glück dem Gebrauch seiner Selbstbestimmung. Er richtet sein Handeln nach den Bedingungen, der ihm zur Verfügung stehenden Möglichkeiten und entscheidet „existenzielle Alternativen nach eigenen Überlegungen" (Seel 1999: 129). So auch, dass er die gerechte Entlohnung für sieben Jahre Dienst so lange tauscht, bis er von materiellen Gütern befreit, zu Hause ankommt. Die starke emotionale Bindung zu seiner Mutter lässt annehmen, dass diese gegenseitig ist. Die plausible Annahme lautet daher: ein selbstbestimmtes Leben kann nur der führen, dem Anerkennung und Gerechtigkeit zuteil wird und der sein Glück zu begründen vermag

Im Kapitel 2.3 wird nicht nur tätigkeitsorientiertes Handeln als glückskonstitutiv angesehen, sondern auch intellektuelle und künstlerische Tätigkeiten, Leistungen also, die aus der inneren Produktivität des Menschen entstehen (Fromm 2004: 147). Für Erich Fromm, Vertreter der humanistischen Ethik, sind Glück und Freude Begleiterscheinungen und Stimulus allen produktiven Tätigseins im Denken, Fühlen und Handeln. Vom Standpunkt einer humanistischen Ethik erscheint Fromms gesellschaftspolitisch ausgerichtetes Postulat plausibel, Voraussetzungen für die Entfaltung der Produktivität der Menschen zu schaffen, um durch eine selbstzweckhafte Tätigkeit eine Grundlage für Freiheit, Tugend und Glück zu gestalten (a.a.O., 177f.). Als ideal wünschenswert ist Fromms Denkbild eines kulturell-moralisch ausgerichteten Menschenbildes (vgl. a.a.O., 178) zu werten, deren Vertreter in einer mündig-demokratisch orientierten Gesellschaft Miturheber von Sozial- und Rechtsnormen sind. Anders hingegen die Bürger von Utopia, deren Grundbedürfnisse nach Frieden, sozialem Gemeinwohl und emotionaler Bindung abgesichert und das Glück des Einzelnen über den gut verwalteten und gerechten Staat hergestellt wird, wodurch sich gleichzeitig ein maximales Gesamtglück für eine Gesellschaft entwickelt. Das staatlich geschaffene Glück täuscht über die Wirklichkeit hinweg, weil damit die individuelle Entwicklung abgekoppelt und dem Gemeinwohl unterstellt ist. Darum wird durch die Beschränkung der Freiheit bei der Wahl einer individuellen Selbstbestimmung gleichzeitig der Prozess eines gelingenden Welt-Selbst-Verhältnisses beschränkt. Aus psychoanalytischer Sicht kann Glück und „Unabhängigkeit vom Schicksal" (Freud 2001: 48) durch künstlerische und intellektuelle Arbeit erreicht werden, doch setzt dieses Modell Anlage und Begabung voraus und macht die Absicht deutlich, sich durch eine intrinsisch-tätigkeitsorientierte Motivation Unabhängigkeit von der Außenwelt zu verschaffen.

Pico della Mirandola bestimmt am Übergang zur Neuzeit durch die Benennung der menschlichen Selbstbestimmung und der menschlichen Freiheit zur Selbstgestaltung und Aktualisierung seiner angeborenen Disposition, Glücksfähigkeit als einen intrinsischen Wert (Mirandola 1996: 11). Damit schafft er eine Konzeption eines Menschenbildes, das trotz aller Unterschiede der Zeit und des Ortes gegenseitige Anerkennung und Achtung beansprucht, weil die Würde des Menschen in der individuellen Freiheit liegt, sich selbst zu gestalten. Das Besondere (das individuelle Glück) wurde im Kapitel 2.4 als etwas menschlich Allgemeines bestimmt, weil nur der Mensch die Möglichkeit der Orientierung zur Gestaltung der faktischen Lebenswelt besitzt und seinen Welt- und Lebensentwurf konzipieren und antizipieren kann. Nicht nur die Selbstbestimmung zur Glücksmöglichkeit ist universell, sondern auch die Gegenseite des Glücks: das Leid, von dem Freud sagt, dass es von drei Seiten unser Leben bedroht: vom eigenen Körper her, von der Außenwelt und von der Beziehung zu anderen Menschen (Freud 2001: 43). Die Leiderfahrung durch die Außenwelt fordert in einer unübersichtlich gewordenen, schnelllebigen Gesellschaft eine immer wieder reflexive Kontrolle und Ausrichtung des eigenen Lebens mit den gesellschaftlichen Bedingungen, weil gesellschaftliche Krisen, besonders die, die Menschen betrifft, als individuelle Krisen empfunden werden und mehr denn je in der Verantwortung des Individuums stehen (Kast 2000: 17). Die Einforderung der Verantwortung des nach Glück strebenden, frei handelnden Individuums im Sozial- und Weltverhalten ist bereits ein Versuch, eine Verbindung des individuellen Glücksstrebens mit den sozialen Werten der faktischen Lebenswelt herzustellen und eine Konvergenz von Glück und Moral zu schaffen, um eine Grundlage einer universellen Konzeption eines gelingenden Lebens zu begründen.

Nachdem sich eine Konvergenz von Glück und Moral anzubahnen scheint, wird im Kapitel 2.5 mit Martha C. Nussbaums Theorie des aristotelischen Essentialismus ein Konzept der universalen menschlichen Eigenschaften und elementaren menschlichen Bedürfnisse und Tätigkeiten dargestellt, die einerseits die Grundlage einer Darstellung sozialer Gerechtigkeit, im umfassenden Sinne eine internationale Begründung der Verteilungsgerechtigkeit, anderseits aber die Grundlage für eine globale Ethik sichert und gleichzeitig eine normative Darstellung eines universalen menschlichen Wesens begründet. Als ein empirischer Beleg kann die Bewertung einer Lebensform als mangelhaft oder verarmt gelten, wenn die Möglichkeit fehlt, die spezifisch menschlichen Anlagen, Bedürfnisse und Fähigkeiten aktivieren zu können. Nussbaums (1998: 208) „vage" Konzeption drückt die Möglichkeit aus, die potentiellen Fähigkeiten und Bedürfnisse in einem offenen Entscheidungsspielraum realisieren zu können. Gleichzeitig zeigt Nussbaums philosophisch-empirischer Ansatz der Funktionsfähigkeit den internen Zusammenhang mit den Lebensformen sowie die Möglichkeit, in differenzierter Art und Weise die Lebensformen im Lebensentwurf autonom handlungswirksam werden zu lassen. Martha C. Nussbaum verabsäumt im Zusammenhang der Liste der Funktionsfähigkeiten explizit von Autonomiefähigkeit zu sprechen, gleichwohl zu einem gelingenden Leben diese gehört, weil Funktionsfähigkeit und die ihr zugrundeliegende Wahlfreiheit die Bedingung einer elementaren Stufe von autonomem Leben ist. Das uns allen Gemeinsame ist im Konzept der universalen menschlichen Eigenschaften und Tätigkeiten impliziert, als die praktische Vernunft, von der Aristoteles meint, sie liege in der Tätigkeit der Seele, „die sich nach der Vernunft oder doch nicht ohne die Vernunft vollzieht" [...] (NE 1098a 3). Die große Leistung des vernünftig-ontologischen Ideengerüsts, das die Konzeption des Menschlichen begründet, liegt in der Anerkennung des Begriffes des Menschen oder des Menschlichen als einen, der zur moralischen Anerkennung zwingt und den Menschen als Mitglied einer moralischen Gemeinschaft mit sozialen Bindungen auszeichnet. Wie Nussbaum im Rahmen ihrer Konzeption der universellen menschlichen Eigenschaften zeigt, ist die soziale Struktur des Menschen auf soziale Anerkennung angewiesen, da Handeln immer im sozialen Kontext stattfindet. Das Angewiesensein auf moralische/soziale Anerkennung führt zum Begriff der Menschenwürde, von der Spaemann, sich auf Kant berufend, sagt, dass Würde das Unvergleichbare, Erhabene, unbedingt zu Achtende sei (Spaemann 1998: 127). Diese Würde ist dem Menschen prinzipiell innewohnend „durch die herrliche in uns befindliche Anlage zum Guten, welche den Menschen achtungswürdig macht" (Kant 1977: 577) und ist von daher als universelle Würde zu werten. Ihre Anerkennung ist eine unbedingte Zustimmung zu einem Seienden, dem es immer um etwas und zuerst um sein eigenes Sein geht. In diesem Erkennen des Selbstseins, „als das Andere des Anderen" (Spaemann 1998: 130) ehrt der Mensch die Würde der Menschheit in seiner Person. Als Würdebesitzer hat der Mensch Anrecht, die Achtung der anderen Menschen zu erfahren, zu beanspruchen und einzufordern und ist seinerseits verpflichtet, die Menschheit im „Nächsten" zu achten. Das Angewiesensein auf Achtung und Anerkennung und die Fähigkeit, Achtung und Anerkennung teil werden zu lassen, zu empfangen und zu empfinden, erschaffen mit dem Begriff der gemeinsamen Menschlichkeit die Basis für die Festlegung eines anerkennungstheoretisch-sozialethischen Begriffs, der als eine moralisch wertende Orientierungshilfe dem individuellen Glücksstreben dienlich ist.

In gleicher Weise politisch relevant wie der philosophisch-empirische Funktionsfähigkeitsansatz des aristotelischen Essentialismus als elementare Bewertungsgrundlage für ein gutes menschliches Leben im Aufgabengebiet des Rechts und des politischen Handelns ist Martin Seels Forderung der „moralischen Rücksicht" (Seel 1998: 284), die im Kapitel 2.6 erörtert wird. Im Sinne Seels sind Individuen, die ihre Bestimmung des Lebensentwurfes selbstverantwortlich vertreten können, offen für eine „freie Weltbegegnung" (a.a.O., 280), die als eine Bedingung für ein gutes gelingendes Leben gilt und eine qualitative Komponente besitzt, weil die freie Weltbegegnung für Präferenzen und Betätigungen des faktischen Vollzugs eine Offenheit für Alternativen und Entscheidungsfreiheit aufweist, im Sinne einer autonomen Selbstgestaltung und -bestimmung zur Findung eines Spielraums für befriedigende Lebenstätigkeit. Alle, die nun von der biologischen Konstitution her zu einer freien Weltbegegnung fähig sind, sind Adressaten der Moral (a.a.O., 284). Das sind Individuen, die früher oder später auf Schutz und Schonung angewiesen sind. In Erweiterung des erkenntnistheoretischen Ansatzes wird die moralische Rücksicht auf alle Individuen ausgedehnt, die auf personale Rücksicht angewiesen sind, die noch nicht, nicht mehr oder überhaupt nicht die Hilfe symmetrisch oder gar nicht erwidern, sowie auch nicht moralische Verantwortung übernehmen können. In Seels umfassender Bestimmung der Adressaten der Moral, zu der künftig Lebende und Individuen zählen, die nicht mehr am Leben sind (als Respekt vor den Toten), sowie Babys, Schwerstbehinderte und Sterbende liegt die große Kraft einer sozialpolitischen Relevanz, die in kritischer Reflexion gerade in Hinsicht auf die Ökonomisierung der Gegenwart und der Diskussion um eine „verbrauchende Forschung" (Liessmann in: Bruder Müll in: „Die Presse" vom 17. September 2005, Spectrum II) Stellung beziehen kann. In der von Seel geforderten „moralischen Rücksicht" liegt nicht nur das Moment der wechselseitigen Anerkennung moralfähiger Subjekte, sondern auch das Moment eines moralischen Motivs, wenn wir nicht nur auf uns, sondern auf alle Betroffenen Rücksicht nehmen: es ist die Rücksichtsnahme auf die Möglichkeit eines für sie guten Lebens (Seel 1999: 325). Aus dieser Folgerung heraus wird der Ansatz einer konsistenten universalen Moral gebildet, wenn auf die Grundbedürfnisse empfindungsfähiger Individuen Rücksicht genommen und die Würde all jener respektiert wird, die auf personale Rücksicht angewiesen sind, es noch nicht sind oder auch nicht mehr sind und die diese Rücksicht möglicherweise nicht, oder nur teilweise erwidern können. Weil wir uns „darauf verpflichten, einander in allen denkbaren Lebenslagen die Möglichkeit eines guten Lebens zu gewähren“ (Seel 1998: 285) sprechen wir einander Menschenwürde zu und stellen uns unter die Moral der universellen Achtung, Anerkennung und moralischen Rücksicht.

Über eine kritische Diskussion der Egalität gelangt Harry G. Frankfurt zum Begriff der Achtung und erweckt dabei den Eindruck, dass Gleichheit und Achtung divergierende Begriffe sind. Doch Frankfurts differenzierte Sichtweise der Egalität in Relevanz zur Sozialpolitik besagt, dass ein besseres Leben möglich und dies anzustreben ist (Frankfurt 2001: 192), aber nicht eine Gleichverteilung der materiellen Güter, weil aus der Perspektive des Empfängers seine eigene Vorstellung von einem guten Leben relevant ist. Die Relevanz von Gütern fordert in Bezug auf Gleichheit eine Verteilung von wirtschaftlichen Ressourcen in subjektiver Übereinstimmung von Interessen und Bedürfnissen der Beteiligten und kommt einer Berechnung auf der Grundlage dessen gleich, was andere besitzen und nicht einer Übereinstimmung authentischer Projekte. Hingegen geht es bei der Verteilung gesellschaftlicher Güter mit moralischem Wert, wie Achtung, Rücksicht und Anerkennung, auf der Basis der Rechtsstaatlichkeit um eine Behandlung von Gleichen als Gleiche, die Parteilichkeit und Willkür vermeidet. Das Resümee, das Frankfurt zieht, ist, dass der Anspruch der Egalität vielmehr abgeleitet und seine Begründung in den grundlegenderen Anforderungen der Achtung und Unparteilichkeit findet (Frankfurt 2001: 197). Damit tritt einerseits der normative Charakter des zugrundeliegenden Prinzips der Achtung zutage und das Angewiesensein des Individuums auf intersubjektive Anerkennung, andererseits ein anerkennungstheoretisch-moralethisches Konzept, in der die moralische Haltung mit der universellen Achtung kongruiert und als gemeinsame Einsicht von Harry G. Frankfurt, Martha C. Nussbaum und Martin Seel gewertet wird. Zusätzlich ist Kants Begründung der Achtung und Selbstachtung (Kapitel 2.5) ausschlaggebend zur Bestimmung eines universell geforderten moralischen Arguments der Achtung und Anerkennung des Anderen auf der Basis der gemeinsamen Menschlichkeit, in der moralische Rücksicht geübt wird. Mit Achtung und wechselseitiger Anerkennung werden essentielle formale Bedingungen eines gelingenden Lebens grundgelegt. Ausgehend von der Wechselwirkung zwischen der Achtung des Anderen und dem Selbsterkennen als anerkennungswürdiges Individuum tritt zur gefühlsmäßigen Identifikation mit den Anderen noch die Fähigkeit der Selbstkorrektur und Revisionsoffenheit hinzu. Selbstachtung und Sinn für den eigenen Wert kann als eine Bedingung für die Erlangung eines glückenden Lebens gesehen werden und wird abschließend als eine Quelle des Glücks fokussiert.

Mit Bezug auf Erich Fromm wird im Kapitel 2.7 die Selbstwertschätzung als Prophylaxe zur Stärkung des psychischen Immunsystems eingeschätzt. Fromm, der die Trennung von Psychologie und Ethik bedauert und aus Erfahrung als Psychoanalytiker explizit darauf hinweist, dass in vielen Fällen ein neurotisches Symptom die spezifische Erscheinungsform eines moralischen Konflikts ist (Fromm

2004: 9), weil die menschliche Natur und die für das menschliche Leben gültigen Werte und Normen unlösbar miteinander verbunden sind (vgl. a.a.O., 10). Ebenso nennt der Dalai Lama das Wissen um den eigenen Wert eine Quelle des Glücks und eine verlässliche Basis zur Stärkung des Selbstwertgefühls, weil dieses Wissen als ein intrinsischer Wert, ein Gefühl der inneren Zufriedenheit hervorruft, die ein wichtiger Faktor einer psychisch gesunden Person darstellt (Dalai Lama/Cutler 2002: 38). Auch Kant erkennt, dass Menschen nach Glück streben und sieht in der Glückseligkeit eine Naturnotwendigkeit (Kant BA 42 in: Weischedel 1974: 44f.), die zu fördern zugleich ein Zweck und eine Pflicht ist. Insofern wird Glück zur moralischen Aufgabe. In der Glückseligkeit sieht Kant ein notwendiges Element der Ethik, wenn er einen Pflichtbegriff mit dem eines Zweckes verbindet und die Sicherung der eigenen Glückseligkeit als bedingte Pflicht fordert, gleich einem Bollwerk gegen Widerwärtigkeit, Schmerz und Mangel, die eine große Versuchung zur Übertretung der Pflicht darstellen (Kant TL in: Weischedel 1990: 21). Durch die Verbindung eines Pflichtbegriffes mit dem des Zweckes, wird die innere Freiheit der Entscheidung sichtbar, die für Kants Ethik konstitutiv ist und zeigt, dass moralisches Handeln und Glückseligkeit nicht voneinander zu trennen sind, sondern zwei nach besten Kräften zu vereinbarende Bedingungen enthalten. In der Absicherung gegen die Pflichtübertretung ist die Verantwortung gegen sich selbst als Selbstwertschätzung impliziert, weil die „herrliche in uns befindliche Anlage zum Guten, welche den Menschen achtungswürdig macht“ (a.a.O., 82,) eine verlässliche moralische Verhaltensregel jedes Individuums gegen sich selbst ist und wiederum sittliches Handeln begünstigt. Und die Menschenwürde ist unverlierbar, wie Robert Spaemann postuliert, „weil die Freiheit als mögliche Sittlichkeit unverlierbar ist. Der Mensch ist, solange er lebt, von der Art, daß wir ihm die Zustimmung zum Guten zumuten können und müssen. Diese Zustimmung aber kann nur in Freiheit geschehen. Und sowohl die Zumutung der Zustimmung als auch die Gewährung jenes Freiraums, in dem allein sie vollzogen werden kann, sind die fundamentalen Akte der Achtung der Menschenwürde“[44].

Im „resümierenden Rückblick“ (Fenner 2003: 620) haben sich die Bedingungen für das Gelingen eines guten glückenden Lebens herauskristallisiert, die gleichzeitig auch die Antworten auf die Frage: „Was also ist ein glückendes Leben?“ sind, und sich als eine Definition mit thesenartigem Charakter formulieren lassen. Zugleich wird mit dieser Definition der Anspruch einer Setzung einer gültigen Konzeption des guten Lebens erhoben:

1) Das Streben der Menschen nach einem guten Leben und nach Glück beruht auf einer anthropologischen Grundannahme. Das episodische Glück und das Streben nach dauerhaftem Glück ist eine Daseinsmöglichkeit, die nur selbstbewussten Lebewesen offen steht, die um ihre Endlichkeit wissen und ein reflexiv-kognitives Glücksverständnis in Bezug auf ein Lebensdauerglück erfordert. Davon ausgehend

44 *Spaemann, Robert: Wert oder Würde des Menschen.- in: Manuskript des Vortrags vom 9. Philosophicum Lech vom 15. bis 18. September 2005.*

entwickelt sich in einem differenzierten Bewertungsprozess über Freude und Glück mit der momentanen Lebenssituation eine kognitiv-wertende Stellungnahme über die Bedeutsamkeit von Vergangenheit und Zukunft, die entscheidend die Qualität der Zufriedenheit mit der Gesamtheit des Lebens beeinflusst.

2) Als glückskonstitutiv wird neben dem tätigkeitsorientierten Handeln auch intellektuelle und künstlerische Tätigkeit angesehen, als Möglichkeit einer Konzeption eines Welt- und Lebensentwurfs und Orientierung zur Gestaltung der faktischen Lebenswelt. Gesellschaftspolitisch relevant und ideal wünschenswert sind Voraussetzungen, die im sozialen Kontext der Lebenswirklichkeit ein selbstbestimmtes Leben und Gerechtigkeit ermöglichen/zulassen, um Entfaltungsmöglichkeiten zur Produktivität der Menschen zu schaffen und Entwicklungsmöglichkeiten zu Handlungskompetenzen zu fördern. Bewiesenermaßen ist der Mensch auf intersubjektive Anerkennung angewiesen, um in diesem Rahmen eine positive Selbstschätzung zu pflegen und sich seiner Integrität sicher sein zu können. Gleichzeitig erfordert die wechselseitige Beziehung des eigenen Lebens mit den gesellschaftlichen Bedingungen eine ständige moralisch motivierte kritische Kontrolle und eine Entscheidung zu verantwortungsvollem/sozialethischem Handeln.

3) Das Gute, das im guten glückenden Leben gesucht wird, ist das im Menschen angelegte Gute, das ihn achtungswürdig macht. Diese Würde ist dem Menschen prinzipiell innewohnend und von daher als universelle Würde zu werten. Als Würdebesitzer hat der Mensch Anrecht, die Achtung der anderen Menschen zu erfahren, zu beanspruchen und einzufordern und ist seinerseits verpflichtet, die Menschheit im „Nächsten“ zu achten und anzuerkennen. Die Anerkennung der Würde ist eine unbedingte Zustimmung zu einem Seienden, dem es immer um etwas und zuerst um sein eigenes Sein geht und den Begriff der gemeinsamen Menschlichkeit begründet. Mit dem Begriff der gemeinsamen Menschlichkeit wird die Basis zu einem anerkennungstheoretisch-moralethischen Konzept gelegt, in dem die moralische Haltung mit der universellen Achtung kongruiert. Mit Achtung und wechselseitiger Anerkennung sind essentielle formale Bedingungen eines gelingenden Lebens grundgelegt und dies kann als eine allgemein anerkannte Idee eines „guten menschlichen Lebens“ gelten. Da moralisches Handeln und Glückseligkeit nicht voneinander zu trennen sind, sondern zwei nach besten Kräften zu vereinbarende Bedingungen enthalten, wird Glück zur moralischen Aufgabe.

4) Wenn nun Glück eine moralische Aufgabe und der Mensch zur Achtung seiner eigenen nie verlierbaren, ursprünglichen Würde und den Sinn für den eigenen Wert, sowie die Zuerkennung der Würde und Achtung des Mitmenschen verpflichtet ist, um eine gerechte Ordnung des Zusammenlebens zu bilden, dann sind dadurch universelle formale Bedingungen von Interaktionsverhältnissen festgelegt, um das individualethische Glücksstreben mit den sozialethischen Normen zu verbinden und die Scharnierstelle zwischen Individual- und Sozialethik, zwischen Glück und Moral gefunden.

5) Auch wenn die Orientierung an einer anerkennungstheoretisch-moralethischen-anthropologischen Folie keine Sicherheit für ein gelingendes glückendes Leben (das Glücken des Lebens als Ganzes) eines Individuums abgibt, so schafft diese trotzdem die Bedingung einer Möglichkeit eines zuverlässig erscheinenden Horizontes existenziellen Gelingens[45] und bietet die Aussicht, das Glück aller zu ermöglichen.

45 *Zu einem ähnlichen Schluss findet auch Dagmar Fenner (2003: 624).*

TEIL II
Der ethische Horizont in Viktor Frankls psychotherapeutischem/philosophischem Menschenbild

„Es war nicht die Logotherapie, sondern die Schlange, die im Paradies den Menschen versprach, sie würde sie machen zu Wesen ´wie Gott, erkennend Gutes und Böses`“ (Viktor E. Frankl: Der unbewußte Gott. 2002^6: 68)

1. Hinführung zum Leitgedanken

Galt die im Teil I durchgeführte Untersuchung der Findung der Bedingungen eines glückenden, gelingenden Lebens, zum Zwecke der Setzung einer substanziellen Konzeption des guten Lebens, so gilt die Untersuchung im Teil II einerseits der Explikation des psychotherapeutischen/philosophischen Menschenbildes nach Viktor E. Frankl, um andererseits mit der festgelegten Bedeutung der anerkennungstheoretischen-moralethischen-anthropologischen Folie eine Basis zu besitzen, auf der die ethischen Grundannahmen der Anthropologie Frankls zu erheben und zu betrachten sein werden. Da die leitende Forschungsfrage eben auf die in der Existenzanalyse implizierten ethischen Grundannahmen abzielt, die für eine ethische Theorie relevant sind, wird die vorgängige Auffaltung der Anthropologie Viktor Frankls zur Explikation der Grundannahmen, als notwendig und zielführend angesehen.

Im Zentrum von Viktor Frankls Menschenbild steht die Auseinandersetzung der jeweils konkreten einzelnen Person in ihrer Einmaligkeit und Einzigartigkeit in der jeweiligen konkreten Situation (Frankl 2002⁶: 85). Er hielt diese Haltung für ein verpflichtendes Bewusstsein, das weder durch naturwissenschaftliche Forschungsergebnisse, noch durch ein naturalistisches Weltbild irre zu machen sei. Aber die Mitte von Frankls Anthropologie ist die philosophisch-psychologische Frage nach dem Sinn der menschlichen Existenz. In Frankls Büchern, seinen zahlreichen Vorträgen und Veröffentlichungen kommt immer ein Thema zum Vorschein: *Der Mensch als geistiges Wesen auf der Suche nach Sinn auch angesichts des Leidens.* Die Frage nach dem Sinn des Daseins stellte sich Frankl bereits als Jugendlicher, wie er in seiner Autobiographie „Was nicht in meinen Büchern steht" vermerkte[46]. Später, als Arzt und Psychotherapeut, Professor für Psychiatrie und Neurologie an der Universität Wien, erkannte er auf Grund seiner ärztlichen Praxis die seelische Not der Patienten und die „vitale Bedeutung" (Böschemeyer 1977: 2) der Sinnfrage für das menschliche Dasein. Aber auch aus eigener bitterer Erfahrung, Frankl

46 *„Im Alter von fünfzehn oder sechszehn Jahren hielt ich in diesem Rahmen [philosophische Arbeitsgemeinschaft der Volkshochschule, d. Vf.] einen Vortrag über nicht mehr und nicht weniger als über den Sinn des Lebens. Bereits damals entwickelte ich zwei meiner Grundgedanken: Daß wir nach dem Sinn des Lebens nicht fragen dürften, da wir selbst es sind, die da befragt werden. Wir sind es, die zu antworten haben auf die Fragen, die uns das Leben stellt. Und diese Lebensfragen können wir nur beantworten, indem wir unser Leben selbst verantworten. Der andere Grundgedanke aber besagt, daß der letzte Sinn über unser Fassungsvermögen hinausgeht, hinausgehen muß, mit einem Wort, daß es sich um einen Übersinn handelt, wie ich es nannte, aber nicht im Sinne von etwas Übersinnlichem. An ihn können wir nur glauben. An ihn müssen wir aber auch glauben. Und wenn auch nur unbewußt, so glaubt doch jeder von uns ohnehin immer schon an ihn." (Frankl: Was nicht in meinen Büchern steht. 1995: 36f.)*

verbrachte drei Jahre in vier Konzentrationslagern und verlor seinen Vater, seine Mutter, seinen Bruder und seine junge Frau Tilly, stellte sich Frankl die Sinnfrage nach der menschlichen Existenz, die sich später zu einem unerschütterlichen Sinnglauben entwickelte, und ihn „trotz allem" (Längle 2001: 124) weiterleben ließ und ein Leben vorlebte, „das unerschütterlich zum Leben stand" (ebd.). Mit dieser Haltung gelang es Frankl die Größe des menschlichen Geistes zu zeigen und die unverlierbare Würde des Menschen handelnd vorzuleben. Mit Blick auf die individuellen Einflüsse in eine Wissenschaft und auf die Revisionsoffenheit eines wissenschaftlichen Prozesses sowie deren Bedeutung einer Weiterentwicklung meint Alfried Längle[47], dass es von Interesse sei, wie sich Frankls Leben und seine Persönlichkeit in seinem wissenschaftlichen Werk niederschlage, das in der Hingabe an die Logotherapie aufging und dadurch ein umfangreiches und einflussreiches Werk hinterließ. „Die eigene Lebenserfahrung ist ein legitimer und authentischer Hintergrund, von dem her man nicht nur *über* das Leben sprechen muß, sondern *aus* dem Leben für das Leben". (a.a.O., 250). Im Lichte von Längles Einschätzung ist daher Frankls Aussage glaubhaft:

„Wir kennen den Menschen. Wir haben ihn kennengelernt wie vielleicht noch keine Generation vor der unseren. Wir wissen, wessen der Mensch fähig ist. Wir wissen, daß der Mensch das Wesen ist, das die Gaskammer erfunden hat, - aber auch das Wesen, das in ebendiese Gaskammer eingetreten ist, aufrecht und mit der Marsaillaise oder mit einem Gebet auf den Lippen. Zum einen wie zum anderen birgt der Mensch in sich die Möglichkeit; welche Möglichkeit jeweils zur Wirklichkeit wird, entscheidet er selbst. Der Mensch ist ein entscheidendes Wesen – er entscheidet in jedem Augenblick, und worüber er in jenem Augenblick entscheidet, ist: was er im nächsten Augenblick sein wird." (Frankl 1996: 197)

Dieses Zitat rüttelt auf, weil, wie bereits erwähnt, Frankl aus bitterer Erfahrung heraus sich für die Wahrheit dieses Textes verbürgen kann[48], und gleichzeitig bietet es die optimistische Aussicht auf die Erkenntnis, dass Freiheit der Entscheidung, die Verantwortung mit sich bringt, immer und unter allen Umständen möglich ist. Der Mensch, zur Entscheidung fähig, ist aufgerufen zur Wahl und zum aktiven Handeln und wird somit zum Mitgestalter seiner Welt. Durch diese Wahlfähigkeit und Entscheidungsfähigkeit ist der Mensch ein vom Leben Gefragter. Die Antwort, die der Mensch darauf gibt, ist das Entscheidende für die Gestaltung seines Lebens. Für die Logotherapie und Existenzanalyse, Viktor Frankls Lebenswerk, kann diese Sichtweise als axiomatisch angesehen werden. Elisabeth Lukas (1993: 7), Schülerin Frankls, geht von einer philosophisch-anthropologischen Sichtweise aus,

47 *Alfried Längle ist Arzt, klinischer Psychologe und Psychotherapeut in Wien. Er war Mitarbeiter Frankls und ist Vorsitzender der Internationalen Gesellschaft für Logotherapie und Existenzanalyse.*

48 *Vgl. dazu die Autobiographie: Was nicht in meinen Büchern steht. Lebenserinnerungen. München: 1995, 2. Auflage.*
Vgl. dazu auch: ...trotzdem Ja zum Leben sagen. Ein Psychologe erlebt das Konzentrationslager. München: 2005, 25. Auflage.

wenn sie den Menschen als ersten Ja- oder Neinsager dieser Erde definiert, weil er die Initiative zu etwas Eigenem besitzt und eine Neuheit setzen kann. Als einziges Lebewesen ist er imstande, seiner Vernunft und seiner Erfahrung trotzend, eine Handlung zu begehen, die im Zeichen des Widerstandes steht, oder „im Zeichen der Hoffnung wider diese Vernunft und wider seine Erfahrung" (ebd.).

Der grundlegende Gedanke in Frankls Menschenbild, die „Suche nach dem Sinn" wurde im Konzentrationslager „existenziell verifiziert und validiert" und durch das „experimentum crucis" (Frankl 1995:75) empirisch bestätigt. Aus eben diesem Grund sind Frankls Aussagen glaubhaft im Sinne eines *Konsequenzwissens*, das von Erfahrung abhängig und an dieser Erfahrung orientierbar ist. Die Behandlung der Sinnthematik führte Frankl zur Philosophie und zu einem weiteren Motiv in seiner Thematik, das sich wie ein roter Faden durch alle Arbeiten zieht: *„die Aufhellung des Grenzgebiets, das sich zwischen Psychotherapie und Philosophie erstreckt, unter besonderer Berücksichtigung der Sinn- und Wertproblematik der Psychotherapie"* (a.a.O., 39). Worin liegt nun der Grund dafür, dass sich Frankl dieser Aufhellung verschrieben hat? Viktor Emil Frankl wurde am 26. März 1905 in Wien geboren. Von daher ist es verständlich, dass Frankl die zwei Geistesrichtungen seiner Zeit, am Anfang des 20. Jahrhunderts: den Psychologismus auf dem Gebiet der Psychotherapie, der Freud- und Adlerschule, und des philosophisch reflektierten Nihilismus[49], als einen „gelehrten Nihilismus", der den „gelebten Nihilismus" in Begleitung hat (Frankl 1982: 139), erkannte und in Opposition zu ihnen trat. Von beiden Geistesrichtungen sagt Frankl, es sei ein Reduktionismus auf der soziologischen, der biologischen und psychologischen Ebene, die den Menschen in eine subhumane Ebene transferiert. Der Subhumanismus reduziert den Menschen auf ein Produkt seiner Umwelt, seiner Triebe oder seiner biologischen Ausstattung, der die „Totalität des Menschsseins" (Frankl 2002: 39), die Trias: Eros – Logos – Ethos nicht erfasst/erfassen kann, weil durch die Behauptung, psychologische Phänomene sind nur aus sich selbst oder aus der biologischen Natur des Menschen erklärbar, philosophische Gedanken nutzlos macht und somit die philosophische Anthropologie „zertrümmert" (ebd.). Damit erkannte Frankl erstens: dass der Mensch mehr ist als was empirisch an ihm messbar ist und zweitens, dass die Abwertung des Menschen durch ein Verharren im Reduktionismus eine Verengung und Einschränkung der menschlichen Möglichkeiten bedingt[50]. Um die beiden Geistesrichtungen,

49 *Frankl differenziert den Nihilismus insofern, als er den Nihilismus von gestern als Gerede von Nichts klassifiziert und den Nihilismus von heute als Redewendung von „nichts als" erkennt und ihn dem Reduktionismus zuordnet. Frankl vertrat diese Ansicht, um der weit verbreiteten Meinung entgegenzutreten, dass der Existenzialismus diesen Platz einnehme, da möglicherweise Satres Hauptwerk „Das Sein und das Nichts" diesen gedanklichen Irrtum hervorrufe (Vgl. Frankl: Der Wille zum Sinn 1982: 166f.). An anderer Stelle sieht Frankl den Nihilismus als das Erbe des 19. Jahrhunderts, deren ausgereifte Naturwissenschaft zum Naturalismus und zu einer technisch-utilitaristischen Einstellung geführt habe. Der Mensch als Naturwesen wurde damit als Mittel zum Zweck degradiert, der den nötigen Endzweck übersieht (a.a.O., 86).*

50 *Um den Fluss des methodischen Gedankens nicht zu stören, sei an dieser Stelle ein Exkurs eingefügt: Norbert Leser, emeritierter Ordinarius für Sozialphilosophie der Universität Wien*

den Psychologismus und den Nihilismus zu überwinden, entwickelte Frankl die Logotherapie. Ab 1926 sprach Frankl in der akademischen Öffentlichkeit von Logotherapie, ab 1933 verwendete er die alternative Bezeichnung Existenzanalyse (Frankl 1995: 44). Die Ausgangsposition der Existenzanalyse bezeichnet Frankl als „eine Op-position, und zwar die Opposition gegen den Psychologismus innerhalb der Psychotherapie“ (Frankl 1996: 176), gleichwohl er bekundete, dass der zentrale Gedanke der Logotherapie, nicht danach zu fragen, was man vom Leben zu erwarten habe, von Alfred Adler stammt (Längle 2001: 63). Trotz der Kritik an der Psychoanalyse zollte Frankl lebenslang Sigmund Freud Anerkennung, weil dessen Beitrag zur Grundlegung der Psychotherapie unvergänglich und seine Leistung unvergleichlich ist. „Niemand wird sich jemals mit ihm messen können.“ (Frankl 2002[14]: 190)

Aus der Position der Opposition zur bestehenden Psychoanalyse und Individualpsychologie und den „unbeugsamen Willen, einen eigenen Weg einzuschlagen“[51], entwickelte nun Frankl eine selbständige Richtung der Psychotherapie: Die Logotherapie und die Existenzanalyse ist je eine Seite ein und derselben Theorie. Indem die Logotherapie eine psychotherapeutische Behandlungsmethode ist, stellt die Existenzanalyse eine anthropologische Forschungsrichtung dar (Längle 2001: 230). Während sich die Logotherapie als Therapie „vom Geistigen her“ versteht, führt die Existenzanalyse „zum Geistigen hin“ (Frankl 1996: 172). Das bedeutet, dass die Existenzanalyse keine Analyse der Existenz ist, wie Frankl immer wieder betonte, da es auch keine Synthese der Existenz gibt, sondern ausgehend von seinem ganzheitlichen Menschenbild, der leiblich-seelisch-geistigen Einheit, ist es das Anliegen der Existenzanalyse, das unbewusste Menschenbild der Psychotherapie zu explizieren und zu entfalten, so erst „aus der Latenz“ zu holen (Frankl 2002[14]: 198). Oder mit Norbert Leser zu sprechen, eine philosophisch fundierte Gesamtschau des Menschen, seiner Möglichkeiten und seiner Bestimmung zu kreieren (Leser

und Leiter des Ludwig Boltzmann-Institutes für neuere österreichische Geschichte, widmet sein Buch „Gottes Türen und Fenster“ Viktor Frankl, mit dem er befreundet war. Frankl erzählte Leser, dass er nach 1945 seine früheren Kontakte zur sozialistischen Bewegung unter anderem deshalb nicht fortgesetzt und erneuert habe, weil die programmatische Bindung auch an den historischen Materialismus gegen seine Überzeugung war, weil er im heutigen grassierenden philosophischen Materialismus einen Reduktionismus sah (vgl. Leser 2001: 54).

51 *Giselher Guttmann: Einführung zur ersten Auflage in: Frankl: Logotherapie und Existenzanalyse. 2002: 10. Frankl bekannte sich zu dem Widerstand gegen Freud und Adler, aber auch dazu, dass er von „beiden Leuchttürmen“ herkomme (Frankl 1982: 119). An anderer Stelle schreibt er: „Die Existenzanalyse ist kein Ersatz für die bisherige Psychotherapie, sondern soll ihre notwendige Ergänzung sein. Vielfach behalten die Funde von Freud ihre Gültigkeit. So wird etwa seine Traumlehre nach wie vor in Geltung bleiben; allerdings: nicht ich träume, sondern 'es' träumt mir – und innerhalb der Dynamik des Es gilt nach wie vor die psychoanalytische Theorie. Im übrigen wäre zu bemerken, daß der therapeutische Effekt in der Psychotherapie, ja überhaupt innerhalb der Psychiatrie, die Richtigkeit der theoretischen Voraussetzungen noch lange nicht beweist. Gewiß ist die Psychoanalyse wirksam, wahrscheinlich aber deshalb, weil sie schließlich doch einen stillschweigenden Appell an das freie und verantwortliche Ich, das auch sie voraussetzt, enthält.“ (a.a.O., 104)*

2005: 1). Ebenso ist die Existenzanalyse ein Versuch einer psychotherapeutischen Anthropologie, die aller Psychotherapie vorgängig ist, nicht nur der Logotherapie (Frankl 2002: 59), denn es gibt keine Psychotherapie ohne Menschenbild und Weltanschauung (Frankl 1993: 188). Gleichzeitig stellt Frankl aber klar, dass die Existenzanalyse zwar eine Forschungsrichtung, aber keine Schulmeinung ist. Die Offenheit der Forschungsrichtung ermöglicht der Existenzanalyse die Kooperation mit anderen Richtungen und die Evolution ihrer selbst. Diese Offenheit benötigt die praktische Psychotherapie, da sie mit zwei unbekannten variablen Momenten zu rechnen habe: die Individualität des Patienten und die Persönlichkeit des Arztes. Seitens des Therapeuten wird Improvisation und Fähigkeit zum Individualisieren verlangt (Frankl 1996: 173f.). Trotz dieser Offenheit der Logotherapie zeigt sich ein *Drinnenbleiben* in der Theorie, wenn das Geistige in die Psychotherapie einbezogen wird, denn Frankls Anliegen ist es ja, mittels Vielheit der Möglichkeiten Hilfe zur Sinnfindung zu finden, ohne Aufdrängung der Wertrangordnung und Weltanschauung des Arztes (a.a.O., 174). Dass Frankls Logotherapie über den psychischen Bereich hinausgeht und die gesamte menschliche Existenz berücksichtigt, zeigt sich in der expliziten Frage nach der Zeitbedingtheit und der Zeitgemäßheit der Logotherapie, die Frankl so beantwortet, dass es nicht das „geringste und nicht das letzte" Anliegen der Logotherapie ist, die „Leidensfähigkeit des Menschen herzustellen" (ebd.). In dieser Zielsetzung spiegelt sich die „Leidgeprüftheit einer Generation" (ebd.) und die Not des geistigen Menschen in den Nachkriegsjahren, weil der Weltprozess nicht außer Acht gelassen werden kann und die gesellschaftlichen sowie geschichtlichen Verhältnisse/Ereignisse auf die psychische Befindlichkeit des Menschen einwirken. Von daher ist es verständlich, wenn Frankl eine Intervention in die Sphäre persönlicher Wertanschauungen und Wertsetzungen des Patienten verlangt und gleichzeitig fordert, die Psychotherapie müsse ethische Werte setzen und der Ethik dienen (Frankl 1994: 42). Wie offen sich die Logotherapie tatsächlich gegenüber anderen Psychotherapien zeigt, oder wie richtig sich das theoretische Konzept der Logotherapie erweist, ist nicht Intention dieser Arbeit, jedoch die Feststellung, dass die Aussicht auf eine Offenheit, die Möglichkeit einer Selbstkorrektur zulässt, die ein starkes Zutrauen in die eigene psychische Identität erfordert.

In der folgenden Arbeit geht es nicht um die Logotherapie als eine bestimmte Psychotherapie als vielmehr um das Menschenbild, das der Logotherapie zugrunde liegt und in ihr verwoben ist. Der Grundriss der psychotherapeutisch ausgerichteten, dem Wesen nach philosophischen Anthropologie soll aufgefaltet werden, um die wesentlichen Prämissen bewusst zu machen, an denen der ethische Horizont, gemäß der Fragestellung, skizziert werden kann, von dem aus die Konvergenz mit der Konzeption eines guten Lebens festzustellen ist. Die methodischen Schritte zur Auffaltung des Menschenbildes erfolgt durch die besondere Beachtung der Schwerpunkte: *Die Geistigkeit des Menschen und die Frage nach dem Sinn.* Dabei wird auf die fundamentale Bestimmung des Menschen eingegangen, die durch den Willen zum Sinn, durch die Fähigkeit zur Selbst-Transzendenz und der Selbst-Distanzierung gekennzeichnet ist. Ebenso auf die Charakteristika des Menschseins: wie Bewusstsein, Freiheit und Verantwortung.

Vor der Explikation sei noch auf zwei Schwierigkeiten hingewiesen, die sich bei der Auffaltung und Systematisierung der Anthropologie ergibt: Zwar kommt in Frankls Büchern, seinen zahlreichen Vorträgen und Veröffentlichungen immer ein philosophisch-psychologisches Thema zum Vorschein: *Der Mensch als geistiges Wesen auf der Suche nach Sinn.* Diese Schriften beruhen auf narrativen Texten, was die Überschaubarkeit des Systems in erheblichem Maße erschwert. In der gleichen Weise deutet Uwe Böschemeyer (1977: 5) auf diese Schwierigkeit hin, der bedauert, dass philosophische Gedankenreihen durch Beispiele unterbrochen und häufig nicht wieder aufgenommen werden, besonders dann, wenn die „Beispiele selbst Frankl zu neuen anthropologischen Reflexionen veranlassen" (ebd.). Dadurch erreicht nun Frankls Theorie eine Vitalität, die die optimistische Bejahung des Lebens unter allen Umständen widerspiegelt und zeigt den Stellenwert, die die menschliche Lebenswirklichkeit für Frankls Denken hat: Es steht im Dienste der konkreten Hilfe für eine konkrete Person in einer konkreten Situation.

Die Systematisierung der Theorie erfordert es, Frankls Gedanken zum Teil hermeneutisch auszulegen und seinen Ab- und Herleitungen forschend nachzugehen. Damit ergibt sich ein weiteres Problem im Zusammenhang mit der Herleitung philosophischen Gedankengutes. Philosophische Begründungen waren für seine Theorie zwar wichtig, doch die Angabe der Herleitung schien ihm nicht von Belang zu sein. Explizit bekennt Frankl sich dazu, den Begriff der „Existenz" von der „zeitgenössische[n] Philosophie" (Frankl 2002^6: 12)[52] übernommen und Max Schelers philosophische Anthropologie rezipiert zu haben. In seinen Schriften und der Autobiographie werden Philosophen wie Max Scheler, Kierkegaard, Karl Jasper, Martin Buber, Martin Heidegger, Ludwig Binswanger und der französische Philosoph Gabriel Marcel, der für die französische Ausgabe des KZ-Buches „... trotzdem Ja zum Leben sagen" das Vorwort schrieb (Frankl 1995: 92), namentlich erwähnt. Anette Fintz meint eine besondere Verbindungs- und Vertiefungsmöglichkeit zu Karl Jasper erahnen zu können (Finz in: Batthyàny, Zsok 2005: 185). Alfried Längle, ein Schüler Frankls schreibt, die Logotherapie und Existenzanalyse beruhe weitgehend auf Schelers Phänomenologie, Philosophie und Anthropologie (Längle 2001: 287). Norbert Leser geht davon aus, dass eine Form der Sinnerfindung, die Ich-Du-Beziehung, vom jüdischen Religionsphilosophen Martin Buber herzuleiten sei (Leser in: Batthyàny, Zsok 2005: 6) und Frankl persönlich, sowie die von ihm begründete Logotherapie aus den Quellen der antik-abendländischen wie auch der

52 *Das Zitat ist dem Buch: „Der unbewußte Gott. Psychotherapie und Religion" entnommen, welches „1948 in erster Auflage erschien" (Frankl 2002^6: 7 im Vorwort zur dritten Auflage). Tatsächlich ist die Verbindung zur zeitgenössischen Philosophie älter, weil Frankl den Begriff der Existenzanalyse 1938 publizierte, in: „Philosophie und Psychotherapie. Zur Grundlegung einer Existenzanalyse, in: Schweizerische medizinische Wochenschrift 69 (1938), S. 707."(siehe dazu die Fußnote a.a.O., 12) und laut seiner Selbstbiographie verwendete er den Begriff Existenzanalyse bereits ab 1933 (siehe dazu Frankl 1995: 44).*

jüdisch-christlichen Tradition schöpfe, bzw. in ihren Ergebnissen mit deren Denk- und Deutungsmuster übereinstimme (a.a.O., 5)[53]. Grundsätzlich kann gesagt werden, dass Viktor Frankl an den geistigen Strömungen seiner Zeit, der Psychotherapie und der Philosophie anknüpfte und zusammen mit seiner Lebenserfahrung der Existenzanalyse das unverwechselbare und einzigartige geistige Profil gab.

53 *Leser begründet diese Feststellung damit, dass sich sowohl in der antiken, wie auch in der jüdisch-christlichen Tradition eine triadische Kategorisierung als Vorlage findet. „Eines dieser Zuordnungskriterien Frankls bezieht sich auf die Werte und Werthaltungen, die sich im menschlichen Handeln, aber auch schon im Denken manifestieren. Es ist im Sinne dieser Traditionen, wenn Frankl den schöpferischen Werten, der künstlerischen oder sonstigen Produktion des Menschen mit Hilfe des formbaren Materials und unter der Anleitung und Inspiration von Ideen den höchsten Rang einräumt, tritt der Mensch in dieser seiner Fähigkeit, die ihn vom Tier unterscheidet, doch als Mit- und Nachschöpfer auf, der sich in dieser Funktion den platonischen Ideen des Wahren, Guten und Schönen nähert und an der creatio continua Gottes, von der die christliche Theologie kündet, die aber auch schon im Alten Testament zu finden ist, mitwirkt." (Leser 2005: 5)*

2. Explikation personaler Existenz[54]

Der Mensch ist für Viktor Frankl eine leiblich-seelisch-geistige Einheit und Ganzheit, wobei das Geistige die eigentliche Dimension des Menschen bildet (Frankl 2000: 63) und „den Raum des Menschlichen überhaupt erst ausmacht“ (a.a.O., 69). Diese „Schau eines Bildes vom Menschen“ (a.a.O., 59) liegt der Existenzanalyse zugrunde, die die Existenz als eine Seinsart, als eine „Eigenart des Menschseins“ (a.a.O., 58) hält und somit die spezifisch menschliche Seinsart bezeichnet. Existenzanalyse meint nach Frankl nicht nur die Explikation ontischer Existenz, sondern auch die ontologische Explikation dessen, was Existenz ist (a.a.O., 59). Der von der Existenzphilosophie „entlehnte“ (ebd.) Begriff[55] „Existenz“, leistete für Frankl das, was seinen eigenen Vorstellungen nach, das menschliche Sein charakterisierende betrifft. Mit dem Begriff „Existenz“ übernahm Frankl von der Existenzphilosophie auch andere Begriffe (vgl. Frankl 2002[6]: 75), was aber keine inhaltliche Abhängigkeit zwischen der Franklschen Anthropologie und der Existenzphilosophie bedeutet, sondern eher die Schwierigkeit mit sich brachte, psychologische Kategorien mit philosophischen zu verbinden[56].

Nun stellt sich einerseits die Frage, wie Frankl den von der Existenzphilosophie rezipierten Begriff „Existenz“ definiert, bzw. wie er sein Existenzverständnis darlegt. Und anderseits was seine Orientierung an der „humanistischen, existenziellen und religiösen Denkweise“ (Längle 2001: 54) des deutschen Philosophen Max Scheler (1874-1928), dessen phänomenologische/philosophische Anthropologie

---

54 *Übernommen von Frankl 2002: 59.*

55 *Vgl. auch Frankl 1982: 87.*
Uwe Böschemeyer (1977: 50) geht davon aus, dass Frankl den Begriff „Existenz“ von der Existenzphilosophie aus zwei Gründen übernahm. „Erstens: Auch nach existenzphilosophischenm Verständnis ist der Mensch kein bloßes Resultat erkennbarer Kräfte und Zusammenhänge, ist er immer mehr, als er von sich wissen kann. Deshalb kann auch nach ihrem Verständnis das den Menschen Auszeichnende nicht mit objektiver Begrifflichkeit und in einem abgeschlossenen System beschrieben werden. Wohl aber kann Existenz 'erhellt' werden, und zwar mit Hilfe der ihr entsprechenden Kategorien: Freiheit, Kommunikation, Geschichtlichkeit u.a. Zweitens: Existenz ist auch in ihrer Sicht – ganz im Sinne Frankls – eigentlich kein Sein, sondern ein Sein-Können, ist 'entscheidendes' Sein, ist ständig wählend und entscheidend, ist frei.“ (ebd.)

56 *„Wir ahnen jetzt bereits, welche Schwierigkeiten eine Psychologie und deren Therapie haben wird, deren Konzeption von der eben beschriebenen Prämisse [die erforderliche Übertragung der philosophischen Begriffe auf psychologische; d. Vf.] ausgeht. Will sie einerseits auf dem Boden ihrer wissenschaftlichen Disziplin bleiben, andererseits aber den ihr gesteckten Rahmen hinter sich lassen und weit ins philosophische Feld vorstoßen, dann wird sie sich rasch den Vorwurf der wissenschaftlichen Grenzüberschreitung von der einen oder der anderen Seite zuziehen, wenn sie nicht die Notwendigkeit und Möglichkeit ihres empirischen u n d philosophischen Vorgehens deutlich machen kann.“ (Böschemeyer 1977: 21)*

zur Entwicklung von Frankls Logotherapie führte und dessen „Formalismus in der Ethik" er „wie eine Bibel" (Frankl 1995: 42) mit sich herumtrug und mit dessen Hilfe Frankl den Psychologismus der gängigen Psychotherapien überwand[57], leistet:

1) Die Eigenart des menschlichen Seins besteht darin, dass „es sich beim Menschen nicht um ein *faktisches,* sondern um ein *fakultatives* Sein handelt, nicht um ein Nun-einmal-so-und-nicht-anders-sein-Müssen, als welches der neurotische Mensch sein eigens So-sein missversteht, vielmehr um ein Immer-auch-anders-Werden-können" (Frankl 2002: 61), dem nun die Eventualität der Veränderung zu Grunde liegt.

2) „Ex-sistieren" bedeutet, „aus sich selbst heraus- und sich selbst gegenübertreten. Wobei der Mensch aus der Ebene des Leiblich-Seelischen heraustritt und durch den Raum des Geistigen hindurch zu sich selber kommt. Ex-sistenz geschieht im Geist." (ebd.) Damit ist eine wesentliche Prämisse menschlichen Seins festgelegt: *Die Geistigkeit.* Existieren bedeutet somit geistiges Sein. „Geistiges Sein" ist nach Frankl nicht nur ein Charakteristikum, sondern ein „Konstituens" (a.a.O., 72), das nicht nur eine Kennzeichnung des Menschen, sondern eine Auszeichnung ist, da auch dem Tier das Leibliche und Seelische zu eigen ist (a.a.O., 73). Das oben angesprochene Sich-Distanzieren des Menschen von sich selbst, das im Geistigen impliziert ist, konstituiert die geistige Person erst als solche und „gliedert [...] das Geistige und das Leiblich-Seelische aus" (a.a.O., 63). Das bedeutet, dass das Geistige existenziell ist. Existenziell ist Geistiges die „eigentliche Dimension des Menschseins" (Frankl 2002: 63), als eigenständiger Bereich des menschlichen Seins. Leib und Seele, das „Psychophysische" (Frankl 2002^{14}: 50), ist nicht existenziell. Hier ist mit Böschemeyer (1977: 51) konform zu gehen, dass das „Psychophysische" als das naturwissenschaftlich beschreibbare Feld der Biologie und Psychologie ist, das, was empirisch über den Menschen ausgesagt werden kann. Das Geistige dagegen nicht objektivierbar und erklärbar, wohl aber „verstehbar" (ebd.) und damit dem Menschen erst den Raum zur Selbst-Distanzierung eröffnet. Das erweckt den Eindruck, der Mensch setze sich aus Leib, Seele und Geist zusammen. Die Einheit des Menschen scheint aufgespaltet zu sein in verschiedene Kräfte und es scheint eine „unüberbrückbare Kluft zwischen dem Psychischen einerseits und andererseits Somatischen als je einer wesensverschiedenen Seinsart" (Fran-

---

57 *„Um die Rettung des Menschlichen im Angesicht der reduktionistischen Aspirationen einer pluralistischen Wissenschaft bemüht waren nun wie kaum wer anderer Nicolai Hartmann mit seiner Ontologie und Max Scheler mit seiner Anthropologie. Sie unterschieden distinkte Stufen bzw. Schichten wie das Leibliche, das Seelische und das Geistige." (Frankl 1982: 142f.) Aus einem Vortrag, gehalten von Viktor Frankl anlässlich der 600-Jahrfeier der Universität Wien am 13. Mai 1965.*

Vgl. dazu auch: Frankl 2002: 64f.

Vgl. dazu Max Scheler 2002: 11, der von der „Stufenfolge der psychischen Kräfte und Fähigkeiten" ausgeht, um den Aufbau der biopsychischen Welt zu begründen, um damit die Sonderstellung des Menschen zu verdeutlichen.

kl 1993: 44) zu herrschen, dessen „qualitativen Differenzen“ (Böschemeyer 1977: 54)[58] Frankl bewusst sein müssen, wenn er fragt:

„und wo bleibt die 'Einheit des Menschen'? Wo doch das Menschsein, wie eine Keramik von Rissen und Sprüngen, von 'qualitativen Sprüngen' (Hegel) durchsetzt und durchzogen ist? Bekanntlich wurde die Kunst definiert als Einheit in der Manigfaltigkeit. Nun, ich möchte den Menschen definieren als Einheit trotz der Manigfaltigkeit. Denn es gibt eine anthropologische Einheit trotz der ontologischen Differenz, trotz der Differenz zwischen den menschlichen Seinsarten. Die Signatur der menschlichen Existenz ist die Koexistenz zwischen der anthropologischen Einheit und den ontologischen Differenzen, zwischen der einheitlichen menschlichen Seinsweise und den unterschiedlichen Seinsarten, an denen er teilnimmt. Kurz, die menschliche Existenz ist 'Unitas multiplex', um mit den Aquinaten zu sprechen. [...] Aber es sei mir im folgenden verstattet, eine Imago hominis 'ordine geometrico demonstrata', ein Menschenbild zu skizzieren, das mit geometrischen Analogien operiert.“ (Frankl 1982: 143)

Als Ergebnissicherung soll festgehalten werden: Menschliches Sein ist fakultatives Sein, dem die Eventualität der Veränderung zu Grunde liegt. Existieren bedeutet geistiges Sein. Trotz der ontologischen Differenz gibt es eine anthropologische Einheit.

Im folgenden Abschnitt soll erstens: die geometrische Analogie der menschlichen Dimensionalität, die „Dimensionalontologie“ (Frankl 1982: 143) erfasst werden, mit der Frankl die Einheit des Menschen verstehbar machen will, trotz der biologischen Verwahrung von „bedingten und unbedingten Reflexen“ (a.a.O., 155) und psychologischer Reaktionen. Zweitens: die im Lichte dieser Dimensionalontologie sichtbar gewordene und bereits angesprochene Rezeption des Gedankengutes von Max Scheler, der das Geistige als den essentiellen inneren Kern des Menschen darstellt, mit dem Frankl die Tendenzen zur Reduktion zu überwinden versuchte.

2.1 Die Einheit des Menschen

Fankl nimmt Anleihe beim Schicht- bzw. Stufenmodell von Nicolai Hartmann und Max Scheler (vgl. Frankl 1982: 124f., Frankl 2002[6]: 19, Frankl 2002: 64f.), rückt dann aber davon ab, weil demzufolge der Mensch in abgrenzbare Schichten auseinander fällt. Frankl sieht dagegen das Geistige als den inneren Kern des Menschen, um den herum das Psychische und Physische konzentrisch gelagert ist und den „Grundriß eines [] dreidimensionalen Gesamtaufbaus“ (Frankl 2002[6]: 19) bildet. Folglich erscheint das Geistige, das Physische und das Psychische nur als verschiedene Dimensionen des einen Menschen, die bei unzureichender Unterscheidung zu einer Reduktion einer Dimension in eine andere Ebene und damit zu Reduktionismen führt (vgl. Frankl 1982: 145), wie Frankl am Beispiel von Fedor Dostojewski oder Bernadette Soubirous eindrücklich zu zeigen versucht (Frankl 2002[14]: 28). Als Analog für den Menschen verwendet Frankl das dreidimensionale Modell des Zy-

58 Vgl. dazu auch Frankl 1982: 146f.

linders und versucht damit einerseits die Einheit des Menschen plausibel zu machen und andererseits zu zeigen, dass die Pluralität der Wissenschaften nicht der „Einheit der Wirklichkeit“ und der „menschlichen Realität“ (a.a.O., 153) widersprechen:

„Um diese meine Behauptung zu veranschaulichen, brauchen wir uns nur zu vergegenwärtigen, daß sich jede einzelne Wissenschaft als ein ganz bestimmter Querschnitt auffassen läßt, der durch die Realität hindurch geführt wird. Schneiden wir nun aus einem Zylinder, dessen Durchmesser ebenso groß ist wie seine Höhe, einen horizontalen Querschnitt heraus, dann ergibt sich ein Kreis, während ein vertikaler Querschnitt ein Quadrat ergibt. Nun gibt es bekanntlich keine 'Quadratur des Kreises'. Ebensowenig läßt sich aber auch die Kluft überbrücken, die den somatischen und den psychischen Aspekt menschlichen Daseins voneinander trennt. Die Coincidentia oppositorium, wie Nicolaus Cusanus sie genannt hat, ist nämlich nicht innerhalb der beiden Schnittebenen möglich, ja überhaupt nicht in einer zweidimensionalen Ebene, sondern nur im dreidimensionalen Raum, also in der nächst höheren Dimension.“ (a.a.O., 153f.)

Die Einheit des Menschen besteht nicht aus der Schnittmenge der niederen Dimension des Biologischen und des Psychologischen, sondern im dreidimensionalen Raum. Durch das Hinzufügen des Geistes und der Vorrangstellung des Geistes wird der Dualismus von Leib und Seele überwunden und der Mensch steigt, dimensionalontologisch gesehen, von der Zweidimensionalität in die Dreidimensionalität von Körper-Seele-Geist auf. Der Geist garantiert Einheit der geistig-seelisch-körperlichen Dimension des menschlichen Seins und ist die Bedingung für den Überschritt von der psychophysischen Faktizität zur geistigen Existenzialität des Menschseins. Gleichzeitig garantiert der Geist den Überschritt von der Existenz zur Transzendenz (Frankl 2002: 67), was Frankl mit dem Modell des Zylinders als offenes Gefäß demonstriert. Diese Offenheit bedeutet „Offenheit gegenüber der Welt“ (Frankl 1982: 155) und Offenheit zur Selbst-Transzendenz (ebd.). Gerade in der Selbst-Transzendenz des psychophysischen Seins und dem Gegenübertreten zu seinem psychophysischen Organismus, der Selbstdistanzierung, liegt die Fähigkeit des fakultativen Seins. Damit zeigt Frankls Dimensionalontologie nicht die Begrenztheit des Menschseins, sondern seine bereits des Öfteren angesprochene Möglichkeit des Menschen, seine Bedingtheit übersteigen zu können. *Nicht das Verbleiben im faktischen Sein, sondern das potenzielle Sein des Menschen ist für Frankls Theorie paradigmatisch.* Gerade weil Frankl den Reduktionismus in der gängigen Psychotherapie überwinden wollte, warnte er auch vor einer Reduzierung des Menschen auf das Geistige, da dieses keineswegs die einzige ontologische Region darstellt: „dies zu behaupten hieße einem Spiritualismus verfallen“ (Frankl 2002: 70). In diesem Zusammenhang betont Frankl, dass beispielsweise in der Zeit einer ärztlichen Untersuchung die physiologische Dimension zu betrachten sei, weil gewisse Reflexe eben nur am Zentralnervensystem geprüft werden können (a.a.O., 71).

Da die angesprochene Fähigkeit zur „Weltoffenheit“ und „Selbst-Transzendenz“ zu Max Scheler führt, kann einerseits die Übernahme gewisser Gedanken durch Frankl belegt werden und andererseits führen diese Aspekte im Weiteren zum Personenbegriff Frankls, der in Anlehnung an Scheler entwickelt wurde. Die „Weltoffenheit" begründet Scheler damit, dass ein 'geistiges' Wesen nicht mehr trieb- und umweltgebunden, sondern 'umweltfrei' und damit 'weltoffen' ist. Ein solches Wesen hat 'Welt' (Scheler 2002: 38). Beim Tier geht jede Handlung und jede Reaktion von der physiologischen Zuständigkeit seines Nervensystems aus, und zwar nur solange, als es für die Trieb- und Instinktstruktur interessant ist. Die Erkenntnis des Tieres (merken und fassen) liegt in den „sicheren Zäunen und Grenzen seiner Umweltstruktur" (a.a.O., 39). Der Mensch hingegen besitzt kraft seines Geistes die Fähigkeit, sich den Gegenständen der Lebenswelt zuzuwenden und sich von ihnen inspirieren/motivieren zu lassen, sowie seine physiologische und psychische Beschaffenheit „gegenständlich" (a.a.O., 42) zu machen, m.E. über seine Zustände und Möglichkeiten zu reflektieren, die Hemmung/Enthemmung eines Triebimpulses zu erkennen, sowie den „Umweltbann" (a.a.O., 40) abzuschütteln. Diese Fähigkeit macht den Menschen zum „Neinsagerkönner" (a.a.O., 50). Damit kann sich Frankl einverstanden erklären, weil er den Menschen als ein fakultatives Wesen konzipierte, das in Opposition zu der deterministischen Sichtweise der herrschenden Psychotherapien steht, und dank seines Geistes, den Trieben nicht ohnmächtig ausgeliefert ist, sondern frei zu ihnen Stellung nehmen kann.

Eine weiteres Kriterium des Menschen ist seine Fähigkeit sich über sich selbst „emporzuschwingen" (a.a.O., 47) und jenseits der raumzeitlichen Welt alles, auch sich selbst, zum Gegenstand seiner Erkenntnis zu machen. „So ist der Mensch als Geistwesen das sich selber als Lebewesen und der Welt überlegene Wesen. Als solcher ist er auch der Ironie und des Humors fähig, die stets eine Erhebung über das eigene Dasein abschließen." (ebd.) Die Fähigkeit zur Selbst-Transzendenz übersteigt nun die Distanzierung zur psychophysischen Befindlichkeit insofern, als mittels Reflexion die Triebe objektiviert und zu ihnen Stellung genommen werden kann, die eine Bedingung zur Erweiterung des Bewusstseins darstellt und zur Erkenntnis führt. Damit ist eine Fähigkeit des Menschen offengelegt, von dem Frankl nicht klar spricht aber in der Selbst-Transzendenz enthalten/verborgen ist: Es ist die Möglichkeit des Menschen als Geistwesen zum selbstentwerfenden Wesen. Damit ist der Mensch frei und trägt einen verantwortlichen Anteil dem Dasein gegenüber (vgl. Frankl 20026: 13) und zwar in einem immerwährenden Verlauf. Demzufolge ist er nicht mehr reduzierbar auf die psychophysische Dimension. Diese anthropologische Essenz aus Schelers Gedankengut erbringt durch Frankls Übernahme die entscheidende Leistung für die Existenzanalyse.

Ungesichert ist die Annahme, dass sich die Möglichkeit der aufgezeigten Motivation und Erkenntnis in Frankls Anthropologie der Anlehnung, der Übernahme und/oder der Modifizierung von Schelers Gedankengut verdankt. Vergleichsweise dazu ist die Auffassung gesichert, dass Frankl durch Scheler einerseits den Psychologismus überwinden und andererseits einen Personenbegriff entwickeln konnte.

Die oben angesprochenen Fähigkeiten mittels des Geistes zur Selbst-Transzendenz und zur Selbst-Distanzierung ist die Offenlegung dessen, was Frankl unter der „geistigen Person“ des Menschen versteht, die er in den „Zehn Thesen über die Person (Modifizierte Fassung)“ (Frankl 1982: 108-118) zu erklären versucht. Die Selbst-Transzendenz und die Selbst-Distanzierung führen sinngemäß zur (achten) These, die besagt, dass die Person dynamisch ist, insofern, als sie sich vom Psychophysikum zu distanzieren vermag, und das Geistige erst in Erscheinung tritt. Die Fähigkeit zur Distanzierung von sich selbst auf dem Weg über den psychophysischen Organismus konstituiert die geistige Person als eine geistige und besitzt unantastbare und unverlierbare Würde[59]. Die geistige Person steht in „heuristischem und fakultativem Gegensatz zum psychophysischen Organismus“ (vierte These), wobei der Organismus eine instrumentale und expressive Funktion besitzt und das Instrument zum Handeln der geistigen Person selbst ist[60]. Für Max Scheler steht das „neue Prinzip“ (Scheler 2002: 37) – der Wesensunterschied zwischen Mensch und Tier – außerhalb der Vitalsphäre. Diese Wesenstatsache kann nicht auf die „natürliche Lebensevolution“ (a.a.O., 38) zurückgeführt werden, sondern, wenn auf etwas, nur auf den obersten einen Grund der Dinge selbst. Dieses neue Prinzip nennt Scheler „Geist“ (ebd.). Als „Person“ versteht Scheler das geistige Aktzentrum innerhalb endlicher Seinssphären (ebd.). Diese Setzung des Personenbegriffs durch Scheler wird von Frankl übernommen und modifiziert. Dies ist nachvollziehbar, weil Frankls Lehre gemäß, die „geistige Person“ einen Schlüsselbegriff bezeichnet, die sich gegenüber Umwelt und Triebe frei verhalten kann und kommt dadurch zum Ausdruck, dass bei Frankl die Person, das Geistige und das Freie vorwiegend identisch ist.

„Und dasjenige, das allem Gesellschaftlichen, Leiblichen und auch noch Seelischen am Menschen gegenübertreten vermag, nennen wir eben das Geistige in ihm. Das Geistige ist bereits ex definitione eben nur das Freie im Menschen. 'Person` nennen wir von vornherein überhaupt nur das, was sich – zu welchem Sachverhalt auch immer – frei verhalten kann. Die geistige Person ist dasjenige im Menschen, was allemal und jederzeit opponieren kann!“ (Frankl 2002: 94)

In der siebten These tritt ein weiteres Prinzip hinzu, von dem Anzenberger (1998: 275) als von einem metaphysischen Prinzip des Menschen spricht, an dem

59 *Siehe dazu (Frankl 1982: 110) vierte These und eine Ergänzung, in der Frankl explizit über die unverlierbare Würde des Menschen, auf Grund der Werte und auf Grund der verwirklichten Werte spricht. „Die Würde kommt dem Menschen nicht auf Grund der Werte zu, die er noch besitzen mag, sondern auf Grund der Werte, die er bereits verwirklicht hat. Die Würde kann er dann natürlich auch nicht mehr verlieren. Und sie ist es, was uns Respekt vor dem Alter – eben dem Verwirklicht-Haben der Werte! – abverlangt. Nicht uns allen. Nicht einer Jugend, die die Achtung vor dem Alter nicht kennt, nicht zuletzt aus dem Grunde, weil das Alter heute dazu neigt, sich möglichst jung zu gerieren – und solcherart sich lächerlich zu machen. Leider wird eine Jugend ohne Achtung vor dem Alter, sobald sie einmal selber alt geworden ist, auch die Selbst-Achtung nicht kennen, und ein altersbedingtes Minderwertigkeitsgefühl wird sie quälen.“ (a.a.O., 269)*

60 *Vgl. dazu auch Scheler 2002: 38.*

sich das Geistige manifestiert und zwar insofern, als die Person die Einheit wie die Ganzheit des Menschen stiftet und die Dimension des Geistigen den Raum des spezifisch Menschlichen schafft. Anzenberger muss zu dem Schluss des metaphysischen Prinzips deshalb kommen, weil in der siebten These Wahrscheinlichkeiten subsumiert sind, für die Frankl keinen Wahrheitsbeweis antreten kann und die er auf die bereits diskutierte Dimensionalontologie gründet.

Grundsätzlich kann angenommen werden, dass Frankls Konzeption des Personenbegriffs von der Unlösbarkeit ausgeht, die geistige Person mit naturalistischen Kategorien beschreiben zu können und beruht auf der Erkenntnis, dass jede Person einzigartig ist (vgl. Böschemeyer 1977: 74), wie die dritte These besagt: Mit jedem Menschen, der zur Welt kommt, wird ein absolutes Novum ins Sein gesetzt. Etwas Einzigartiges und Unverwechselbares wird zur Wirklichkeit gebracht; denn die geistige Existenz ist unübertragbar.[61] Dass der personale Geist nicht aus den Chromosomen ableitbar ist, denn diese geben die Eltern bei der Zeugung des Kindes her, aber sie hauchen nicht den Geist ein (Frankl 1996: 115), ergibt sich für Frankl aus der Konsequenz, dass die Person ein Individuum und somit unteilbar ist (erste These), ebenso eine Ganzheit, ein In-summabile, und damit unverschmelzbar (zweite These). Die geistige Existenz wird in der zehnten These als metaphysisches Prinzip noch einmal sichtbar, weil die Person sich nicht anders, denn von der Transzendenz her begreift. Der Mensch ist Person in dem Maße, als er von der Transzendenz her „personiert wird: durchtönt und durchklungen von der Transzendenz. Diesen Anruf der Transzendenz hört er ab im Gewissen“ (Frankl 1982: 117). Otto Zsok (2005: 164) meint, dass es sich lohnt, die ursprüngliche Fassung der 10. These in Erinnerung zu rufen, die da lautet: Die Person ist letztlich nur zu verstehen als das Ebenbild Gottes[62]

In diesem Begreifen der Transzendenz erfährt der Mensch als geistige Person eine Antwort in Bezug auf ihre anfängliche Herkunft und stiftet Einheit und Ganzheit, indem sie als Geistiges sich mit dem Psychophysikum auseinandersetzt (siebte These). In diesem religiösen Menschenbild kann sich die geistige Person als *einmalig* und *einzigartig*, *wertvoll* und *unzerstörbar* in seiner „Ganzheit“ begreifen. Es ist die Manifestation des bleibenden Bezugs der geistigen Person in der Transzendenz und der Anruf des Menschen durch einen unbewussten Gott in einem Sein, das im Hier und Jetzt stattfindet und die Transzendenz in der Immanenz verdeutlicht.[63] Diese Sichtweise, den Menschen so zu bestimmen, ist für Frankl wichtig, um damit die „Ganzheit“ des Menschen nicht als ein geschlossenes System zu verstehen, um damit die Anthropologie vor einem „Anthropologismus“ (Frankl 1996: 221) zu bewahren, sondern ein Beziehen der Seinsschichten aufeinander im Sinne einer funktionalen Einheit. Frankls Sichtweise der Einheit des Menschen ist in diesem Kapitel bereits dargestellt worden, doch in einer Fußnote, als Ergänzung gedacht, zeichnet

61 Vgl. dazu Otto Zsoks Beitrag in: viktor frankl und die philosophie 2005: 163-181.

62 Zsok (2005: 164) verweist auf die ursprüngliche Fassung in Frankl: Logos und Existenz. Drei Vorträge, Wien 1951.

63 Vgl. dazu Anzenberger 1998: 286

Frankl ein differenziertes Bild einer funktionalen Einheit und entgeht der Frage, inwieweit das Wesen des Menschen eine Einheit ist, indem er darauf hinweist:

„Die Seinsschichten selbst sind selbstverständlich wesensverschieden und haben daher grundsätzlich getrennt zu werden; wohl aber sind sie im Wesen Mensch untrennbar miteinander verknüpft und lassen sich, innerhalb des Menschen, nur heuristisch und künstlich voneinander lösen. Stellt der Mensch doch eine leiblich-seelisch-geistige Einheit dar; wobei es freilich wiederum das Geistige im Menschen, die geistige Person ist, die all diese Einheit und Ganzheitlichkeit überhaupt erst stiftet, gründet und gewährleistet. Daß diese intime Verknüpfung zur intra vitam von menschlichem Dasein gilt, ist eine Sache für sich. (Gälte sie auch jenseits der Koexistenz, in der allein die geistige Peson zeitlebens – aber auch nur zeitlebens – an ihren psycho-physischen Organismus gebunden existiert, so hätte die geistige Person teil an der Sterblichkeit dieses ihres Organismus.)" (ebd.)

Mit dem religiösen Personenbegriff, der jenseits aller möglichen Erfahrung liegt und deshalb transzendent genannt werden muss, dem Personenbegriff, in dem das Geistige den Menschen auszeichnet und nur ihm zusteht sowie der unantastbaren/unverlierbaren Würde des Menschen konstituiert Frankl durch die Existenz von Freiheit und von Verantwortlichkeit (Frankl 2000: 72f.) das menschliche Dasein und legt auf diese Weise ethische Anhaltspunkte und ein Wertverständnis an, die im Sinne eines Orientierungswissens endliche Wesen für die Verwirklichung einer faktischen Weltbegegnung als Maßstab im Handeln benötigen. In diesem anthropologischen Grundschema schafft Frankl durch die Setzung dieses theoretischen Personenbegriffes eine Grundthese, die universell genannt werden kann und auf Intention beruht. Die pragmatische Umsetzung der Werte, die Suche nach Sinn, die Entwicklung des Menschen in freier Lebensgestaltung als objektiver Ausgangspunkt im Wesen des Menschen ist empirisch nachweisbar. Die Setzung eines Personenbegriffes, in der Dimension von Transzendenz in Immanenz und von der Fähigkeit ethischen Empfindens muss jedoch intentional erfolgen und entzieht sich als Axiom weiterer Begründung. Wohl aber bedarf die Kenntnis über das Geistige als „ein Attribut des Seienden" (Scheler 2002: 57) weiterer Erläuterungen.

2.2 Die Geistigkeit des Menschen

In den „Metaklinischen Vorlesungen", abgehalten an der Universität Wien im Sommersemester 1949 (Frankl 1996: 64) erläutert Frankl das Wesen des Geistes, der, wie bereits mehrfach hingewiesen, nicht nur ein Charakteristikum, sondern ein Konstituens ist und den Menschen auszeichnet. Das Geistige ist „ontologisch eine eigene Seinsart und anthropologisch die eigentliche Seinsart des Menschen" (Frankl 2002: 70). In den Metaklinischen Vorlesungen kritisiert Frankl, der eine „realistisch-erkenntnistheoretische Position" (Frankl 1996: 83) einnimmt den erkenntnistheoretischen Idealismus, der von einer unaufhebbaren Spaltung von Subjekt und Objekt auf Grund von unzulässiger Verräumlichung[64] „('Außen-welt')" (a.a.O., 86) ausgeht. Die Überwindung dieser Spaltung ist möglich, wenn das erkennende Subjekt vor „diese[r] Entzweiung des Daseins in Subjekt und Objekt" zurücktritt (ebd.). Durch die Fähigkeit des subjektiven Geistes ist „Geistig Seiendes [...] bei anderen Seienden" (Frankl 2002: 73). „Mein Geist 'ist' nämlich tatsächlich 'bei' allem, woran er jeweils denkt, woran er 'rührt'. Nur daß dieses Bei-sein eben nicht räumlich vorgestellt werden darf – und zwar deshalb nicht, weil es kein 'räumliches', sondern ein 'wirkliches' Beisein ist, keines im ontischen, vielmehr im ontologischen Sinne." [65] (Frankl 1996: 87)

Frankl stellt die Frage, was das Bei-sein von geistig Seienden letztlich ist. Für ihn ist das eigentliche Urvermögen die Intentionalität dieses geistig Seienden. „Intentional ist geistig Seiendes aber im Grunde seines Wesens, und so läßt sich denn sagen, Geistig Seiendes ist geistig Seiendes, ist Bewußt-Sein, ist 'bei sich' indem es 'bei' anderem Seienden 'ist' - indem es anderes Seiendes 'bewußt hat'. So erfüllt sich geistiges Sein im Bei-Sein [...]" (Frankl 2002: 75). Wobei Bewusstsein nach Frankl Rückbezüglichkeit auf sich selbst ist. Es ist ein reflexives Bewusstsein, somit ein Bewusstsein um dieses Wissen. Folglich um sich selbst und dem zufolge Selbstbewusstsein und ist angewiesen auf einen psychophysischen Organismus (Frankl 1996: 135). Dieses Bei-sein des geistigen Seins ist die Bedingung von Wahrnehmung (a.a.O., 90). Diese wird erklärbar durch das vorgängige, ursprüngliche Vermögen alles Geistigen, sich selbst und anderes Seiendes zu erfassen und ist wiederum Bedingung für weitere Möglichkeiten: wie das Denken und das Sprechen, das Einander-Verstehen und Sich-mit-einander-Verständigen, das Erinnern und das Vergegenwärtigen (ebd.). Das geistig Seiende ist demnach auf etwas anderes außer seiner ausgerichtet und zeigt Frankls erkenntnistheoretische Voraussetzung von erkennendem Subjekt und erkanntem Objekt (vgl. dazu auch Anzenberger 1998: 277) und setzt das oben angesprochene Bewusstsein in Übereinstimmung mit Welt voraus, aus dem das wechselseitige Verhältnis von Subjekt und Objekt ableitbar ist, von dem Frankl sagt, dass überhaupt nur Andersseiendes sich wahrnehmen/erkennen lässt (Frankl/Lapide 2005: 65).

---

64 *Frankl kritisiert nicht nur die unzulässige Verräumlichung, sondern auch die Kategorie der Kausalität, die „widerrechtlich in die Metaphysik der Erkenntnis hineingetragen – und das will heißen die betreffenden Kategorien, nämlich Raum und Kausalität, die nur innerweltlich, nur innerhalb der Welt 'der Erscheinungen' gültig sind, wurden herausgetragen aus dieser Welt, also aus der Welt erkannter, erkennbarer oder zu erkennender Beziehungen – in die erkennende, die Erkenntnisbeziehung selbst." (Frankl 1996: 86f.)*

65 *An einem Beispiel versucht Frankl das Bei-sein des Geistes zu erklären: „Denke ich etwa an meine in Australien lebende Schwester, bin ich also geistig 'im Geiste' bei ihr, 'ist' also mein Geist solcherart 'bei' meiner Schwester, so wäre nur das Eine unrichtig: wenn ich behauptete, daß mein Geist bei meine Schwester – 'in Australien' ist, richtig ist vielmehr die Behauptung: mein Geist 'ist bei' meiner Schwester in Australien. Mit anderen Worten: Nur meine Schwester ist in Australien, nur dieses ontische Dort-sein verträgt eine räumliche Aussage, - nicht aber darf der ontologische Tatbestand meines geistigen Bei-seins verräumlichend formuliert werden." (Fankl: Der leidende Mensch, 1996: 87)*

Systematisch denkt Frankl über das Wesen des Geistes weiter und expliziert eine weitere Möglichkeit, indem geistig Seiendes nicht nur „bei" anderem Seinden „sein" kann, sondern die Aussicht besitzt, bei ebenbürtigem Seienden zu sein, daraus sich ein Bei-einander-sein, als die höchste Stufe von Bei-sein, als Hingabe an den anderen, durch Liebe, ermöglicht. Wobei Frankl Liebe einerseits von Person zu Person versteht (Frankl 1996: 130, 184ff) und außerdem als ursprünglichen Beweggrund auf einen Wert oder Sinn hin. Liebe ist für Frankl ein spezifisch menschliches Phänomen mit erkenntnistheoretischem Hintergrund, weil die Liebe sehend macht, „ja sie macht geradezu seherisch; denn der Wert, den sie am anderen sehen und aufleuchten läßt, ist ja noch keine Wirklichkeit, sondern eine bloße Möglichkeit, etwas was noch gar nicht ist, sondern erst wird, werden kann und werden soll. Der Liebe eignet eine kognitive Fähigkeit" (Frankl 2002: 76) und wird von Frankl als personale Seinsweise bezeichnet und zwar insofern, als sie der Fähigkeit zur Selbsttranszendenz entsteigt und eine „Andersheit" (ebd.) liebend erfasst, was als Vollzug eines geistigen Aktes erfolgt; denn echte Liebe ist eine geistige Beziehung zum Geistigen des Anderen und lässt die Einmaligkeit und Einzigartigkeit der Person als das absolute Individuum erkennen (Frankl 1946: 105, siehe auch: Frankl 2002: 76). Dass durch den geistigen Aktvollzug gleichzeitig ein Hinweis auf ein erkennendes Erleben der Person als eine geistige gegeben ist, soll besonders hervorgehoben werden.[66] So wie Frankl die bloße Möglichkeit eines Werdenden antizipiert, erhebt er den Anspruch, dass das Antizipierte vorher intuitiv erfasst werden muss. Im Weiteren: dass die Möglichkeit des „noch nicht Seiende[n]" (Frankl 2000[6]: 24) im Menschen grundgelegt ist, das von der Liebe erschlossen wird. Dieses Transzendenzinteresse und das Aufweisen einer Eventualität menschlichen Seins, mit positiver Konsequenz in der Lebenswirklichkeit, durch Übersteigung der eigenen Selbstgefälligkeit und Ermöglichungsgrund für Potenzielles, zeichnet Frankl als Psychotherapeuten mit Hinwendung zur angewandten Philosophie aus: als einen Grenzgänger zwischen Therapie und Philosophie. Dabei zeigt sich auch Frankls existenzielle Dimension des Denkens, die seine Theorie durchzieht, die sich dennoch immer auf die konkreten Möglichkeiten des Menschen richtet.

In Frankls metaphysischer Bezugsnahme lässt sich von der Liebe und von der Sehnsucht her ein Weg zu Gott weisen (Frankl 1996: 234), für den der Mensch allerdings kein volles Verständnis aufzubringen vermag, weil der Mensch Gott als ein überlegenes Sein, ein Absolutes, als das Sein selbst, als ein qualitativ Anderes, versteht. Aus diesem Grunde kann Gottes Weg nicht begriffen, sondern höchstens erahnt werden (a.a.O., 91). Doch eine intentionale Beziehung zu Gott besitzt der

66 *Hier ist unverkennbar Frankls Rezeption Schelers „Personalität der Person" (Arlt 2001: 82) ersichtlich, weil Scheler schreibt: „Der Geist ist das einzige Sein, das selbst gegenstandsunfähig ist – er ist reine, pure Aktualität, hat sein Sein nur im freien Vollzug seiner Akte. [...] Die Person ist nur in ihren Akten und durch sie." (Scheler 2002: 48) In diesem Zusammenhang ist auf Gerhard Arlt zu verweisen, der die Anthropologie Max Schelers expliziert und interpretiert (Arlt 2001: 70-97, besonders S. 83).*

Mensch auf Grund einer unbewussten Gottbezogenheit als tragenden Grund einer unbewussten Geistigkeit (Frankl 2002[6]: 47).

Der geistige Aktvollzug des liebenden Erfassens, dem Bei-sein der geistigen Person, entstammt dem Sachverhalt der „unbewußten Geistigkeit" (Frankl 2002: 76), innerhalb des Unbewussten, in dem auch der Logos wurzelt (Frankl 2002[6]: 46). In seinem Buch „Der unbewußte Gott" entwickelt Frankl seine Theorie vom geistig Unbewussten, von dem Böschemeyer (1977: 62) als von einer „phänomenologische[n] Erkenntnis" spricht, mit der Hypothese, dass der Geist gerade an seinem Ursprung unbewusster Geist ist (Frankl 2002[6]: 21). Da geistiges Sein nicht nur eine Kennzeichnung des Menschen, sondern nach Frankl auch eine Auszeichnung des menschlichen Seins ist, eröffnet sich durch die unbewusste Geistigkeit eine weitere hinzugehörende Bedingung einer Möglichkeit menschlichen Seins in Frankls Anthropologie.

2.3 Die unbewusste Geistigkeit

„Unbewußte Geistigkeit ist die Quell- und Wurzelschicht aller bewussten. Mit anderen Worten: wir kennen und anerkennen nicht nur ein triebhaft Unbewußtes, sondern auch ein geistig Unbewußtes, und in ihm sehen wir den tragenden Grund aller bewussten Geistigkeit. Das Ich ist nicht beherrscht vom Es; aber der Geist ist getragen vom Unbewussten." (Frankl 2002: 76)

Aus dem Freudschen Verständnis heraus, dass das Unbewusste ein „Reservoir verdrängter Triebhaftigkeit" (Frankl 20026: 15) ist und somit Triebhaftes unbewusst, entwickelt Frankl den Gedanken, dass auch das Geistige sowohl bewusst als auch unbewusst ist. Durch die Aufgliederung des Unbewussten in unbewusste Triebhaftigkeit und unbewusste Geistigkeit, und des Sachverhaltes, dass Geistiges bewusst als auch unbewusst ist, entsteht aber eine fließende und durchlässige Grenze, die Frankl mittels der Psychoanalyse am Begriff der Verdrängung erläutert, bei der im Akte der Verdrängung Bewusstes unbewusst gemacht und umgekehrt bei der Behebung der Verdrängung etwas Unbewusstes bewusst gemacht wird (a.a.O., 16). Mit der Anerkennung des triebhaft Unbewussten, wertet Frankl Freuds „Unbewusstes" auf und nimmt ihm gleichzeitig die Schärfe eines bedrohenden Seinsbereichs und erhellt diesen, weil die unbewusste Geistigkeit die Quell- und Wurzelschicht aller bewussten Geistigkeit ist. In der Feststellung von triebhaft Unbewusstem zu geistig Unbewusstem zieht Frankl aber eine scharfe Trennung in der Gegenüberstellung von Triebhaftem und Geistigem, weil im existenzanalytischen Sinne das Ich nicht beherrscht wird vom Es, aber der Geist vom Unbewussten getragen ist (a.a.O., 76). Mit der Eröffnung dieser Bedingung, die den Stellenwert der freien Entscheidung aufblitzen lässt und auf die Offenheit des Menschen zur Selbstbestimmung seines Wesens verweist, gelingt Frankl, anthropologisch gesehen, eine grundlegende Möglichkeit dem menschlichen Sein hinzuzufügen und sich von der Psychoanalyse abzugrenzen, indem der Mensch als ein Wesen gezeigt wird, das nicht vom Unbewussten getrieben und der Enge seiner Triebhaftigkeit ausgeliefert ist, sondern von unbewusster Geistigkeit getragen ist, die die eigentliche Dimension seiner Existenz repräsentiert, mit der gleichzeitig „Verantwortlich-sein" als eine ethische Komponente übernommen wird (vgl. a.a.O., 16f.). Frankl verstärkt die Abgrenzung zur Psychotherapie weiter, indem er Medard Boss[67] zitiert, demnach dieser Autor „Trieb und Geist als inkommensurable Erscheinungen" bezeichnet (a.a.O., 16). Die These, dass menschliches Sein geistiges Sein ist, untermauert Frankl mit Aussagen von Philosophen seiner Zeit. Jaspers nennt das eigentliche Menschsein „entscheidendes Sein" (zit. nach Frankl: ebd.) und Heidegger und Binswanger sprechen vom „Dasein" (zit. nach Frankl: ebd.), das im existenzanalytischen Sinne „Verantwortlich-sein: [] ist existenzielles Sein" (ebd.) meint.

Frankls Hypothese, dass der Geist gerade an seinem Ursprung unbewusster Geist ist, wird durch folgende Erläuterung erhellt und zeigt Frankls Vorliebe zu Analogien, um seine Annahmen plausibel zu machen: „Ist es nicht so – um es an einem Modell zu erläutern – wie beim Auge? So wie an der Ursprungsstätte der Netzhaut, nämlich an der Eintrittstelle des Sehnerven in sie, die Netzhaut ihren 'Blinden Fleck' hat, so ist der Geist genau dort, wo er seinen Ursprung hat, aller Selbstbeobachtung und Selbstbespiegelung gegenüber blind; wo er ganz ursprünglich, ganz 'er selbst' ist, ist er sich selbst – unbewußt. Und von ihm gilt hier voll und ganz, was in den alten indischen Veden ausgesagt wird: 'Das, was sieht, kann nicht gesehen werden; das was hört, kann nicht gehört werden; und das was denkt, kann nicht gedacht werden'." (a.a.O., 21f.) Wobei Frankl unbewusst als unreflektiert versteht und gerade im Zusammenhang mit dem geistig Unbewussten „auch unreflektierbar" meint (Frankl 2000: 80), denn der Geist ist gegenüber jeder Selbstbeobachtung und Selbstreflexion blind. Gleichwohl kann dahingehend argumentiert werden, dass es denkmöglich ist, auf Grund des reflexiven Bewusstseins, das Bewusstsein um dieses Wissen eben (vgl. Frankl 1996: 135 im Kapitel 2.2), ein präreflexives Bewusstsein besteht, dem es durch Reflexion gelänge, das geistig Unbewusste geistig zu erkennen.[68] Denn für Kant war es denkbar, dass uns die Erfahrung zwar lehrt, dass

---

67 *Bei Alfried Längle (2001:114) findet sich ein Hinweis, dass Viktor Frankl mit dem Züricher Psychiater Medard Boss über Jahre einen Gedankenaustausch pflegte.*

68 *Nach dem Vorwort zur 2. Auflage des Buchs: „Der leidende Mensch. Anthropologische Grundlagen der Psychotherapie" ist anzunehmen, dass Viktor Frankl eine ähnliche Theorie vertrat. Dieses Vorwort, als Exkurs gedacht, verdeutlicht diese Annahme. „Die Frage stellen, wer der Mensch eigentlich sei, heißt, nach dem Sinn von Menschsein fragen. Die Be-sinn-ung aber, die da angestellt wird, bedeutet letztlich eine Rückbesinnung, die Wiederentdeckung von etwas, was in Vergessenheit geraten ist und eben dieser Vergessenheit nun zu entreißen ist. – Irgendwo im Talmud soll geschrieben stehen, daß jedes neugeborene Kind, sobald es zur Welt kommt, von einem Engel einen Schlag auf seinen Mund bekommt, woraufhin es sofort vergisst, was es vorgeburtlich gelernt und gesehen hat. Diese Legende handelt von einem präexistenten Wissen um eine Wahrheit, um die Wahrheit, läßt sich aber ohne weiteres auch in Richtung auf ein präreflexives Seinsverständnis deuten, das ein präreflexives Selbstverständnis notwendig in sich einschließt. Wann immer die Frage nach dem Sinn von Menschsein gestellt wird, läßt sich eine Antwort daher nur erhoffen oder gar erwarten von einem Rückgriff auf das präreflexive Selbstverständnis, das dem Menschen als solches innewohnt. Es muß ihm nur bewußt werden, was er*

etwas so oder so beschaffen sei, aber nicht, dass es nicht anders sein könnte. „Wir sind im Besitz gewisser Erkenntnisse a priori, und selbst der gemeine Verstand ist niemals ohne solche.“ (Kant: Die Kritik der reinen Vernunft in: Ludwig: 2001: 43) In der faktischen Lebenswelt ist der Mensch aber nicht da, um sich selbst zu beobachten und zu bespiegeln, sondern er ist ausgerichtet auf etwas, auf jemand, sei es ein Werk, oder ein Mensch oder eine Idee. Er ist da, „um sich auszuliefern, sich preiszugeben, erkennend und liebend sich hinzugeben“ (Frankl 2002^6: 80f.). In dieser Hinordnung auf einen Sinn, die sich als intentionaler Akt manifestiert, ist der Mensch existenziell, indem der Mensch geistig bei jemandem ist, bei geistigem oder ungeistigem anderem Seienden (vgl. a.a.O., 81). Folglich ist daraus zu schließen, *die Intentionalität macht das Wesen der Existenz aus.*

Über Frankls Erkenntnis des unbewusst Geistigen und der Frage, was Frankl damit erreichen kann und will, kann Folgendes resümiert werden: Während menschliches Sein geistiges Sein ist, das in der Transzendenz gründet und sich von daher versteht, schlummert geistiges Sein an seinem Ursprung im Unbewussten und ist dadurch unreflektierbar und dem direkten Bewusstsein entzogen. Gleichzeitig zeichnen sich prinzipielle Möglichkeiten menschlichen Seins ab, die die Einmaligkeit des Menschen grundlegen: Da alle bewusste Geistigkeit im Unbewussten ihren Grund hat, zeigt sich in Gegenüberstellung zum triebhaft Unbewussten die Möglichkeit des Menschen, sich offen zur Selbstbestimmung seines Wesens zu verhalten. Indem geistiges Sein Existieren heißt, ist es auf Liebe und Erkennen, auf einen objektiven Logos (Sinn) hin ausgerichtet, das mentale Vermögen sich auf Seiendes oder Situationen einzulassen, das das Wesen der Existenz ausmacht. Gestützt auf dieses philosophisch/therapeutische Konzept des Menschen kann gewagt werden, die Möglichkeiten wahrzunehmen, aktiv die faktische Lebenswelt mit zu bestimmen, um in dieser Bejahung des Lebens zu sich selber zu kommen! Denn dieser „Faktizität gegenüber gilt es dann eben, das Bewußtsein der Freiheit wachzurufen – jener Freiheit und Verantwortlichkeit, die das eigentliche Menschsein ausmachen.“ (Frankl 2000^6: 18)

Ebenfalls in eine „unbewußte Tiefe“ hinabreichend und in einem „unbewussten Grund wurzelt“ (Frankl 2002^6: 23) das Gewissen, als „Sinn-Organ“ (Frankl 2002: 78) dieser unbewussten Geistigkeit. Da die existenziell echten Entscheidungen im menschlichen Dasein unreflektiert und deshalb unbewusst erfolgen, weist Frankl dem Gewissen die Aufgabe zu, „´das eine das not tut` zu erschließen“ (ebd.). Wobei das Eine das jeweils Einzige, also Individuelle ist, was von keinem „moralischen Gesetz“ (ebd.) gefasst werden kann, nicht rational erkennbar ist, sondern nur intuitiv erfassbar. Diese intuitive Leistung wird vom Gewissen besorgt (ebd.). Als Sinn-Organ wird das Gewissen eigens diskutiert werden, soll aber als Hinführung zum nächsten Kapitel dienen, in dem eine weitere Möglichkeit der geistigen Person von fundamentaler Bedeutung erörtert wird. Für Elisabeth Lukas, die den Menschen als ersten Ja- oder Neinsager der Erde definiert (Lukas 1993: 9), eröffnet das Ge-

irgendwie ohnehin immer schon weiß.“ (Frankl 1996: 68)

wissen die Ahnung einer Richtung, in die die Stellungnahme des Menschen jeweils tendieren sollte. Lukas argumentiert, dass in der Freiheit, Ja oder Nein sagen zu können, eine Rückbindung erahnt wird, die einer „inneren Ahnung" gleich, informiert, was ein Ja verdient, oder ein Nein verhindern soll (ebd.). Das ist ein Hinweis auf ein Gewissen, das in einer unbewussten Geistigkeit ruht und diese Geistigkeit der Freiheit einen Grund bietet, sich zu ermöglichen. Die Erschließung der Freiheit durch das Geistige ist insofern eine wichtige Voraussetzung, weil das Gewissenhaben Verantwortlichsein und die Freiheit des menschlichen Willens bedingt, der auf autonome Entscheidungen in Bezug auf moralisches Handeln als wesentliches Prädikat des Menschseins verweist. In diesen Voraussetzungen, die Frankl benötigt, um den Menschen nicht nur frei und damit autonom entscheidend, sondern auch verantwortlich zu zeichnen, wird die ethische Dimension in Frankls Konzept vom Menschen sichtbar.

2.4 Die Freiheit der geistigen Person

Für Frankl ist die Freiheit des Willens das Fundament der Logotherapie (vgl. Frankl 2002[14]: 250) und kann als eines der Axiome des Franklschen Menschenbildes gelten. Freiheit, *a priori gegeben und unverlierbar* (Frankl 2002: 89), ist ein menschliches Phänomen, ein „Urtatbestand" (a.a.O., 87), der mit empirischen Begriffen nicht zu fassen ist und den die Psychologie in ihrer naturwissenschaftlichen Ausprägung ausblendet, weil der naturwissenschaftliche Blick auf den psychophysischen Organismus die geistige Person übersieht. Aus diesem Blickwinkel ist die geistige Person nicht sichtbar, die dem Menschen trotz psychophysischer Dependenz zu eigen ist. In „Von der 'Autonomie trotz Dependenz`" zitiert Frankl Nikolai Hartmann (ebd.), dass von der Naturwissenschaft nur das Moment der Dependenz gesehen werde. Kritisch vermerkt er, dass „an Stelle der Autonomie der geistigen Existenz [...] die Automatie eines seelischen Apparates" (ebd.) getreten ist und die Naturwissenschaft nur die Notwendigkeit (Bedingtheit) sähe. Daher könne der Naturwissenschaftler nur Determinist sein, obwohl er bedenken müsste, dass auch er ein „voller und ganzer" (ebd.) Mensch sei. „In jener Schicht, in der sich die Dependenz des Menschen findet, wird sich niemals seine Autonomie feststellen lassen. Sofern wir das Problem der Willensfreiheit angehen, dürfen wir es daher niemals auf eine Kontamination der Seinsschichten ankommen lassen." (a.a.O., 88) Trotz der Notwendigkeiten und psychophysischer Bedingtheiten, verweist Frankl auf den freien Spielraum, den der Mensch gegenüber diesen Bedingungen besitzt. Obwohl der Mensch nicht frei von Bedingungen ist, besitzt er die Freiheit, zu ihnen Stellung zu beziehen. Er wird von den Bedingungen nicht bestimmt, denn es liegt an ihm, ob er sich diesen Bedingungen unterwirft (Frankl 2002[14]: 53). Diese Bedingungen sind im Wesentlichen durch Triebe, Erbe und Umwelt gegeben. Der Mensch besitzt die Freiheit, zu diesen Bedingungen Stellung zu nehmen, denn „Freiheit ist eben wesentlich Freiheit gegenüber etwas: 'Freiheit von` etwas – 'Freiheit zu etwas`" (Frankl 2002: 88). Die These, der Mensch könne sich seinen Trieben, seiner Umwelt und seinem Erbe gegenüber frei verhalten, wird durch Max Scheler gefestigt, der den Menschen als „Neinsagerkönner“ (Scheler 2002: 55) bezeichnet und wie bereits erwähnt, auch von Elisabeth Lukas, die den Menschen ähnlich, als den ersten Ja- oder Neinsager dieser Erde nennt, der geistig Stellung nehmen kann (Lukas 1993: 7). Gleichwohl Frankl definitiv sagt, dass der Mensch die Freiheit habe, auch zu den ethischen Forderungen nein zu sagen (Frankl 2002: 89), denn letztlich entscheidet der Mensch über sich selbst. Mithin ist sichtbar, was Frankl meint, wenn er schreibt, dass nicht die Logotherapie, sondern die Schlange im Paradies den Menschen versprach, sie würde sie machen zu Wesen wie Gott, erkennend Gutes und Böses (Frankl 2002[6]: 68). Denn die Logotherapie trifft nicht stellvertretend für Individuen Entscheidungen und gibt keine direkten Handlungsanweisungen für den konkreten Einzelfall. Auf dem Weg zu moralischer Entscheidung, die ein autonomes Überlegen und Handeln erfordert, entwickelt sich die Selbstbestimmung, die sich nach Seel zwar nicht an irgendeiner Spielart des Individualismus richtet, „durchaus aber an die Individualität des einzelnen gebunden: an seine Fähigkeit, existenzielle Alternativen nach eigenen Überlegungen selbst zu entscheiden.“ (Seel 1999: 129) Da bereits im Kapitel 2.2 für „Hans im Glück“ der Anspruch erhoben wurde, im Sinne glücksrelevanter Handlungen zu seiner Selbstbestimmung zu gelangen, wird durch den Rückgriff auf bereits erarbeitete Erkenntnisse die Notwendigkeit der vorgängig erarbeiteten Folie sichtbar und legitimiert damit den Aufbau dieser Arbeit. Im Teil II werden Erkenntnisse aus Teil I entweder erweitert oder rückbezüglich auf sie hingewiesen. Aus diesen autonomen Überlegungen als eine Art des Erwerbs und der Verwendung des jeweils zur Verfügung stehenden Wissens entwickelt sich das Konsequenzwissen, das gerade auf Erfahrung beruht und an dieser orientiert ist. Ein solches Wissen, das der Anwendung in der Lebenswirklichkeit harrt und der Antwortfähigkeit überantwortet ist, führt zu *der* Selbstbestimmung, womit nicht eine beliebige Selbstbestimmung gemeint ist, die auch Seel ablehnt, sondern an die Möglichkeit der Willensfreiheit im Sinne Kants denkt, der dazu ein überzeugendes Gedankenexperiment entworfen hat:

„Jemanden wird unter Androhung einer unverzögerten Todesstrafe gedroht, ein falsches Zeugnis wider einen ehrlichen Mann, den er gerne unter scheinbaren Vorwänden verderben möchte, abzulegen, ob er da, so groß auch seine Liebe zum Leben auch sein mag, sie wohl zu überwinden für möglich halte. Ob er es tun würde, oder nicht, wird er sich nicht getrauen zu versichern; daß es ihm aber möglich sei, muß er ohne Bedenken einräumen. Er urteilt also, daß er etwas kann, darum, weil er sich bewußt ist, daß er es soll, und erkennt in sich die Freiheit, die ihm sonst ohne das moralische Gesetz unbekannt geblieben wäre.“ (Kritik der praktischen Vernunft, § 6, Anmerkung in: Weischedel (Hrsg.) 1974: 140)

Damit zeigt Kant, dass der Königsweg zur Selbstbestimmung auf der Fähigkeit, das Handeln an der Vorstellung gewisser Gesetze auszurichten, beruht, womit grundsätzlich ein Prozess einer „gedeihlichen Daseinsmöglichkeit“ (Seel 1999: 114) in der menschlichen Praxis eröffnet wird.

Was nun Frankl die „psychologische Wirklichkeit“ (Frankl 2002: 89) nennt, ist anzunehmen, dass er damit die verschiedenen Ebenen von Notwendigkeiten (Bedingtheit) und Freiheit meint, die er differenziert und klar nennt, und sie deshalb so klar bezeichnen kann, weil ihm die Annahme, das Geistige ermögliche der Freiheit ihre Wirkmöglichkeit, die „psychologische Wirklichkeit“ erschließt.

„Notwendigkeit und Freiheit stehen nicht auf einer Ebene, vielmehr überhöht und überbaut die Freiheit alle Notwendigkeit. Die Kausalketten bleiben demnach durchaus und durchwegs geschlossen. Nur daß sie in einer höheren Dimension zugleich offen sind, offen für eine höhere 'Kausalität'. Immer ist das Sein, trotz aller Kausalität, ein offenes Gefäß, bereitgestellt für die Aufnahme von Sinnhaftem. Ins bedingende Sein greift ein bewirkender Sinn ein.“ (a.a.O., 88)

Als Neurologe und Psychiater musste Frankl ein wissenschaftliches Interesse haben, mit dem empirischen Material von Psychologie und Biologie, ebenso aus einer fundamental anthropologischen Notwendigkeit heraus zu versuchen, die Freiheit des Willens gegenüber den Gegebenheiten der Triebe, des Erbes und der Umwelt zu verdeutlichen und zu beweisen, um über die einschränkenden Gesichtspunkte der Wissenschaft seiner Zeit (Positivismus mit einhergehendem Reduktionismus), mit Hilfe von Schelers philosophischer Anthropologie, ein Menschenbild zu kreieren, das auch außerhalb der Psychotherapie Gültigkeit hat.

Erst von der bisherigen Konzeption des Menschen her, in der die Bedingungen der Möglichkeiten des Menschen sichtbar wurden, ist es möglich, durch die „Freiheit des Willens“ das Konzept insofern zu erweitern, als der Mensch mittels der Bedingungen seiner Möglichkeiten über die Bedingtheit hinauszuschreiten vermag. Diese *Freiheitsfähigkeit* – ermöglicht durch die „existenzielle Entbundenheit vom Organischen“ (Scheler 2002: 38) – bewirkt die Weltoffenheit, die im Verständnis von Frankls ärztlicher Lebenswelt: „Wir Ärzte sind ja täglich und sprechstündlich konfrontiert mit Menschen, die [...] Mißernten ihres Daseins hinnehmen müssen“ (Frankl 2002: 143), als Wahl zum aktiven Handeln und Mitgestalten seiner Lebenswelt und als Aufruf zur Autonomie gegenüber dem eigenen Lebensplan zu verstehen ist. Für eine bewusste und verantwortungsvolle Lebensführung muss neben der Freiheitsfähigkeit auch die *Antwortfähigkeit* des Menschen als anthropologisches Kriterium gesehen werden, wenn der Mensch als ein vom Leben Gefragter darauf antwortet. Die Antwort, die er darauf gibt, ist das Entscheidende für die Gestaltung seines Lebens im Sinne der Praktizierung des guten Lebens. Die dabei erzielte Wirkung ist im Kontext eines guten Lebens als qualitative Art einer umfassenden Form eines guten Lebens zu werten, weil das Risiko der Autonomie nicht gescheut wurde, und konvergiert mit dem Konzept des guten, gelingenden Lebens aus Teil I in dieser Arbeit. Elisabeth Lukas nennt die „Initiative von etwas Eigenem“ eine „spezifisch menschliche Möglichkeit“ (Lukas 1993: 7), die zur autonomen Setzung einer Neuheit führen kann. Als einziges Lebewesen ist der Mensch imstande „seiner Vernunft und seiner Erfahrung trotzend, eine Handlung zu begehen, die im Zeichen des Widerstandes steht, oder anders ausgedrückt, im Zeichen der Hoffnung wider diese Vernunft und wider seine Erfahrung“ (ebd.). Die aufgestellte mutige Behauptung von Elisabeth Lukas, die im Sinne Frankls argumentiert, wird im Weiteren verdeutlicht und belegt werden.

2.4.1 Die Freiheit gegenüber Trieben, Erbe und Umwelt

Die Freiheit des menschlichen Seins ist nach Frankl zunächst bezogen auf die Triebe, die der Mensch hat, „aber die Triebe haben nicht ihn. Er macht etwas aus den Trieben – aber die Triebe machen ihn nicht aus“ (Frankl 2002: 88). Mit dieser Festsetzung bringt sich Frankl in eine klare Oppositionsposition gegenüber der Psychoanalyse. Die Triebe werden an sich nicht verneint, doch einer Bejahung muss die Voraussetzung einer vorgängigen Freiheit zugrunde liegen, um sie auch verneinen zu können. „Triebe an sich“ (a.a.O., 89) kommen beim Menschen niemals zum Vorschein, irgendwie sind sie schon – so oder so – gestaltet, von einer „geistigen Stellungnahme überformt (ebd.). Triebe sind von der Person her gesteuert, durchtönt, durchklungen und immer schon „personiert“ (ebd.). In die Geistigkeit des Menschen ist die Triebhaftigkeit eingebettet, sowohl die gehemmte als auch die enthemmte und deshalb gibt es, so Frankl kategorisch: „keine Triebe ohne Freiheit und keine Freiheit ohne Triebe“ (ebd.). Damit wird jener Sachverhalt offen, von dem Frankl sagt, „Triebe und Freiheit stehen zueinander in einem korrelativen Verhältnis“ (a.a.O., 90), den er als „fakultativen noo-psychischen Antagonismus“ bezeichnet, der den geistigen Menschen auszeichnet und der die Fähigkeit vermittelt, sich mit Bios und Psyche auseinander zu setzen, um sich über die faktische Bedingtheit erheben zu können, mittels der „Trotzmacht des Geistes“ (Frankl 1996: 67).

Was nun das Erbe anlangt, so ist auch der Mensch hier bedingt, gleichwohl sich auch hier seine Entscheidungsmöglichkeit zeigt, wie Frankl an Hand der Zwillingsforschung darlegt,[69] dass auf Grund identischer Anlagen verschiedene Lebensmuster gewählt und in Freiheit über sich selbst und über die Gestaltung seiner Lebensführung entschieden werden kann. Die psychophysische Anlage kann mittels Einzelwissenschaften der Biologie, Soziologie und Psychologie empirisch festgestellt werden. Was Frankl aber zeigen möchte ist, dass der Mensch letztlich über

69 *„Was nun das Erbe anlangt, so hat gerade die ernste Vererbungsforschung gezeigt, wie sehr der Mensch auch seiner Anlage gegenüber letzten Endes Freiheit besitzt. Im besonderen konnte die Zwillingsforschung zeigen, welch verschiedenes Leben auf Grund einer identischen Anlage aufgebaut werden kann. Ich erinnere bloß an jenes eineiige Zwillingspaar von Lange, dessen einer Partner ein raffinierter Krimineller war, während sein Zwillingsbruder ein – ebenso raffinierter Kriminalist wurde. Die angeborene Charaktereigenschaft 'Raffinement' war bei beiden identisch, aber an sich wertneutral, das heißt, weder ein Laster noch eine Tugend. Und wir sehen, wie recht Goethe hatte, wenn er einmal sagte, es gebe keine Tugend, aus der nicht ein Fehler werden könnte, und kein Fehler, aus dem man nicht eine Tugend machen könnte. Wir selbst sind im Besitz des Briefes einer im Ausland lebenden Psychologin, die uns schrieb, sie stimme in ihren Charaktereigenschaften bis ins Detail mit ihrer Zwillingsschwester überein: Sie lieben dieselben Kleider, dieselben Komponisten und dieselben – Männer. Nur ein einziger Unterschied besteht zwischen beiden: Die eine Schwester ist lebenstüchtig und die andere neurotisch.“ (Frankl 2002: 90).*

sich entscheidet (vgl. Frankl 2002: 91) *im Sinne einer Selbstbestimmung in der der Mensch eine prinzipielle Verantwortung im Guten wie im Schlechten über seine Lebensführung hat.*

Die „psychologische Wirklichkeit" ergibt sich auch in der Einstellung des Menschen gegenüber seiner Umwelt, wobei die vitale Anlage und die soziale Lage die naturale Stellung des Menschen ausmacht, die empirisch feststellbar ist. Zur Fixierung der naturalen Stellung kommt die personale Einstellung, die „persönliche Stellungnahme" (ebd.) zu jeglicher Anlage und jedweder Situation. Durch die freie Entscheidung wird eine weitere Dimension ermöglicht: die „existenzielle Umstellung" (ebd.), die Frankl besonders am Beispiel des „großen Experimentum crucis" (Frankl 1996: 120) exemplifiziert[70] in der die Entscheidungsmacht des Geistigen sichtbar wurde, „wo der eine aus sich einen Schweinehund machen ließ und – ceteris paribus – der andere zum Heiligen wurde" (ebd.), denn der Hunger entlarvte sie. In diesem Zusammenhang soll das tragische Schicksal des protestantischen Pastors Dietrich Bonhoeffer als Exempel dienen, dem Ulrich H.J. Körtner[71] anlässlich Bonhoeffers 100. Geburtstag am 4. Februar 2006 einen Artikel in der Tageszeitung „Die Presse" widmete. Bonhoeffer, ein entschiedener Gegner des Regimes Hitlers, trat für die Werte der Demokratie und für bürgerliche Freiheit ein und wehrte sich entschlossen gegen die Rassenlehre der Nationalsozialisten und trat entschieden gegen die Verfolgung der Juden ein. „Nur wer für die Juden schreit, darf gregorianisch singen" war Bonhoeffers kompromisslose Haltung. Sein fester Glaube an den Wert jedes Menschen, die Würde und Unantastbarkeit jedes Einzelnen zeigte sich in seinem mutigen Einsatz gegen die Hitlerpartei. 1939 kehrte Bonhoeffer „sehenden Auges" von einer Vortragsreise aus Amerika nach Deutschland zurück und erhält Anschluss an den politisch-militärischen Widerstand unter Admiral Canaris. Bonhoeffers Tun wird entdeckt, im Frühling 1943 wird er festgenommen und am 9. April 1945 mit anderen hingerichtet. „Das ist das Ende – für mich der Beginn des Lebens", waren Bonhoeffers letzte Worte, die vor dem Abtransport aus dem Gefängnis Tegel überliefert sind (Körtner in: „Dem Rad in die Speichen fallen" in: „Die Presse" vom 21. Jänner 2006, Spectrum IV).

Bonhoeffers Wirken und Handeln basiert auf einer politisch-theologischen grundgelegten Motivation, weil er die Menschenrechte und die Würde des Menschen aufs Ärgste verletzt sah. Der Widerstand gegen diese Verletzung, gegen

70 *„Und wenn Freud behauptet: 'Man versuche es, eine Anzahl der allerdifferenziertesten Menschen gleichmäßig dem Hunger auszusetzen. Mit der Zunahme des gebieterischen Nahrungsbedürfnisses werden alle individuellen Differenzen sich verwirklichen und an ihrer Statt die uniformen Äußerungen des einen ungestillten Triebes treten' - so war dem einfach nicht so. Selbst so ein psychoanalytisch orientierter Autor wie Cohen konzediert: 'Tatsächlich gab es auch Häftlinge, die nicht völlig beherrscht wurden durch Egoismus, sondern noch Raum hatten für altruistische Gefühle und Empfindungen, und die Mitleid hatten mit ihren Mitmenschen. Anscheinend konnten die Bedingungen im Konzentrationslager keineswegs den gleichen Effekt bei ihnen herbeiführen, wie bei den anderen Häftlingen'." (Frankl 2002: 200)*

71 *Ulrich H.J. Körtner ist Ordinarius für Systematische Theologie an der Evangelisch-Theologischen Fakultät der Universität Wien.*

Macht und Willkür kann nicht angeordnet werden und es kann keine Verpflichtung von außen geben moralisch zu handeln, sondern die Handlung muss einer individuellen Verantwortlichkeit entspringen. Bonhoeffers Biographie berechtigt zur Annahme, dass sein entschiedenes Eintreten gegenüber der Diktatur Hitlers sich nach ethischen Prinzipien und aus Selbstverpflichtung, im Sinne einer inneren Verpflichtung moralischen Handelns, richtete. In Bonhoeffers Handeln kommt das zum Vorschein, was Peter Strasser[72] Wertpotential nennt, das sich an objektiven Werten orientiert. „Die Geburtstunde der Moral schlägt in dem Moment, in dem uns zu dämmern beginnt, dass die objektiven Werte, die sich unserem Bewusstsein als Gegebenheiten – Wertsachverhalte – eröffnen, zugleich *Potentiale* sind: Eröffnungspotentiale. Sie mobilisieren uns moralisch, indem sie uns die Richtung anzeigen, in der wir zu suchen haben.“ (Strasser 2004: 98f.) Das ist Strassers Versuch, die Voraussetzung zu begründen, dass Freiheit eine Bedingung der Moral ist und wir unsere Entscheidungen autonom treffen können/sollen und zeigt die Anlehnung an Immanuel Kant, der in der Hinführung zum kategorischen Imperativ formuliert: „Der Wille wird als ein Vermögen gedacht, der Vorstellung gewisser Gesetze gemäß sich selbst zum Handeln zu bestimmen.“ (Grundlegung zur Metaphysik der Sitten, BA 64 in Weischedel (Hrsg.) 1974: 59) Die Vernunft und die Freiheit gehören bei Kant wesentlich zusammen. Vernunft ist nur möglich, wo man sich seines Verstandes selbsttätig, aus freien Stücken bedient, und Freiheit ist nur möglich, wo man sich aus Vernunftgründen motivieren lässt. Mit der Offenlegung dieses Anspruchs in Strassers Konzept der Wertpotentiale soll zu Frankl zurückgeführt werden, und zu seiner Haltung gegenüber der Kollektivschuld in Bezug auf die Verbrechen des Nationalsozialismus.

Peter Kampits,[73] schreibt im Vorwort zu „viktor frankl und die philosophie“, anlässlich des 100. Geburtstages von Viktor Frankl am 26. März 2005, dass die persönliche Größe Frankls sich nicht allein an seinem Überstehen der Grauen der Konzentrationslager und dem Ertragen des Leides und des Schmerzes über seine toten Angehörigen erkennen lässt, sondern in der Art und Weise, wie er sich diesen Erfahrungen stellte (Kampits in: Batthyàny, Zsok 2005: XIV). Bereits ein Jahr nach seiner Befreiung aus dem Konzentrationslager, in einem Vortrag, gehalten am 28. Dezember 1946 auf dem französisch-österreichischen Hochschülertreffen in St Christoph am Arlberg (Frankl 1982: 86-107)[74], lehnt Frankl die Kollektivschuld ab und spricht von der Verantwortung des Einzelnen, die in eine „planetarische“ Verantwortung (a.a.O., 100) übergehen muss. Voraussetzung für diese Verantwortung

72 *Peter Strasser lehrt an der Universität Graz Philosophie und Rechtsphilosophie*

73 *Peter Kampits ist Dekan der Fakultät für Philosophie und Bildungswissenschaft, Universität Wien.*

74 *In der Gedenkrede, gehalten im Auftrag der Gesellschaft der Ärzte in Wien am 25 März 1949 für die im Jahre 1938 – 1945 verstorbenen [getöteten d. Vf.] Mitglieder, lehnt Frankl definitiv die Kollektivschuld ab (Frankl 1996: 216-219). Ebenso in der Rede gehalten am 10. März 1988 vor 35.000 Zuhörer auf dem Wiener Rathausplatz im Rahmen einer Gedenkkundgebung anlässlich des Hitler-Einmarsches vor 50 Jahren (Frankl 2002: 297).*

wäre es dementsprechend, von Vernunft und Bewusstsein zu sprechen, statt von Kollektivschuld. Gerade die Vernunft, das Bewusstsein und das Verantwortlichsein bedingen die Würde jedes einzelnen Menschen (Frankl 1996: 218) und es liegt in der Verantwortung des Einzelnen, ob er diese Würde wahrt, oder sie verletzt. Daher kann es für Frankl, der weiß, dass der Mensch zum Guten, wie zum Bösen fähig ist, nur „persönliche Schuld“ (ebd.) geben. Einerseits: ob der Einzelne die Würde des Anderen verletzt oder andererseits: ob er „etwas unterlassen“ habe (ebd.). Mag nun die Anordnung der „persönlichen Schuld“ in dieser Form plausibel erscheinen, – als individuelle Verantwortlichkeit des Einzelnen und die damit offen zu Tage getretene moralische Beurteilbarkeit des Einzelnen – so spielt Frankl den Ball der Verantwortung zurück an den beurteilenden Menschen und dessen Unvertretbarkeit und spricht stattdessen davon: *„Wer aber einen solchen Menschen zum Vorwurf machen will, daß er ein 'Feigling` war, der müßte zuvor für seine eigene Person unter Beweis gestellt haben, daß er selber in der gleichen Situation ein Held gewesen.“* (ebd.) Wenn nun der Anspruch auf ein moralisches Urteil von Frankl so angesetzt wird, dass die Handlungsfolgen antizipierend bewertet werden müssen, dann setzt er, im Sinne moralischer Sensibilität voraus, dass der Mensch situationsspezifische Wahrnehmungsfähigkeiten besitzt und eine kritische Reflexion auf sein Handeln werfen kann, die den Vollzug des moralischen Urteilens bedingen und gleichzeitig Prinzipien einer autonomen persönlichen Verantwortung sind, deren Aktivierung wiederum Willensfreiheit erfordert, wie bereits mit Strasser und Kant gezeigt wurde, dass Freiheit die Bedingung der Moral ist. Damit kommt bei der Ermittlung von Beiträgen für eine ethische Theorie in Frankls philosophischen-psychotherapeutischem Menschenbild das zum Vorschein, was Frankl selbst als „Transzendenz in der Immanenz“ nennt: *Es ist die Möglichkeit, auf Grund der „wesenhaften Freiheit des Menschen“* (Frankl 1982: 101), *die Kausalkette zu unterbrechen und eine Neuheit im Hier und Jetzt setzen zu können*[75].

Es stellt sich die Frage, von welcher Art die Ausgangslage ist, die Frankl veranlasst, *trotz* seiner bitteren Erfahrungen und *nach* seiner bitteren Erfahrung im KZ, ein ideal-ethisches Modell in seiner Theorie vom Menschen zu fundieren, von dem angenommen werden kann, sie könne bei den einzelnen Menschen, sowie eine all-

75 *Es wurde bereits darauf hingewiesen, dass Norbert Leser davon ausgeht, Frankl schöpfe aus der jüdisch-christlichen Tradition bzw. stimme mit deren Denk- und Deutungsmuster überein. In Bezug auf die Unterbrechung der Kausalkette verwendet Frankl ein Beispiel aus dem Alten Testament am Beispiel vom Brudermord: „Zwar glauben die meisten Menschen, wenn man sie darnach fragt, wozu das Kainszeichen gedient habe, daß Gott den Kain stigmatisieren wollte, um die anderen auf diesen ersten Mörder aufmerksam zu machen. Aber weit gefehlt: liest man nach, dann erfährt man nämlich, daß Kain, nachdem ihm von Gott die Sühne auferlegt war, einwandte, er würde nun, in die Fremde vertrieben, erschlagen werden; und um dem vorzubeugen, wurde ihm das Kainsmal aufgedrückt – also gerade dazu, daß die Menschen ihrerseits ihm weiter nichts zuleide tun, nicht weiter morden, also nicht Mord mit Mord beantworten. Und wirklich: der Mord an Kain sollte, wie ausdrücklich geschrieben steht, noch mehr geahndet werden als selbst Kains Mord an Abel. So und nur so war es gemeint, und nur so war es möglich, den Brudermord eben nicht zu verewigen.“ (Frankl 1982: 100)*

gemeine Zustimmung beanspruchen und vorbildlich wirken? Wo doch Jean Améry (1912-1978)[76], der 1978 in Salzburg den Freitod wählte, über das Unfassbare schreibt: „Wir sind in Auschwitz nicht weiser geworden, sofern man unter Weisheit ein positives Wissen von der Welt versteht: Nichts von dem, was wir dort erkannten, hätten wir nicht schon draußen erkennen können; nichts davon wurde uns zu einem praktischen Wegweiser. […] Daß wir in Auschwitz auch nicht besser, nicht menschlicher, nicht menschenfreundlicher und sittlich reifer wurden versteht sich, glaube ich am Rande." (Améry 1977: 44)

Entsprechend der Erfahrung, die Frankl in den Konzentrationslagern machte, die er in seinem Buch „… trotzdem Ja zum Leben sagen" belegt[77], ist anzunehmen, dass er dadurch zur kategorischen Einteilung der „Rasse der anständigen Menschen und die Rasse der unanständigen Menschen" (Frankl 1996: 197) gelangte. Hypothetisch, aber bedeutungsvoller scheint die Annahme zu sein, dass Frankl durch diese extreme Erlebnisform geprägt, durch die in einer inneren Wahrnehmung gewonnene gravierende Einsicht: der verantwortliche, zur moralischer Empfindung fähige Urheber des eigenen Wollens und Tuns zu sein, zur Grundlegung dieser Ethik führte, die sich sowohl apriorisch als auch empirisch begründen lässt und als eine *Ethik der verantwortungsvollen Entscheidung* bestimmbar ist.

Zur Verifizierung der Hypothese wird auf Frankls Begriff der Freiheit Bezug genommen, der auf einem anspruchsvollen Personenbegriff beruht und in einer signifikanten Verkehrung diesen erst begründet. Dazu ist ein Rückgriff auf das bereits konzipierte Menschenbild notwendig: Frankl versteht Menschsein als geistiges Sein und geht davon aus, dass Freiheit a priori gegeben und unverlierbar ist (Frankl 2002: 89) ebenso die Möglichkeit des Menschen zum „Immer-auch-anders-werden-Können" (a.a.O., 61). Damit zeigt sich die Aussicht des Menschen, nicht im faktischen Sein verharren zu müssen, sondern als geistiges Wesen die Potenz zum selbstentwerfenden Wesen zu besitzen. Auf diese Weise gilt der Mensch grundsätzlich frei und trägt einen verantwortlichen Anteil dem Dasein gegenüber (vgl. Frankl 2002^6: 13). Für die Verwirklichung einer faktischen Weltbegegnung bezeichnet beispielsweise Martin Seel die Freiheit zugleich als eine Fähigkeit des Individuums, für sich eine Lebenswirklichkeit zu erschließen, in der es gedeihliche Daseinsmöglichkeiten hat (Seel 1999: 114). Die Wahlfreiheit für Alternativen, in der Entscheidungen autonom getroffen werden können, impliziert das anthropologische Kriterium des Menschen, wie es oben hieß, die Antwortfähigkeit, als Vermögen des autonomen Menschen, „auf gegebene historische, soziale und biographische Bedingungen den Kurs des eigenen Handelns aus eigener Erfahrung und Überlegung zu bestimmen" (a.a.O., 130). Das bedeutet, dass der Mensch freigesetzt ist, seine

76 Jean Améry wurde 1912 in Wien als Hans Mayer geboren. Er überlebte das KZ in Auschwitz, Buchenwald und Bergen-Belsen. Seine KZ-Erlebnisse verarbeitete Améry in seinem Werk: Jenseits von Schuld uns Sühne. Bewältigungsversuche eines Überwältigten, das ihn 1966, beim Erscheinen des Buches schlagartig bekannt machte.

77 Jean Améry (1977: 21) berichtet: „Der Wiener Arzt Dr. Viktor Frankl, der heute ein weltbekannter Psychologe ist, war jahrelang in Auschwitz-Monowitz Erdarbeiter."

wichtigen Grundsätze, Entscheidungen und Handlungen, Erfahrungen und Einwände von dem „differenziertesten Standpunkt aus, der zu dieser Zeit möglich ist und in freischwebender Aufmerksamkeit“ (Karl Garnitschnig,[78] Privatissimum am 7. Februar 2006, private Aufzeichnung) immer neu zu überprüfen, um daraus für das Wertverständnis neue Erkenntnisse zu gewinnen, was ein starkes Zutrauen in die eigene Person und Offenheit gegenüber der eigene Person verlangt, aber im Sinne eines Orientierungswissens endliche Wesen als Maßstab im Handeln benötigen, weil darin die möglichen Folgen für den Einzelnen, sowie für Andere zu bedenken sind und gleichzeitig gegenüber moralischem Dogmatismus schützt.

Im Lichte des Versuchs die Hypothese zu belegen, wird deutlich: Viktor Frankl beglaubigt, dass Willensfreiheit nicht nur denkmöglich sondern auch durchführbar ist, wenn er an Hand seines Konsequenzwissens durch die Ablehnung der Kollektivschuld die Kausalkette (hier ist der Beurteilungszeitpunkt relevant) durchbricht und in kritischer Haltung zur Umwelt und vor allem zu seinem Schicksal, sowie mit großer Zivilcourage willentlich eine ausschlaggebende ethische Entscheidung trifft, indem er ein moralisches Urteil[79] fällt, das sich an einer ideal-ethischen Gemeinschaft orientiert und auf einen gesellschaftlichen Prozess einwirkt. Wer so denkt und handelt wie Frankl, hat sich bereits vorgängig bewusst als sittlich handelnde Person bestimmt und schafft mit dieser ethisch motivierten, politisch-verantwortlichen Geisteshaltung, die die Vision eines moralischen Fortschritts in einer demokratischen Gesellschaft in sich trägt, den historischen Beginn eines Umdenkprozesses in einer neu zu ordnenden Welt, unmittelbar nach dem zweiten Weltkrieg. Seiner Umwelt und seinem Schicksal die Stirn zu bieten und/oder es zu verwandeln, wie Frankl es mit der Ablehnung der Kollektivschuld tat, ist in seiner Bedeutung sicher noch zu wenig erkannt worden. Ganz anders denkt dazu der jüdische Theologe

---

78 *Karl Garnitschnig lehrt an der Fakultät für Philosophie und Bildungswissenschaft der Universität Wien. Viele Erkenntnisse und Hinweise in dieser Arbeit (und Lebenswirklichkeit) verdanken sich Prof. Karl Garnitschnigs kritischen Argumenten und philosophischen Gedanken, die unterstützend wirkten.*
An dieser Stelle möchte ich mit Respekt und Anerkennung auf das nicht immer freiwillige Experiment der Lebenskunst meines Doktorvaters: Hon.-Prof. Dr. Kurt Rudolf Fischer hinweisen (nachzulesen in: Biographisches aus Berkeley, Shanghai und Wien in: Philosophie aus Wien, Geyer-Edition, Wien-Salzburg 1991: 208-230), der mir in dieser Arbeit den Luxus der „Freiheit des Denkens“ gewährte. Für diese intellektuelle Großzügigkeit danke ich herzlich.

79 *Frankl stellt einleuchtend dar, worauf für ihn ein moralisches Urteil ruht, wenn er sich im Gespräch mit Pinchas Lapide auf seinen Lehrer Rudolf Allers beruft, der postuliert: „Wenn wir moralische Urteile fällen, wenn wir sagen, etwas ist moralisch gut oder schlecht oder besser oder böser, dann orientieren wir uns an einem summum bonum, das empirisch gar nicht gegeben ist, ebenso wenig gegeben ist wie das hundertprozentige Rot, das wir nie gesehen haben, aber von dem ausgehend wir relativ röter oder weniger rot messen und ermessen. Und genauso ist uns, damit meint er [Rudolf Allers d.Vf.] natürlich Gott, das summum bonum, oder, wie ich sagen würde, die summa persona bona, vorgegeben, ohne dass wir es wissen, ohne dass wir es ahnen, wann immer wir ein moralisches Urteil abgeben.“ (Frankl/Lapide 2005: 65)*

Pinchas Lapide (1922-1997)[80], selbst Holocaust-Überlebender und ebenso um einen ausgleichenden christlich-jüdischen Dialog bemüht, der die versöhnliche Haltung, wie Frankl sie vorlebte, auf den „göttlichen Funken" den „Hauch Gottes", der den „Adel der Menschlichkeit verleiht", zurückführt (Frankl/Lapide 2005: 79). Im Zusammenhang der Bestimmung der „Ethik der verantwortungsvollen Entscheidung" scheint der „Prinzipienkontext" (Düsing 2005: 7) dieser Ethik wichtig zu sein, die sich, gemäß Düsing[81] als eine Individualethik definieren lässt, weil in dieser, von Düsing in drei Stufen dargestellt (a.a.O., 271 – 276), vom Modell einer voluntativen Selbstbestimmung ausgegangen wird, die das Ideal einer ethischen Gemeinschaft antizipiert. Das Prinzip der idealen ethischen Gemeinschaft enthält in ihrer Bedeutung „die wechselseitige Anerkennung und Achtung freier und prinzipiell gleicher, einzelner Personen; und in dieser Gemeinschaft ist das sittlich sich bestimmende Selbst ein Mitglied. Also wendet sich diese Ethik, die in solcher Weise subjektivitätstheoretisch begründet ist, zuerst an das einzelne Selbst als das freie Subjekt und Mitglied der ethischen Gemeinschaft. Dieser Zusammenhang gehört zum idealen Sinn der Prinzipien der Ethik." (a.a.O., 272) Wenn nun Düsing die Individualethik, ausgehend vom einzelnen Selbst in der Gemeinschaft, zu begründen versucht, als ethische Pflicht gegen sich selbst, in der es „die Selbständigkeit und Freiheit zu sichern" (ebd.) gilt, so räumt er ein, die idealen ethischen Prinzipien müssten sich in einem Prozess schrittweise einer Realisierung nähern. Dazu gehört, wie Düsing erkannte, *die Selbstachtung, weil, diese eine Voraussetzung für moralisches Handeln die Antwortfähigkeit einer mündigen Person ist.* Düsings Erklärung der Selbstachtung lehnt sich an Kant an, der die Pflichten gegenüber sich selbst als Notwendigkeit zu den Pflichten gegenüber Anderen postuliert, wie bereits im Kapitel 3.5 Teil I, diskutiert wurde. Düsings Argumentation ist dahingehend, dass das, was die sittlich sich bestimmende Person von den Anderen ihr gegenüber in der idealen ethischen Gemeinschaft erwartet, sie auch sich selbst gegenüber an den Tag legen muss, weil sie ebenso Mitglied jener ethischen Gemeinschaft ist, wie die anderen Personen und damit ein Zweck an sich selbst (a.a.O., 200f.). Die Selbstachtung als Bedingung der Antwortfähigkeit scheint im Zusammenhang mit Frankls Menschenbild bedeutsam, weil dieses moralpsychologisch ausgerichtet ist und die Selbstachtung den Handlungsspielraum der Beziehung zur Umwelt eröffnet. Als eindeutig glücksfördernd erwies sich, im Kapitel 3.5 von Spaemann paradigmatisch behandelt, das anerkennungstheoretische Konzept der gefühlsmäßigen Identifikation mit den An-

---

80 Pinchas Lapide jüdischer Theologe und Religionswissenschaftler, lehrte in Israel, Deutschland und in der Schweiz. Mit seinen zahlreichen Veröffentlichungen machte er sich als Holocaust-Überlebender um den christlich-jüdischen Dialog verdient. Nach seiner Übersiedlung nach Deutschland in das „'Land der Täter' eröffnet der Jude Pinchas Lapide die Möglichkeit für den Brückenschlag der Versöhnung. Der Orientierungspunkt [...] wird Religion und Politik, insbesondere natürlich die Bibel. Sie ist das Feld, auf dem Lapide das Gespräch sucht." (Frankl/Lapide 2005: 26)

81 Klaus Düsing lehrt an der Philosophischen Fakultät der Universität Köln; seit Herbst 2005 ist Klaus Düsing emeritiert.

deren als Zustimmung zu einem Seienden, die auf Grund der angeborenen Würde auf Achtung beruht, gleichzeitig aber unabdingbar an das Erkennen des Selbstseins, als das "Andere des Anderen" (Spaemann 1998: 130) gebunden ist und das Selbst-Welt-Verhältnis begründet, weil nur in kommunikativer Auseinandersetzung mit anderen Menschen Klarheit über sich und über Grundsatzfragen gewonnen werden kann. Der Mensch, immer schon auf seine Mit- und Umwelt ausgerichtet, ist zur Verwirklichung seiner Selbstbestimmung auf die Revisionsoffenheit und die Zulassung einer Korrekturmöglichkeit, von der Seel sagt, sie wäre wesentlich dazugehörend (Seel 1999: 130), und in dieser Arbeit ergänzend: in einem immerwährenden Verlauf, angewiesen. In dieser Hinsicht impliziert die Korrekturmöglichkeit und Korrekturzulassung die Erwartung, eigenverantwortliche Urteile/Antworten auf Wertvorstellungen geben zu können, zu der die Selbstachtung als das „Andere des Anderen" Voraussetzung und Ermöglichungsgrund der Antwortfähigkeit ist.

Frankls „Ethik der verantwortungsvollen Entscheidung" erweist sich im Laufe der Diskussion durch Klaus Düsings Rezeption der Ethikbestimmung als Individualethik, die, wie sie von Düsing konzipiert wurde, an Personen mit voluntativer Selbstbestimmung wendet, die jeweils sittliches Personsein auf verschiedenen Stufen der Wahrnehmbarkeit in sich realisieren, um damit ethische Prinzipien in der faktischen Lebenswelt umsetzen zu können.[82] Gleichzeitig zeigt Frankls komplexes Menschenbild einen moralpsychologischen Ansatz. Das bedeutet keine Unvereinbarkeit der beiden Ansätze, denn Düsing spricht von Mischdisziplinen, im Besonderen der Bioethik, der Medizinethik, der ökologischen Ethik oder der Wirtschaftsethik, die die neu eröffneten technischen Möglichkeiten mit sich bringen und zu einer Vervielfältigung der Ethik-Ansätze führt. Der Rückgang der Bedeutung von Religion in hochzivilisierten Gemeinschaften ruft ein intensives Interesse an Verhaltensfragen wach, die in einer angewandten Ethik erörtert werden (Düsing 2005:1). Statt sich auf das Konzept dessen zu beschränken, was die Stellungnahme des Menschen durch Willensfreiheit zu seiner Bedingtheit durch Triebe, Erbe und Umwelt bedeutet, scheint es Frankl angesichts seiner psychiatrischen und therapeutischen Tätigkeit angebracht, Willensfreiheit gegenüber weiteren Bedingtheiten: der Einengung durch Neurose und Psychose zu verteidigen und eine weitere ethische Dimension in seiner Anthropologie zu eröffnen, indem er auf die unverlierbare

---

82 *Die subjektive Fundierung sittlicher Selbstbestimmung wird bei Klaus Düsing (2005: 297) durch den Erwerb ethischer Tugenden (beispielsweise die Tugend der Barmherzigkeit) erreicht, die grundlegende sittliche, die Gefühle prägende Haltungen sind, die eine Person in ihrer voluntativen Selbstbestimmung erwirbt, die dann die Setzung von Maximen und die Verwirklichung von Handlungen bestimmen. Durch die Internalisierung einer Tugend, diese damit habituell geworden, müssen nicht jeder Maximensetzung, jeder Entschließung und jeder Handlung, wenn sie sittlich sein soll, „ausdrückliche, vielfältige und hochkomplexe ethische Überlegungen, epistemisch intentionale Selbstbetrachtungen oder differenzierte intellektuelle voluntative Selbstbestimmungen vorangehen" (ebd.). Angeeignete Tugenden, in ethischer Selbstausbildung entwickelt und zu subjektiven Haltungen ausgeformt, sind der Ermöglichungsgrund für ethische Entscheidungen und Handlungen, die dann ohne detaillierte Reflexion, sondern unmittelbar und intuitiv erfolgen.*

Würde des Menschen verweist. Wohl auch deshalb, und damit soll das Kapitel, dessen prominente Frage die Ausgangslage Frankls war, die zur Ablehnung der Kollektivschuld *nach* seiner Erfahrung im KZ führte, abgerundet werden, weil sich Frankl der Gefahr um die Entwürdigung des Menschen bewusst war.

2.4.2 Die Freiheit gegenüber der psychologischen Verfasstheit

In den Metaklinischen Vorlesungen, „Der Unbedingte Mensch" folgt Frankl (1996: 65-161) Nikolai Hartmanns Wort von der „Autonomie trotz Dependenz", das ungeachtet der „Einschränkungen, welche die geistige Freiheit durch eine psychophysische Krankheit erfährt" (a.a.O., 110), für Frankl gilt. Entgegen der vierfachen Wurzel der Entstehung von neurotischen Symptomen, als die Folge von etwas Physischem (die vitale Anlage), als der Ausdruck von etwas Psychischem (die psychophysische Anlage), als ein Mittel des sozialen Kraftfeldes (die soziale Lage) und schließlich als ein Modus der Existenz (die naturale Stellung) (Frankl 1946: 140) begreift die Existenzanalyse „die Neurose als eine Weise geistiger Entscheidung" (ebd.) als jene „'Freiheit von` (der Neurose)" zu der „'Freiheit zu`" der „'Entscheidung für` die Lebensaufgabe" (a.a.O., 141). Damit meint Frankl die Möglichkeit einer Entscheidung der geistigen Person, die er die „personale Einstellung zur naturalen Einstellung" (Frankl 1996: 151) nennt, mit deren Hilfe die existenzielle Umstellung möglich wird. Aus der „psychologischen Wirklichkeit" (Frankl 2002: 89) heraus verweist er auf Fälle, wo Menschen mit einer endogenen Depression Selbstmord begehen, während andere mit derselben Krankheit die dunklen Gefühle des Antriebs zum Selbstmord von sich weisen. Oder wo Paranoiker aus ihren Verfolgungswahnideen ihre vermeintlichen Feinde töteten und andere ihren vermeintlichen Verfolger verziehen hatten (Frankl 1996: 159). Es ist eben die „psychologische Wirklichkeit", wenn der eine in der „psychophysischen Wirklichkeit 'aufgeht`" (a.a.O., 152) und aus dem Psychophysicum heraus „agiert" (ebd.) oder der andere als geistige Person auf die Krankheit „re-agiert" (ebd.). Selbst der Psychotiker, dessen freier Spielraum menschlichen Geistes hinter der „Verbarrikadierung durch die Psychose" (ebd.) nicht sichtbar wird und dadurch in seiner psychophysischen Bedingtheit gefangen ist, kann der „faktischen Bedingtheit" mittels der „Trotzmacht des Geistes" seine „fakultative Unbedingtheit" (a.a.O., 67) gegenüberstellen. Die geistige Person ist störbar, aber nicht zerstörbar durch eine psychophysische Erkrankung postuliert Frankl und leitet davon sein psychiatrisches Credo ab: „dieser unbedingte Glaube an den personalen Geist – dieser 'blinde` Glaube an die 'unsichtbare` aber unzerstörbare geistige Person" (a.a.O., 110). Aus der Sicht des Seelenarztes und vertrauend darauf, damit die Bedingung einer grundlegenden Voraussetzung gefunden zu haben, vervollständigt er das psychiatrische Credo um das psychotherapeutische Credo in der Gewissheit, dass dieses durch das erstere damit Gültigkeit besitzt: „Gäbe es nicht den fakultativen psychonoetischen Antagonismus,[83] gäbe es somit nicht eine Möglichkeit, die geistige Person der Psychose als psychophysischer Krankheit gegenübertreten zu lassen, so wären wir niemals imstande eine Psychotherapie bei Psychosen durchzuführen." (a.a.O., 153) Der Glaube an das Fortbestehen der geistigen Person noch jenseits aller „psychophysischen Morbidität und Mortalität" (ebd.) ist deshalb bedeutsam, weil Frankl dadurch ein selbstkritisch-reflexives Zeugnis ablegt, dass er nur dadurch imstande ist, als Seelenarzt zu wirken; andererseits könnte er nicht Psychiater sein, es wäre „nutzlos" (ebd.)[84]. Folglich ruft er auch die klinische Forschung auf, an einer Revision des Menschenbildes mitzuarbeiten und wieder richtig stellen zu helfen, sofern die klinische Forschung einerseits daran mitschuldig wurde, dass anstelle des wahren Bildes eine Karikatur vom Menschen entstand, denn der Mensch ist mehr als ein Reflexwesen oder ein Triebbündel, wo alle Triebe zwecks homöostatischer Energieverteilung befriedigt werden, noch ist er eine von Minderwertigkeits- oder vom Ödipuskomplex geplagte Marionette, sondern der Mensch ist „bedingt ein unbedingter Mensch – er muß nicht sein, was er ist, aber er kann es sein." (a.a.O., 156). Damit tritt Frankl gleichermaßen in Opposition zu der Psychoanalyse wie zu der Individualpsychologie und fordert die klinische Forschung auf, das Menschenbild zu korrigieren, wissentlich, dass die Freiheit und die Geistigkeit des Menschen naturwissenschaftlich nicht bewiesen werden können. In dieser Arbeit wird angenommen, dass der Aufruf zur Revision des Menschenbildes in der medizinischen Forschung auch auf die medizinischen-experimentellen Studien an Behinderten in der Zeit des Nationalsozialismus und den Todgeweihten in den Lagern gerichtet ist (a.a.O., 217). Am Leitfaden der Logotherapie gegen den Reduktionismus in der Psychoanalyse in Opposition zu gehen, führte in Anbetracht der Reduktion des Menschen zum Objekt in den Konzentrationslagern, Frankl zur Erkenntnis, dass der „Sub-Humanismus" (Frankl 1982: 166) den Menschen seine Würde nimmt. Die humanistische Haltung, mit der Frankl leidenschaftlich das psychiatrische und psychotherapeutische Credo vertritt, in denen die Realisation der personalen Würde des Menschen gefordert wird, die der Person „unabhängig von aller vitalen und sozialen Utilität" zukommt (a.a.O., 110) muss als seine Antwort darauf verstanden werden. In diesem Fall gilt die Wertschätzung einer ethischen Orientierung

83 *Der psychonoetische Antagonismus ist die Distanz des Geistigen gegenüber dem Psychophysikum, da nach Frankl nicht die geistige Person krank ist, sondern nur der psychophysische Organismus erkranken kann. Diesen Tatbestand macht sich die Logotherapie zunutze, mit der sie durch die „Trotzmacht des Geistes" in therapeutischer Hinsicht rechnet (Frankl 1996: 148).*

84 *Gemäß seiner Einstellung zum psychisch Erkrankten zitiert Frankl: „'Mag einer noch ungeboren, mag er ein Kind sein oder, unfähig einer menschlichen Äußerung, in geistiger Umnachtung leben: Sein menschliches Wesen, seine Persönlichkeit als ontische Gegebenheit bleibt immer in gleicher Weise bestehen. Die Möglichkeit zur inneren sittlichen Entscheidung für das Gute hat mit einer besonderen Höhe der Intelligenz- und Willenskraft an sich nichts zu tun'. (Josef Fulko Groner, Hochland 48, 1955, S. 42). Worauf all dies hinausläuft, ist 'Achtung vor dem Geist, der in jedem Menschen, auch noch im Irren vorhanden ist'. (A.F. Utz. In: Deutsche Thomasausgabe, Bd. 18, Kommentar S. 84)" (Frankl 2002: 145, Fußnote 1).*

der Menschenwürde, die der Mensch als Mensch verdient und nicht auf grund von Leistung oder Nützlichkeit. Die Wertvorstellung, von der Frankl ausgeht, könnte sich vorgängig auf den inhaltlichen Maßstab der Achtung der Menschenwürde beziehen, die im kantischen Prinzip einer Version des Sittengesetzes gründet, in der die Anerkennung der Persönlichkeit eines jeden Menschen allen Zwecken übergeordnet ist und nach Volker Spierlings (2006: 218) Ansicht, auf die Revolution des eigenen Willens abzielt, und folgendermaßen lautet:

„Handle so, daß du die Menschheit sowohl in deiner Person, als in der Person eines jeden andern jederzeit zugleich als Zweck, niemals bloß als Mittel brauchest." (Grundlegung zur Metaphysik der Sitten, Kant 1984: 79)

Größeren Respekt vor menschlicher Würde fordert auch der Jerusalemer Philosophieprofessor Avishai Margalit (geb. 1938) in seinem begriffs- und bedingungsanalytischen Konzept zum Entwurf einer anständigen Gesellschaft, in der der institutionelle Umgang mit Menschen ein Prüfstein für den moralischen Gehalt einer Gesellschaft darstellt. Die Würde des Menschen als Grundvoraussetzung gelingender Selbstachtung (die eine voluntative Aussicht einer Teilnahme an verantwortungsvollem Handeln einfordert), wandelt sich durch Anerkennung Dritter und somit durch die Interaktion mit anderen bestätigt in ein authentisches Vertrauen in die eigene Leistung und Fähigkeit, sowie für das Prestige des sozialen Ranges (soziale Ehre) in eine Selbstwertschätzung[85], die ein Antizipieren eines Lebensplanes (Ziele setzen und nach eigenen Vorstellungen Lebensmöglichkeiten erstreben) voraussetzt. Wie Margalit (1997: 15) in seinen Begründungen zeigt, ist eine anständige Gesellschaft eine, deren Institutionen die Menschen nicht demütigen und die Selbstachtung der Menschen nicht beeinträchtigt/verletzt. Begriffsanalytisch unterscheidet Margalit die Selbstachtung im Unterschied zum Selbstwertgefühl als jene Achtung, die sich allein ein Mensch auf grund des Faktums entgegenbringt, dass er ein Mensch ist. Unterscheidend zur sozialen Ehre ist die Selbstachtung jene Ehre, die Menschen sich auf grund ihres Menschseins selbst entgegenbringen (a.a.O., 41). Da nun in dieser Arbeit die kantische Maxime, der Mensch besitzt Würde und als Würdebesitzer trägt er die Würde der Menschheit in seiner Person, als moralisches Element einen normativen Stellenwert besitzt, der in die Überlegungen, insbesondere der Kapitel 2.5 und 2.6 aus Teil I einfloss, so bedeutet das eine Auseinandersetzung zwischen Ich und Welt, und dem Gefühl der Zugehörigkeit zum

85 *Margalit (1997: 53-60) zeigt eindrücklich am Beispiel von „Onkel Tom", (dem Margalit auf grund seines christlichen Weltbildes Demut, zur Überwindung von Stolz zuschreibt), dass Selbstachtung sich als Interesse an der Beachtung als Subjekt von Interessen äußert, dass, wie oben beschrieben, durch Zuspruch Dritter zu Selbstwertschätzung transformiert wird. Grundsätzlich sieht Margalit die Würde des Menschen in der Freiheit begründet, die es dem Menschen ermöglicht, zu seinem Leben Stellung zu nehmen und selbstverantwortend radikal zu ändern. Margalits Buch „Politik der Würde. Über Achtung und Verachtung" vermittelt die vielen Formen institutioneller Erniedrigung, auch jene, die sich täglich in das heutige Leben einschleichen und ist ein Versuch eine Utopie zu entwerfen, mit der die Wirklichkeit beurteilt und kritisiert werden kann, wie Fritz Stern im Vorwort schreibt (a.a.O., 8).*

Menschengeschlecht und sozialer Bindungen, in denen sich die Lebenswirklichkeit vollzieht und die gemeinsame Menschlichkeit betrifft. Der gegebene sozialethische Zusammenhang des Einzelnen im sozialen Kontext impliziert die Verflochtenheit zwischen Selbstachtung und Selbstwertgefühl. Begriffe, die Margalit zwar versucht getrennt zu halten, jedoch in dieser Arbeit auf Grund der sozialethischen Orientierung nicht zu trennen sind. Infolgedessen geben institutionelle Angriffe auf die Selbstachtung des Menschen jenen Rahmen ab, der als Demütigung eine Verletzung der Achtung und grundgebend zur Verletzung der Selbstachtung und des Selbstwertgefühls darstellt und die Bedeutung eines Menschen in seinem Menschsein verletzt oder aus der „Familie des Menschen“ (a.a.O., 135) ausschließt, wie Margalit die radikalste Form der Missachtung aus der Sicht dessen, der demütigt, sieht. Wer einen Menschen als eine Nummer behandelt, spricht ihm seinen Namen ab, ein Zeichen der menschlichen Identität wird in Abrede gestellt (a.a.O., 252). Während optische Täuschungen unsere Wahrnehmung vermeintlich beeinflussen, sehen Menschen andere immer als Menschen, wie Margalit beeindruckend das Phänomen der „Menschenblindheit“ entkräftet, weil Menschen als Menschen zu sehen ebenso wenig eine Frage des freien Willens ist wie das Sehen von Farbe, außer beim Vorliegen einer schweren Krankheit, wie er einräumt (a.a.O., 126). Sowohl Margalits Widerlegung der Menschenblindheit, als auch Emmanuel Lévinas differenzierte, phänomenologische Abfassung über „Der Anblick des Gesichts“ (Lévinas in Ruthard Stäblein (Hrsg.) 1999: 213-218) bestätigen und stimmen überein, dass im Lichte der Wahrnehmung des menschlichen Körpers, ausgehend von Gesicht und Augen, die Erfassung der seelischen Befindlichkeit, einhergeht[86]. Abgesehen von der institutionellen Demütigung und der Missachtung der Menschenwürde, die eine zwingende Kausalität der Verletzung der Selbstachtung und des Selbstwertgefühls bedingen, ist eine im vollen Sinne Verkennung des Menschen als Nichtmensch nicht möglich, wohl aber, ihn nicht in seiner persönlichen/individuellen Perspektive wahrzunehmen.

Aus diesem Grund wird, dieses Kapitel abschließend, nach dem Antrieb von Frankls Denkweise gefragt, die zur anerkennungstheoretischen Basis des psychiatrischen und psychotherapeutischen Credos, einer Antithese gegen den Utilitarismus und damit zur Rehabilitierung der menschlichen Würde trotz psychophysischer Bedingtheit führt, wo doch Frankl (1996: 228) selbst eine philosophisch reflektierte Frage stellt, ob der Mensch ohne Vorlage/Vorbild imstande ist, sein eigenes „Skizzenbild“ (ebd.) zu entwerfen? Die ethische Orientierung der Menschenwürde, so wird angenommen, bezieht sich auf das kantische Prinzip einer Version des Sittengesetzes. Dem gegenüber erblickt Norbert Leser in Frankls Denken und Handeln, wie es bereits hieß, die antik-abendländische wie auch die jüdisch-christliche Tradition als Quelle, aus der Frankl schöpft und sich der platonischen Idee des Wahren, Guten und Schönen annähert. Ähnlich wie Leser kommt auch der Frankl Schüler

86 *„Das Gesicht ist ein irreduzibler Modus, dem zufolge das Sein sich in seiner Identität darstellen kann“ (Lévinas in: Ruthard Stäblein (Hrsg.) 1999: 215).*

Alfried Längle (2001: 198f.), der in kritischer Wertung ein Porträt Viktor Frankls verfasste, ebenfalls zu dieser Ansicht, Frankl denkt und handelt aus einer religiösen Sinngebung heraus. Es ist der alttestamentarische Hintergrund, auf dem Frankl die „soviel gerühmte" (Frankl 1996: 228) Tugend der Gerechtigkeit und Sachlichkeit einer lebenspraktischen Ausformung zuführt:

„Einer Sache gerecht werden aber und insofern sachlich sein meint nichts weiter als: sie ihrem höchstmöglichen Wert zuzuführen. Dies gilt ja schließlich auch nicht nur von Sachen, sondern auch von Menschen, von Personen. Denn auch wenn wir einem Menschen helfen, einen Menschen 'heilen', - auch dann tun wir letztlich nichts anderes als ihn je seinem, dem ihm und ihm allein vorbehaltenen höchsten Wert zuzuführen – dem ausschließlich jeder einzelnen Wertperson möglichen höchsten Wert. Nicht zufällig definierte Max Scheler das 'Heil' als den höchstmöglichen Wert einer Person." (ebd.)

Mit der „alttestamentarische[n] Haltung der Sachlichkeit" (Längle 2001: 198), mit der durch die Obsorge jedes einzelne Gut zu seinem besten Wert gelangt, und einer Hinwendung zu einer anderen Person, der durch eine respektvolle und liebende Begegnung zu ihrem Höchstwert verholfen wird, eröffnet Frankl durch die Ich-Du-Beziehung[87] das dialogische Prinzip des rückbezüglichen geistigen Vollzugs zu Sachen und Personen und stößt damit zu einem *universalmenschlichen Grundbedürfnis – dem Erkennen und Anerkennen – einer Maxime ethischen Verhaltens*, vor. Auf diese Weise nähert sich Frankl bereits einer *individuellen* Bestimmung der Sinnerfüllung, die in seiner Anthropologie als Frage auf der Suche nach Sinn, auch angesichts des Leidens, einen zentralen Stellenwert besitzt und mit der geistigen Dimension des Menschen aufs engste verknüpft ist, weil eine Art und Weise der Sinnfindung, gemäß der eigenen Wertvorstellung, durch die Hinwendung, durch Zuwendung und durch Öffnung zu einem anderen Menschen geleistet wird. Die individuelle Selbstbestimmung, so versucht Frankl (1996: 229) den Nachweis zu erbringen, entspringt einer transzendenten Form dem „Sich vorweg sein" des Menschen wie er sein soll, was bedeutet, dass das von Innen her Leitende dem unbewussten Geist entspringt. Aus diesem „vorweg sein" resultiert die grundsätzliche Möglichkeit, die das menschliche Sein auszeichnet, jeder Selbstgestaltung und Selbsterziehung und ist die Bedingung der Entfaltung und Entwicklung des Menschen/der Menschheit (als lebenslanger Prozess) und trägt als Wesenszug die Transzendenz in sich, die Frankl „zur Überhöhung des Humanismus" (ebd.) benötigt, die nur durch den Aufweis der Transzendenz im menschlichen Dasein glückt.

Damit zeigen sich in der Beantwortung der Frage nach der normativen Grundorientierung Frankls verschiedene Zuordnungskriterien, die für Frankls Menschen-

87 Die Ich-Du-Beziehung ist jene Beziehung, von der der jüdische Philosoph Martin Buber (1878-1965) im Rahmen seiner Philosophie des Dialogs und der Begegnung als gegenseitige Beziehung, der Grundlage des menschlichen Seins, spricht. „Mein Du wirkt an mir, wie ich an ihm; der Mensch wird am Du zum Ich. Steht mir ein Mensch als Du gegenüber, ist er kein Ding unter Dingen." (Philosophisches Wörterbuch. Schischkoff, Georgi (Hrsg.) 1991[22]: 94) Siehe dazu auch den Hinweis, den Frankl (1996: 231) ebenfalls auf das dialogische Prinzip Bubers gibt.

bild relevant sind: Grundvoraussetzung der weiteren ethischen Dimension ist das dialogische Prinzip, das durch eine Werthaltung, wahrnehmbar durch die Umsetzung in der faktischen Lebenswelt, durch eine „Urentscheidung" (Frankl 1996:204) manifestiert ist, sich durch den rückbezüglichen geistigen Vollzug zu Sachen und Personen in einem schöpferischen Akt der Zuführung zum Höchstwert dieser Personen und Sachen transformiert. In der Wertverwirklichung präsentiert sich die individuelle Bestimmung der Sinnverwirklichung und die fundamentale Sinnorientiertheit des Menschen, auf deren motivationstheoretische Aspekte in der Logotherapie in einem weiteren Kapitel eingegangen werden wird, die sich aber dessen ungeachtet als Zuordnungskriterium, in der Beantwortung der oben aufgeworfenen Frage signifikant zeigt. Gleichzeitig wird durch das dialogische Prinzip und dessen Verweis auf die Sinnverwirklichung ein grundlegender anthropologischer Tatbestand (Frankl 1996: 47) sichtbar, die *Selbst-Transzendenz:* die auf eine Übersteigung des Menschseins verweist, das nicht wieder es selbst ist, sondern auf etwas oder jemanden, beispielsweise auf einen Sinn, den ein Mensch erfüllt, oder auf mitmenschliches Sein, dem er begegnet (ebd.), was bedeutet, dass Handeln in einem weiten Sinn von unbewussten Motiven geleitet wird. Auf Frankls These: der Geist garantiert Einheit der geistig-seelisch-körperlichen Dimension des menschlichen Seins und ist die Bedingung für den Überschritt von der psychophysischen Faktizität zur geistigen Existenzialität des Menschseins, ist bereits im Kapitel 2.1, Teil II als Einfluss Max Schelers, von dem Frankl den Vorrang des Geistes übernahm, verwiesen worden. Von Frankl (2002: 266) wird die Selbsttranszendenz als „fundamentalontologisches Charakteristikum menschlichen Daseins" bezeichnet, weil der Geist die Überschreitung von der Existenz zur Transzendenz garantiert. Durch den Anspruch auf (unbewusste) Motivation bei der Verwirklichung von Sinn kann sich Frankl gegen das Homöostaseprinzip Freuds wenden, der dieses als Hauptrichtung der Motivation dachte. Während Freud meinte, dass alle Handlungen, so auch die Luststrebung, zur Herstellung eines inneren Gleichgewichts und zur Freiheit von Spannungen dienen, wie die Biologie zu seiner Zeit meinte und sich auf die Annahme stützte, dass Entspannung die primäre Grundtendenz des Lebewesens sei, ist Frankl (1996: 47) dagegen der Ansicht, der Mensch verwirkliche sich im Dienst an einer Sache – oder in der Liebe zu einer anderen Person, wo er sich selbst übersieht und vergisst, sich eben transzendiert. Das Sein des Menschen im Sinne von Dasein/ Existenz ist nur, wenn er sich im Tun, aktiv, dafür entscheidet. „Sein" hat somit eine doppelte Bedeutung. Diese Überlegung wird verstärkt durch Frankls Sicht der Sinnsuche in der Außenwelt. „Die absoluten, objektiven Werte werden damit zu konkreten Pflichten, gehen in Forderungen des Tages und in persönlichen Aufgaben auf; die hinter diesen Aufgaben stehenden Werte lassen sich anscheinend nur durch die Aufgaben hindurch intendieren." (Frankl 1946: 32) Der im Rahmen der Ermöglichung/Realisierung der Werteverwirklichung enthaltene Anhaltspunkt auf absolute objektive Werte erklärt Frankl mit einem Hinweis auf die Phänomenologie,[88] die zeigt, dass „der transzendente Charakter des Gegenstandes im intentionalen Akt inhaltlich jeweils auch schon mitgegeben ist." (a.a.O., 31) Das bedeutet, dass durch die Erfassung des Wertes, (Werterkenntnis) dessen absoluter Wert implizit (mit) erfasst wird, unabhängig davon, ob sich ein Mensch diesem Wert zuwendet oder nicht (a.a.O., 32). Dem Ontologen Frankl, der von einer absoluten Gültigkeit der Werte ausgeht, wie in der „Ärztlichen Seelsorge" (1946) dargelegt und in den weiteren Jahren nicht mehr verändert, muss klar gewesen sein, was der Psychiater und Therapeut Frankl wusste, dass sich Werte, die Vorstellungen über Eigenschaften, Beziehungen und/oder Ideen sind, die dem Wertenden wichtig und wünschenswert erscheinen[89], im Rahmen eines konkreten gesellschaftlichen Umfeldes verändern können. In der Art und Weise, wie Frankl die Erkenntnis des absoluten Wertes erklärt, dessen Transzendenz durch einen adäquaten Akt erfasst und dessen Verwirklichung durch aktives Tun ermöglicht wird, zeigt sich Frankls Grundkonzept seiner Anthropologie: Die Polarität zwischen Subjekt und Objekt, in der die Wechselwirkung der Autonomie des Menschen und seine Bezogenheit (Angewiesensein) zur Umwelt enthalten ist, die durch aktives Tätigsein ein Gleichgewicht zwischen dem Menschen und seiner Umwelt erfährt.

Die Diskussion, die sich aus dem Ansatz der Sinnsuche in der Außenwelt ergab und in der Folge Frankls Tätigkeitsorientierung zur Verwirklichung der Werte offen legt, ist ein bedeutsamer Vorgriff/Verweis auf das Kapitel 2.5, in dem die kritische Frage nach dem Aufweis der Objektivität der Werte aufgeworfen wird. Dessen ungeachtet kehrt die Diskussion wieder zurück zum „Vorrang des Geistes".

Das Geistige im Menschen ist der Ermöglichungsgrund einer weiteren Fähigkeit gegen eine äußere und innere Position zu opponieren. Das Geistige geht wesensmäßig in einer Situation niemals auf, denn Geistiges kann Abstand nehmen, Distanz gewinnen und sich auf eine Situation einstellen. Erst aus dieser Distanz heraus hat das Geistige Freiheit, aus der der Mensch eine Entscheidung treffen kann, „einen Trieb bejahen oder verneinen – je nachdem (Frankl 1996: 143). Daher ist das Geistige, wie Frankl (2000: 95) meint, „wesentlich ein Sich-Abgrenzendes, ein Sich-Abhebendes [] – sich abhebend als Existenz von der Faktizität und als Person vom Charakter etwa so, wie sich eine Figur abhebt vom Hintergrund". Diese wesentliche menschliche Fähigkeit, zu sich selbst Stellung zu nehmen und sich von sich selbst zu distanzieren, nennt Frankl die *„Fähigkeit zur Selbstdistanzierung"* (a.a.O., 119), ein fundamental-anthropologisches Charakteristikum menschlicher

88 *Mit einem Rückgriff auf die Phänomenologie liefert Frankl (1946:31f.) ein entsprechende Beispiel zur Werterkenntnis. „Wenn ich eine leuchtende Lampe sehe, dann ist mir mit ihr in einem gegeben, daß sie da ist, auch wenn ich die Augen schließe oder ihr den Rücken kehre. In der Erkenntnis eines Gegenstandes als einen realen ist bereits enthalten, daß ich seine Realität auch unabhängig davon anerkenne, ob ich oder überhaupt jemand ihn jemals faktisch erkennt."*

89 *Vgl. Philosophisches Wörterbuch. Schischkoff, Georgi (Hrsg.) (1991[22]: 776).*

Existenz (ebd.), welches der Anforderung von Frankls Verständnis seines eindeutig umgrenzten Begriffs von Personsein – des geistig bestimmten, freien, aber verantwortlichen Menschen – entspricht und sich einem vollendeten Menschsein, einem Idealtypus, annähert. Frankl benötigt diese Konzeption des Menschen, weil sie die Grundlage bietet, auf welcher die entscheidenden Prinzipien seiner Ethik gedeihen können und sich auf dieser Grundlage auch aufrechterhalten lassen.

Während die Zuordnungskriterien der Beantwortung der Frage nach der normativen Grundorientierung Frankls entspringen und die Verknüpfung der ethischen Dimension mit den Axiomen seines philosophisch/therapeutischen Menschenbildes, sowie das fundamental-ontologische Charakteristikum menschlichen Daseins sichtbar wird, mutet vergleichsweise Frankls Erkenntnis auf sein antizipiertes Ziel hin, die unverlierbare Möglichkeit des Menschen frei und verantwortlich zu sein zu bewahren, geradezu schlicht an und fasst die Kapitel 2.3.1 und 2.3.2 zusammen, in denen die Möglichkeit des Menschen als Geistwesen, d.h. als selbst sich entwerfendes Wesen sichtbar wird: „Damit, daß wir nachweisen, daß der Mensch keineswegs eindeutig bestimmt ist von vitalen und sozialen Kräften und Mächten, vielmehr frei von ihnen und verantwortlich für die Selbstbestimmung, - damit haben wir, über die biologischen, psychologischen und soziologischen Fakten hinaus, die Existenz des Menschen zurückgewonnen." (a.a.O., 230)

Die Aufforderung der bisherigen Auffaltung des Menschenbildes erweist sich auf Grund der anthropologischen Konstanten ethisch als ein *Können* des selbstverantwortlich Handelnden. Dieses *Können* bildet gleichsam die selbstgewählte Form von konkreten Rechten oder Pflichten mit Allgemeincharakter, wie bereits im Kapitel 2.3.1 durch Düsings Rezeption des Ideals einer ethischen Gemeinschaft herausgestellt wurde, indem sich der Handelnde von sich aus, durch eigene Einsicht und ohne determinierenden Zwang von außen, ethische(n) Pflichten auferlegt/unterwirft. In dem *Können* ist ein *„Können-Wollen"* impliziert, jedoch kein *Müssen,* das der geistigen Eigenschaft des Menschen, sich frei zu den biologischen, psychologischen und soziologischen Bedingtheiten verhalten zu können, geradezu diametral entgegengesetzt wäre. Die entscheidende Voraussetzung, die Frankl setzt, liegt in einer *willentlichen Kausalität*: dass ein Sollen dem Wollen ontologisch vorgelagert ist, weil das Sollen nicht vom Wollen herzuleiten ist. „Mein Sollen muß vorgegeben sein, sofern ich wollen soll." (Frankl 2002[6]: 44) Letztlich geht Frankl davon aus, der sich Selbstentscheidende ist auch sein Selbstgestalter. Weil eine Handlung das Überführen einer willentlich vorgestellten Möglichkeit in die erfahrbare Wirklichkeit ist, trifft das in besonderer Weise auch auf den sittlich selbstbestimmten Handelnden zu. Indem sittliches Handeln wiederholt wird, wird es habituell, es wird ritualisiert. Die ethische Konsequenz aus der kontinuierlichen Anwendung sittlicher Handlungen verdankt sich dem Prozess der Konditionierung:

Was sittliche Handlung war, ist nun sittliche Haltung; die sittliche Handlung wird bewusstseinsimmanent. „Aus dem immer wieder Gutes-Tun wird schließlich das Gut-Sein." (Frankl 2002: 97). Nicht aus moralischer Absicht, sondern aus phänomenologischer Sicht heraus sagt Frankl: „Die Entscheidung von heute, ist der Trieb von morgen" (ebd.). In dieser Zielbestimmung einer sittlichen Selbstbestimmung,[90] sieht Frankl die Verantwortung des Menschen liegen.

Eine der Intentionen der beiden letzten Kapitel war, die Einschränkung des Menschen durch seine Bedingtheiten zu zeigen, um damit zugleich die entsprechenden Räume (Sinnerfüllung, Selbstentwurf, Selbstbestimmung) hervorzuheben, in denen sich die Freiheit der geistigen Person erweisen kann, auf die hin sich die Existenz transzendiert (vgl. Frankl 1996: 230). Damit einher geht die Erfassung, dass Freiheit die Grundlage für Verantwortung ist, von der das folgende Kapitel handelt.

2.5. Die Verantwortlichkeit der geistigen Person

Die Existenzanalyse spricht den Menschen frei, aber gleichzeitig verantwortlich, weil sie auf ein Bewusstsein des „Verantwortung-habens" abzielt (Frankl 1982: 104), die sich angesichts seiner Endlichkeit ergibt. Die Vergänglichkeit des menschlichen Seins ist für die Existenzanalyse ein Appell zur Verantwortlichkeit. Mit seinem exzellenten Sprachgefühl kehrt Frankl (2002[6]: 13) die Frage nach dem Sinn des Lebens als Ver-Antwortung um und nennt diese Umkehrung „kopernikanische Wendung" (Frankl 2002: 141)[91]. Nach Frankl stellt das Leben selbst dem Menschen die Frage – der Mensch ist der vom Leben her Befragte. Im Kapitel 2.3 ist die Antwortfähigkeit des Menschen als anthropologisches Kriterium definiert worden, die die Voraussetzung zur Beantwortung der Frage nach der Verantwortung des Daseins ist, die im *Handeln* und in der *Zeit* erfolgt: Im Hier und Jetzt, in der Unvertretbarkeit der jeweiligen Person und in der Konkretheit der jeweiligen Situation (Frankl 2002[6]: 13). Infolgedessen ist jede Entscheidungssituation eine individuelle, weil jede Situation individuell ist. Aus dieser logotherapeutischen Maxime resultiert der kategorische Imperativ der Logotherapie, in der die Forderung sein eigenes Tun ständig zu überprüfen, zu reflektieren, zu verfeinern und zu modifizieren impliziert ist, die Ausübung der *Freiheit der Entscheidung* sichtbar wird, indem der Mensch etwas mit sich und für sich macht, also sich auf die Transparenz zwischen den kausalen Zusammenhang einer Entscheidung und den Handlungsfolgen bezieht: „Handle so, als ob du zum zweitenmal lebtest und das erstemal alles so falsch gemacht hättest, wie du im Begriff bist es zu tun." (Frankl 1982: 104)[92] Nach die-

---

90 *Frankl (1996: 145) verweist in der Konzeption seines Menschenbildes explizit auf die Philosophie: „Die Selbstbestimmung erfolgt nach dem delphischen Imperativ 'Erkenne dich selbst'; die Selbstbestimmung geschieht nach dem Wort von Pindar: 'Werde, der du bist!'"*

91 *An anderer Stelle spricht Frankl (1982: 46) im Zusammenhang mit der Umkehrung der Frage nach dem Sinn des Lebens, dass es paradoxerweise das Leben selber ist, das den Menschen befragt, von einer „dialektischen Wendung"*

92 *Siehe dazu auch Frankl (1995: 102, 1996. 61).*

ser fundamentalmoralischen Forderung ist es nicht mehr möglich, als Mitgestalter seiner Lebenswelt hinsichtlich einer moralischen Zielsetzung ohne Selbstreflexion zu handeln, weil die verwirklichten Möglichkeiten bleibende Wirklichkeiten sind, und um damit dem Gefühl zu entgehen, das der französische Schriftsteller Michel Houellebecq (2003. 48/49) in seinem Gedicht „Augenblicke am Ende des Tages" ausdrückt:

Zu den Menschenwesen „Guten Tag" sagen,
Seine Rolle Spielen, Blitzkrieg der Gesellschaft;
Sich morgens sehr schlecht fühlen
Und träumen: vom moralischen Gesetz.

Angesichts der menschlichen Endlichkeit als unüberwindliche Grenze ist die Vergänglichkeit ein großer Ansporn zur Verantwortlichkeit, weil sich Geschehenes nicht ungeschehen machen lässt und nichts Geschaffenes sich aus der Welt schaffen, „im Vergangensein ist alles unverlierbar geborgen" (Frankl 1996: 136). Verantwortlich ist der Mensch vor der „unentrinnbaren Vergangenheit" für die „entscheidbare Zukunft" (ebd.). Das zeigt und bestimmt den Menschen als ein geschichtliches Wesen. Einer verantwortungsvollen, auf einen gesellschaftlichen Prozess einflussnehmender Denkweise verpflichtet, ruft der Arzt, Psychiater und Lehrer Frankl (2002^{6}: 73f.) auf, auf die Entwicklung eines Erziehungsprozesses[93] einzuwirken, der zur Verantwortung führt, um den Reizüberflutungen durch Massenmedien und Informationen in kritischer Haltung gegenüber treten zu können, die wiederum die Bedingung einer bewussten, kognitiv wertenden Interaktion mit der Umwelt abgibt, als Voraussetzung einer Immunisierung gegenüber Konformismus und Totalitarismus, wissend, dass der Einfluss auf gesellschaftliche Phänomene in Relation von Ich und Welt steht und den komplexen kausalen Zusammenhang zwischen verantwortendem Entscheiden und Handeln offenbart.

Die Existenzanalyse, als „Analyse auf Verantwortlichsein hin" (a.a.O., 12) setzt der psychoanalytischen Konzeption vom menschlichen Sein als triebdeterminiert und gemäß der psychodynamischen Auffassung als einem „Getrieben-sein" (Frankl 1982: 101), ein Sein entgegen, von dem Jaspers als einem „entscheidenden Sein" spricht (ebd.), das sich jeweils noch entscheidet, was es ist. Frankl (2002: 100) grenzt die Existenzanalyse auch gegen den Existenzialismus ab, indem er von der existenzialistischen Konzeption des Menschen als einen bloß freien Menschen"[94] abrückt,

93 Im Sinne einer Bildsamkeit von außen (vgl. Frankl 1996: 118).

94 Frankl sieht den Grund seiner Ablehnung gegenüber dem Existenzialismus in der einseitigen Sicht der Freiheit des Menschen: „Und wenn Jean-Paul Sartre den Menschen frei nennt und von ihm verlangt, daß er wähle, daß er sich selbst erfinde, daß der Mensch den Menschen 'entwerfe', und wenn Sartre dabei meint, der Mensch könne sich selbst erfinden, ohne hierbei ein vorgegebenes Vorbild vorzufinden, ohne daß ihm hierbei also etwas von einer wesentlich außermenschlichen Region her entgegenkomme, dann müssen wir fragen: Gliche solches Beginnen nicht dem indischen Seiltrick? Bei diesem Trick will der Fakir glauben machen, am Seil, das er in die Luft werfe, könne ein Knabe emporklettern. Genau so entwirft der Mensch nach Sartre sein Sein-sollen ins Nichts – ohne daß ihm von irgendwoher ein Halt geboten würde – und glaubt, er könne sich an diesem Entwurf empor-arbeiten, empor-entwickeln." (Frankl

weil er darin eine „ontologisierte Psychoanalyse“ (Frankl 2002^{6}: 45) entdeckt und andererseits, weil ihr der doppelte Aspekt des „Weltentwurfes“ der Logos und die Liebe fehlen (Frankl 1982: 84f.). Freisein, so argumentiert Frankl, impliziert noch kein *Wozu.* Das Entscheiden hingegen enthält bereits das *Wofür* und das *Wogegen.* Für die Existenzanalyse ist das Wozu der Freiheit eine Freiheit zur Verantwortung. „Verantwortlich ist der Mensch nun für die Erfüllung und Verwirklichung von Sinn und Werten, und hierin erblicken wir das objektive Korrelat aller Entscheidung und Freiheit: in einer objektiv geistigen Welt des Sinns und der Werte – im Logos.“ (a.a.O., 83f.) Mit diesem Zitat wird offenkundig, worum es Frankl geht und zeigt das Paradigma seines Menschenbildes und seiner Theorie aus einer erkenntnistheoretischen Sicht: *Verantwortlichsein besitzt eine transzendente Form* (vgl. Frankl 2002^{6}: 13) *und die kennzeichnende menschliche Existenz ist eine personale, stellungsnehmende, frei entscheidende und diese Entscheidung verantwortende.* Anzenberger (1998: 282) merkt kritisch an, dass der objektive Wertehorizont erst aufzuweisen wäre, da doch die gesamte Logotherapie und Existenzanalyse mit der vorgegebenen Wertaxiomatik, bzw. mit dem Aufweis der transsubjektiven[95] Wirklichkeit: dem Logos, steht und fällt. Gewissermaßen als wissenschaftliche Absicherung und Bestätigung seiner These: in dem Wofür und Wogegen der Entscheidung sei eine objektive Welt des Sinnes und der Werte mitgegeben, übernimmt Frankl von Max Scheler dessen Gültigkeit der Werte, wie er in der „Ärztlichen Seelsorge“ (1946:31f.) darstellt. Die Objektivität des Sinnes ergibt sich für Frankl insofern, als es darum geht, den Sinn in einer Situation zu finden, ihn zu entdecken. Sinn kann nicht vom Subjekt gestiftet werden, sondern ist in einer Situation verborgen und wird vom Menschen mit einer bestimmten Einstellung gefunden (Frankl 2002: 100, Fußnote1). Angesichts dieser anthropologischen Setzung kann Frankl vom „Willen zum Sinn“ (Frankl 2002^{6}: 63) sprechen, der nicht als Trieb vorhanden ist, der im Sinne des Homöostaseprinzips das innere Gleichgewicht zu erlangen wünscht.

Sinn ist für Frankl die „innerweltliche Repräsentanz Gottes“ (Längle 2001: 191). Deshalb hat der Mensch Verantwortung *gegenübe*r einem Sinn und nicht *für* einen Sinn, weil der Sinn in der Existenzanalyse personal gedacht ist. Die Instanz, vor der der Mensch verantwortlich ist, ist das Gewissen, *Wovor* der Mensch sich immer schon zu verantworten hat (Frankl 2002: 108). Der zweite Aspekt menschlichen Verantwortlichseins ist das *Wofür.* Das Gewissen nimmt nach Frankl bei näherer Betrachtung eine personale Struktur an, wird zu einem „Personalissimum“ (a.a.O., 111). Er nennt diese personale Instanz Gott. Von Gott kann aber nicht wie von einer Sache, einem Etwas, einem Es oder Er gesprochen werden. Zu Gott kann

2002^{6}: 45. Vgl. dazu auch Böschemeyer 1977: 71f.).

95 *„Transsubjektivität“ bei Frankl ist zu verstehen als Übersteigung eines außerhalb unseres Bewusstseins liegenden Faktums – eben den Logos, der als Denkmöglichkeit und Erkenntnisgrund zur „Objektivität des Sinnes“ (Logos) transformiert. Damit werden die Tatsache der Sinnintention, die grundgelegte Sinnorientierung des Menschen und die Möglichkeiten zur Verwirklichung des Sinns betont.*

gesprochen werden wie zu einem Partner, zu einem Du[96]. Wird das Gewissen als ein dem „Menschsein transzendierendes Phänomen" (Frankl 2002[6]: 40) verstanden und das Zwiegespräch mit dem Gewissen als „echtes Zwiegespräch" (ebd.) und nicht als Selbstgespräch, dann ist das Gewissen ein Sprachrohr von etwas anderem. Insofern kann Frankl das Gewissen auch als „Stimme der Transzendenz" (ebd.) bezeichnen. Selbst der irreligiöse Mensch hat Gewissen und Verantwortung, nur fragt dieser nicht weiter, „weder nach dem Wovor der Verantwortung noch nach dem Woher des Gewissens" (a.a.O., 41).

Die Zielaufgabe der Verantwortung ist gemäß Frankl die Daseinsverantwortung im Hier und Jetzt, in einer konkreten Situation, in konkreter Bezogenheit einer konkreten Person. Damit zeichnet Frankl den Menschen allerdings in zweifacher Weise radikal verantwortlich: Einerseits angesichts der menschlichen Endlichkeit und Begrenztheit der zur Verfügung stehenden Lebenszeit und andererseits in der Unvertretbarkeit der Person als stellungnehmend, frei entscheidbar und diese Entscheidung verantwortend. Durch die Verantwortlichkeit zur Sinnerfüllung und Werteverwirklichung zeigt sich die Sinnhaftigkeit menschlichen Daseins, das Frankls Menschenbild zugrunde liegt.

Das große Kapitel 2, die „Explikation der personalen Existenz" ist abgeschlossen. In der bisherigen Auffaltung der Existenzanalyse und das ihr zugrundeliegende Menschenbild präsentiert sich die Ausrichtung der Existenz auf Geistiges hin. In der Auffaltung zeigen sich die ethische Dimension, das wissenschaftliche Paradigma und die Ausrichtung des Menschen als Sein auf Sinn hin. Was bringt Frankls Menschenbild bisher zum Ausdruck? Am Leitfaden des zentralen Themas der Logotherapie und Existenzanalyse: Der Mensch als geistiges Wesen auf der Suche nach Sinn, entwirft Frankl vor seinem naturwissenschaftlich/medizinischen Hintergrund ein empirisch nicht nachweisbares, deskriptives metaphysisches Menschenbild. Eine wesentliche Aussage der bisherigen Anthropologie besteht in einem Plädoyer für die unverlierbare Würde des Menschen. Die Grundannahmen die dahinter stehen, lauten:

Ein essentieller Aspekt menschlichen Seins ist die Geistigkeit, die die eigentliche Dimension der menschlichen Existenz ausmacht, die nicht aus sich selbst verstanden werden kann, weil die Person letztlich nur nach jüdisch-christlichem Glauben als das Ebenbild Gottes, auf das sich Frankl bezieht, zu verstehen ist, das die unantastbare/unverlierbare Würde des Menschen konstituiert, die aus der Freiheit erwächst. Menschliches Sein gründet nicht in der Immanenz, sondern in der Transzendenz. Das Wesen des Menschen wird durch die leiblich-seelisch-geistige Einheit und Ganzheit gestiftet, deren Einheit der Geist garantiert und die Bedingung für den Überschritt von der psychophysischen Faktizität zur geistigen Existenzialität des Menschseins schafft. Damit sind nicht nur der Verbleib im fakti-

96 *In einer Fußnote nimmt Frankl Stellung zu der Du-Haftigkeit Gottes, die nur im Gebet erfahren werden kann, als einziger Akt menschlichen Geistes, der „Gott als Du präsent zu machen vermag" (V.E. Frankl, Homo patiens, Wien 1950: 108 in Frankl: Logotherapie und Existenzananlyse. 2002: 111).*

schen Sein, sondern auch das potentielle Sein des Menschen, sowie die Möglichkeit des Menschen als Geistwesen zum selbstentwerfenden Wesen gewährleistet. Auf diese Weise ist der Mensch freiheitsfähig und antwortfähig und trägt im Sinne einer Selbstbestimmung eine prinzipielle Verantwortung dem Dasein gegenüber in einem immerwährenden Verlauf. Die optimistische Orientierung am „Werden Können" ist für Frankls Menschenbild paradigmatisch.

Als Hauptgrund der Freiheitskonzeption fungiert die moralpsychologische Einsicht in die zugrundeliegende Freiheits- und Antwortfähigkeit, die Kausalkette zu unterbrechen und eine Neuheit im Hier und Jetzt setzen zu können. Auf diese Weise verändert der Mensch nicht nur sein Leben, sondern durch den kausalen Zusammenhang auch den zwischenmenschlichen Umgang, er nimmt Einfluss auf einen gesellschaftlichen Prozess und macht dadurch Geschichte. Damit wird eine Individualethik offengelegt, die als Ethik der verantwortungsvollen Entscheidung bestimmbar ist, die sich an Personen mit voluntativer Selbstbestimmung wendet, die sich bereits vorgängig als bewusst sittliche Personen bestimmten.

Auf Grund der anthropologischen Konstanten (Freiheits- und Antwortfähigkeit) besteht für den Menschen die Möglichkeit, im Rahmen seiner Bedingtheiten sein Sollen zu verwirklichen, als ein Können des Selbstverantwortlichen, der durch eigene Einsicht und ohne determinierenden Zwang von außen sein Handeln bestimmt, weil in einer willentlichen Kausalität das Sollen dem Wollen und damit dem Können ontologisch vorgelagert ist. Da eine Handlung das Überführen einer willentlich vorgestellten Möglichkeit in die erfahrbare Wirklichkeit ist, resultiert daraus die Verantwortlichkeit als Ausdruck der Selbsttranszendenz. Durch den Prozess der Konditionierung wird aus der sittlichen Handlung eine sittliche Haltung, sie wird bewusstseinsimmanent. In dieser Zielbestimmung liegt die Aufforderung zur sittlichen Selbstbestimmung, als persönliche Angelegenheit auf dem erreichten Niveau der Selbstverwirklichung.

Den Bedingtheiten des Menschen durch biologische, psychologische und soziologische Fakten, tritt Frankl durch das dialogische Prinzip des rückbezüglichen geistigen Vollzugs zu Sachen und Personen entgegen. In diesem Fall gilt die Wertschätzung einer ethischen Orientierung an der unverlierbaren Menschenwürde, die der Mensch als Mensch verdient und nicht auf grund von Leistung oder Nützlichkeit. Im psychotherapeutischen und im psychiatrischen Credo ist der Glaube an den personalen Geist, die unsichtbare, aber unzerstörbare geistige Person manifestiert, als gleichzeitige Garantie eben dieser unverlierbaren Menschenwürde. In der Gegenüberstellung der Bedingtheit zum Unbedingten des Menschen – gewährleistet durch den Vorrang des Geistes – stoßt Frankl zu einem entscheidenden Prinzip seiner Ethik, einer universalmenschlichen ethischen Grundeinstellung und einer obersten Orientierungsgröße vor, die sich zwar an allgemeingültigen Regeln orientiert, doch letztlich sich wieder an das einzelne Individuum richtet und eine individuelle Entscheidung zum Handeln erfordert.

Während die Endlichkeit der Lebenszeit ein großer Ansporn zur Verantwortlichkeit ist, bieten die anthropologischen Konstanten: die Freiheit- und Antwortfähigkeit, die Voraussetzung zur Beantwortung der Frage nach der Verantwortung des Daseins, das im Handeln und in der Zeit erfolgt. In der jeweiligen Zeit, in der Unvertretbarkeit der jeweiligen Person und in der Konkretheit der jeweiligen Situation. Verantwortlich ist der Mensch für die Erfüllung und Verwirklichung von Sinn und Werten. In dieser Ausrichtung der Existenz auf den Logos transformiert das Verantwortlichsein zur Transzendenz.

Frankls Existenzverständnis schafft ein optimistisches, lebenszuversichtliches, ein evolutionäres und daher ein dynamisches anthropologisch-ethisches Grundschema, das durch die Setzung des theoretischen Personenbegriffes, die Bedingung zu einer universellen Grundthese abgibt, die besagt: Die menschliche Existenz ist gekennzeichnet als personal, stellungsnehmend, frei entscheidend und diese Entscheidung verantwortend, sie besitzt eine unantastbare/unverlierbare Würde, ist ausgestattet mit der Fähigkeit zur Selbsttranszendenz, der die Liebe entspringt, als ursprünglicher Beweggrund auf einen Wert oder Sinn hin. Darin liegt die Transzendenz in der Immanenz.

Die These, das menschlichste aller menschlichen Bedürfnisse ist das Sinnbedürfnis (Frankl 2002^6: 84) und daher den psychoanalytischen und den individualpsychologischen Motivationstheorien mit der entsprechenden Bedeutung als „Wille zum Sinn" gegenüberstehend, verstärkt Frankl mit einem Hinweis auf Kant und seine Kategorien wie Raum und Zeit, die das menschliche Denken und Fragen immer schon voraussetzen. Der Sinnglaube des Menschen hat einen transzendenten Bezug. In diesem Sinne meint das menschliche Sein immer schon ein Sein auf den Sinn hin – es ist ein Vorwissen um den Sinn; und eine Ahnung vom Sinn liegt dem „Willen zum Sinn" zugrunde. Die Frage nach dem Sinn von Sein ist nicht zu beantworten, weil diese Frage das Sein von Sinn voraussetzt, wie Frankl den primären Motivationszusammenhang und die Leitlinie unseres Lebens definiert (a.a.O., 63). Um die Verbindung zum nächsten Kapitel herzustellen, wird auf die bisherige Auffaltung der Existenzanalyse, auf das „Sein auf Sinn hin" hingewiesen, das den Logos (Sinn) im Sinne des jeweils Gesollten voraussetzt und die Existenz des immer Könnenden als *Möglichkeit* verdeutlicht. Im nächsten Kapitel geht es um die Ergänzung des bisherigen Menschenbildes, um das „Sein vom Sinn her", wie Frankl die Logotherapie definiert, als eine Therapie, die vom Geistigen ausgeht, das der Logotherapie als Axiom zugrunde liegt.

3. Der Sinn

Es wurde bereits mehrfach darauf hingewiesen, dass Frankl mit der Existenzanalyse und der Logotherapie den Nihilismus, der hinter dem Physiologismus als auch hinter dem Psychologismus und dem Soziologismus steht, überwinden will, um zu seiner Zieltheorie zu gelangen, die Kategorien des Sollens, des Wertes und des Sinnes in die Psychotherapie einzuführen. Wie ebenfalls bereits im Kapitel 2.3.2 diskutiert, geht es Frankl nicht darum, was der Mensch kann, noch was er darf, noch was er muss, sondern was der Mensch soll, weil das Sollen dem Wollen vorgegeben ist, als Ermöglichungsgrund für das Können. An die Stelle der nihilistischen Sinnleugnung setzt Frankl die Sinndeutung, die nicht identisch ist mit der Sinngebung, einer Suche nach einem willkürlichen Sinn, sondern die Findung jenes Sinnes, der immer und überall auffindbar ist, nicht vom Subjekt gestiftet werden kann, sondern in einer Situation verborgen ist (Frankl 1996: 199). Das bedeutet für die Konzeption der Logotherapie, dass zur subjektiven Geistigkeit (die menschliche Existenz), die Objektivität des Sinns die entsprechende Ergänzung bietet[97]. Um in einer ganz bestimmten Situation oder in „Kette[n] von Situationen“ (Frankl 2002^{6}: 77) den jeweils nur für diesen Menschen bestimmten Sinn herauszufinden und zu verwirklichen, bietet das „ursprüngliche Selbstverständnis“ (ebd.) die Bedingung

---

97 *Frankl (1946: 8-12) begründet die Notwendigkeit, die bisherigen von Ödipuskomplex und Minderwertigkeitsgefühl geprägten Psychotherapien um eine Psychotherapie „vom Geistigen her“ zu ergänzen, sowie die „prinzipielle Berechtigung des Hineinnehmens des Geistigen (und nicht nur des Seelischen) in die ärztliche Behandlung“ damit, dass „der Psychotherapeut täglich und stündlich, im Alltag seiner Praxis und in der konkreten Situation seiner Sprechstunde, mit weltanschaulichen Fragen konfrontiert“ ist, denen gegenüber sich die bisherigen Psychotherapien als unzulänglich erwiesen. Im Verlauf einer psychotherapeutischen Behandlung wird die Frage nach dem Sinn des Lebens exponiert. Die Antwort darauf verlangt, in die Diskussion mit adäquaten Mitteln einzusteigen und eine immanente Kritik an den weltanschaulichen Argumenten des Patienten zu wagen. Definitiv weist Frankl darauf hin, dass Urteile über die Richtigkeit oder Unrichtigkeit der jeweiligen Weltanschauung und Werturteile nicht zulässig sind. „Es gibt also keine Psychopathologie oder gar Psychotherapie der Weltanschauung, es kann höchstens eine Psychopathologie bzw. Psychotherapie des die Welt Anschauenden geben.“ [...] „Die seelische Gesundheit oder Krankheit des Trägers einer Weltanschauung kann die geistige Richtigkeit oder Unrichtigkeit dieser Weltanschauung weder beweisen noch widerlegen. Denn 2x2=4, auch wenn ein Paralytiker dies behauptet.“*
Wie bereits erwähnt, ist es nicht die Logotherapie, sondern die Schlange im Paradies, die den Menschen versprach, sie würde sie machen zu Wesen wie Gott, erkennend Gutes und Böses (Frankl 2000^{6}: 68). Im Kontext mit dem oben Gesagten wird die Vorgehensweise der Logotherapie als keine moralisch wertende, sonder als phänomenologische erklärbar, in denen Gegebenheiten und Bedingungen zu Tatsachen festgestellt werden, um sie zu verstehen und therapeutisch zu nutzen (a.a.O., 75,77).

zum Sinnfindungsprozess. Frankl setzt dieses Selbstverständnis beim Menschen voraus (ebd.) und spricht von einem präreflexiven, ontologischen Selbstverständnis (Frankl 2002: 266). Die Phänomenologie (siehe auch Fußnote 91) übersetzt dieses Selbstverständnis in die wissenschaftliche Sprache; gleichzeitig übersetzt die Logotherapie dieses erarbeitete Wissen in die Praxis zurück, in die Sprache des „schlichten und einfachen Menschen" (2002^6: 77), um ihn offen für die Möglichkeit zu machen, im Leben einen Sinn zu finden. Frankl ist überzeugt, dass ein nicht erfülltes Sinnerleben zu psychischen Krankheiten führt, desgleichen begleiten psychische Erkrankungen einen eingeschränkten Sinnbezug. Obgleich Sinn nicht gegeben werden kann, weil Sinn geben auf Moralisieren hinauslaufen würde, was Frankl aber ablehnt, obwohl er nicht zum „ethischen Relativismus" (Fromm 2004: 9) neigt. Vielmehr ist der Sinn der geistigen Person von Anfang an immanent, mag er auch manchmal verdunkelt oder verdrängt sein.

Im fundamentalanthropologischen Interesse der Existenzanalyse und Logotherapie an der Selbstbestimmung basiert die Möglichkeit zum „Anders-werden" auf der Freiheit, die die Verpflichtung zur Verantwortung in sich trägt und vor dem Hintergrund der Sinn- und Wertewelt (Frankl 1996: 145). Zur Selbstbestimmung und Selbstverwirklichung kommt der Mensch über den Weg zur Welt und durch seine Fähigkeit zur Selbst-Transzendenz:

„Nur in dem Maße, in dem wir uns ausliefern, in dem wir uns hingeben, in dem wir uns preisgeben an die Welt und an die Aufgaben und Forderungen, die von ihr her einstrahlen in unser Leben, nur in dem Maße in dem es uns um die Welt da draußen und die Gegenstände geht, nicht aber um uns selbst oder um unsere eigenen Bedürfnisse, nur in dem Maße, in dem wir Aufgaben und Forderungen erfüllen, Sinn verwirklichen, erfüllen und verwirklichen wir auch uns selbst." (Frankl 2002: 103)

Das bedeutet, dass der wahrzunehmende und zu verwirklichende Sinn, in der Transformation des transzendenten Sinnbezuges zum faktischen Sein, die Bedingung der Möglichkeit eines individuellen Selbstverwirklichungsprozesses liefert, *der das Leben glücken lässt,* weil die wechselseitige Beziehung des eigenen Lebens mit den gesellschaftlichen Bedingungen eine Entscheidung zu verantwortungsvollem/sozial-ethischem Handeln erfordert. Bezüglich dieser Schlussfolgerung muss auf die Untersuchung der Glückstheorie in Frankls Anthropologie hingewiesen werden, die belegt, dass sich Glück als nicht intendierbare Folgeerscheinung, gleichsam als eine Nebenwirkung von Sinnerfüllung und Werteverwirklichung ergibt[98]. Dadurch wird offengelegt, wie in Frankls philosophischer Sichtweise der Zusammenhang von Glück und Sinn besteht, sowie die Bedeutung des (richtigen) Handelns, in der Ethik und Glück miteinander verschränkt sind, wie bereits in der vierten These der Konzeption des guten Lebens aus Teil I entwickelt wurde. Genauso wie Glück kann auch Sinn nicht intendiert werden. *Im bedingungsanalytischen*

98 Leitner-Schweighofer, Therese Maria: „Der Wille zum Glück". Eine mögliche Theorie des Glücks in Frankls Anthropologie, Universität Wien, Dipl.-Arb., 2003

Sinne erweisen sich Glück und Sinn als die Bedingungen der Möglichkeiten, worauf Frankl seine Theorie aufbaut, weil es nach Frankl mithin dem Menschen um Erfüllung von Sinn, um die Verwirklichung von Werten und um ein Streben nach Glück geht. Das Glück, soll es sich einstellen, braucht einen Grund, als dessen Folge es sich jeweils von selbst einfinden kann. Glück braucht einen Grund zum „Glücklichsein“ (Frankl 1996: 52) und Sinn, der außerhalb unseres subjektiven Urteils liegt, wird in einer Situation gefunden.

Der Erkenntniszusammenhang der Relation der Möglichkeiten des Außenweltbezugs zu den Möglichkeiten des Selbstwerdungsprozess durch Sinnverwirklichung ist die ergänzende Entsprechung zur zweiten These der substanziellen Konzeption des guten Lebens aus Teil I und vertieft die Einsicht in das dialogische Prinzip des rückbezüglichen geistigen Vollzugs zu Sachen und Personen, denen durch respektvolle und liebende Begegnung zu ihrem Höchstwert verholfen werden, als individuelle Bestimmung der Sinnerfüllung, wie sie im Kapitel 2.3.2 (Teil II) erhoben wurde. Explizit ist darauf hinzuweisen, dass der Prozess der Selbstbestimmung oder der Selbstwerdung kein Selbstverwirklichungsprozess im Sinne der Humanistischen Psychologie ist, wie Böschemeyer (1977: 90) in diese Richtung eine ängstliche Frage stellt, sondern zu verstehen als Frankls Paradigma, des potentiellen Seins des Menschen, sowie die Möglichkeit des Menschen als Geistwesen zum selbstentwerfenden Wesen, der im kommunikativen Kontakt mit der Lebenswelt steht. Ein Zitat Frankls (1996: 145) (bereits als Fußnote 93 verwendet) soll das verdeutlichen: „Meine Freiheit vom Sosein erfasse ich in der Selbstbesinnung; meine Freiheit zum Anders-werden ergreife ich in der Selbstbestimmung. Die Selbstbestimmung erfolgt nach dem delphischen Imperativ ´Erkenne dich selbst`; die Selbstbestimmung geschieht nach dem Wort von Pindar: ´Werde, der du bist`!“ Diesem erkenntnisleitenden emanzipatorischen Interesse der Logotherapie liegt das Potential der Entwicklung zugrunde und das therapeutische Ziel der Selbstbestimmung. Gleichzeitig zielt dieses Interesse auf die Mündigkeit durch Selbstreflexion und zeigt Frankls kritisches, verantwortungsvolles und in einem weit gefassten Sinn, auch gesellschaftspolitisches Denken. Das universalmenschliche Grundbedürfnis: *das Erkennen und Anerkennen* oder als das „Andere des Anderen“ (Spaemann 1998: 130) – das Selbsterkennen und Anerkennen (Bedingungen eines ethischen Modells) – wurde im Rahmen der hermeneutischen Auslegung des dialogischen Prinzips im Kapitel 2.3.2 (Teil II) (siehe auch Kapitel 2.6 Teil I) als individuelle Bestimmung der Sinnerfüllung erläutert und soll durch obige Feststellung konzeptuell um die Selbstreflexion erweitert werden. Frankl (2002: 251) spricht von dem „präreflexiven ontologischen Selbst-Verständnis“, demnach einem Vorwissen um Sinn und einer Ahnung vom Sinn, dem analog dazu in dieser Arbeit die Selbstreflexion als *Wiedererkennen* – (Bedingung eines emanzipatorischen Modells) – gleichgestellt wird, gleichsam als die Fähigkeit des geistigen Menschen zur Selbst-Transzendenz und als Fähigkeit zum selbstentwerfenden Menschen, gemäß seiner Möglichkeit. Durch die Zusammenführung der Bedingungen des ethischen

Modells mit der Bedingung des emanzipatorischen Modells erweitert sich das Konzept der Logotherapie und Existenzanalyse, welche das Erkennen (Selbstachtung), das Anerkennen (wechselseitige Anerkennung) und das Wiedererkennen (Selbstreflexion) in die Überlegungen der individuellen Bestimmung der Sinnerfüllung zwar *einbezieht,* aber erst durch die Zusammenführung der beiden Modelle *sichtbar* wird und so den Sinnzusammenhang von Frankls Denkweise offen legt.

Der Gang der Arbeit erfordert an dieser Stelle einen Exkurs, um einen Blick auf die wissenschaftliche Methode zu werfen, mit der im Teil II gearbeitet wird, gleichwohl die Zusammenführung der beiden Modelle nur als Exempel dient, demnach in dieser Arbeit aber Beispiele dieser Art bewirkt wurden. Die wissenschaftsreflexive Position, die gemäß der modifizierten wissenschaftlichen Methode der empirisch hermeneutischen Textanalyse eingenommen wird, ermöglicht durch ihre analytische Betrachtungsweise die Verflechtung des emanzipatorischen Modells mit dem ethischen Modell sichtbar zu machen und sie zusammenzuführen. Gleichzeitig wird in Frankls Theorie, als narrativer Text gestaltet (was die Systematisierung und Auffaltung der Theorie erschwert), durch die wissenschaftsreflexive Position trotzdem eine gedankliche Stringenz bemerkbar und seine philosophisch-soziale- therapeutische Zielvorstellung ersichtlich, genauso wie die kausalen Zusammenhänge im Feld von Frankls Erfahrung als Konsequenzwissen erkannt werden. Konzentriert wird in dieser Arbeit der Blick auf die ethische Dimension in Frankls Theorie geworfen, dennoch zeigt sich Wissenschaft allgemein als unabgeschlossener Prozess, dem die Erneuerung durch die „Unendlichkeit des Diskurses“[99] zugrunde liegt. Genau diese Erneuerung und Offenheit wünschte sich Frankl für seine Logotherapie (siehe Kapitel 1 „Hinführung zum Leitgedanken“).

Wie Frankls Ausfertigung der Logotherapie zeigt, ist nachweislich der Übersinn, die Frage nach dem Sinn des Ganzen, nicht Frankls Thema[100]. „Übersinn“ (Biller 1995: 158) ist nach Biller[101] eine Wortschöpfung Frankls, die versucht, den Gesamtsinn zu fassen, der ins Transzendente weist. Mit Übersinn ist nicht der Sinn der jeweiligen Situation gemeint, sondern damit wird der Totalsinn des Lebens ausgedrückt. Wie bereits betont, ist nach Frankl der Sinn immer personen- und situationsspezifisch. Die Sinnfrage scheitert jedoch, sobald sie aufs Ganze geht. In den Erklärungen und der Auffaltung des Begriffes „Übersinn“ trifft Frankl zum Teil widersprüchliche Aussagen. Trotzdem versucht er immer an analogen Beispielen die Sinnproblematik plausibel darzustellen, mit „Listigkeit“, wie Biller meint. In

99 Thomas Stephenson, private Aufzeichnung aus einem Seminar WS 2002.

100 Diese Formulierung übernehme ich von Uwe Böschemeyer (1977: 78), ebenso die Konzeption, den Übersinn am Beginn des Kapitels zu diskutieren, um zu zeigen, was Frankl mit Sinn nicht meinte.

101 Karlheinz Biller lehrt an der Christian-Albrechts-Universität Kiel Pädagogik. In dieser Arbeit wird auf den Beitrag von Biller zurückgegriffen: Der Sinnbegriff als zentrales Theorem der Logotherapie. In: Kurz/Sedlak (Hrsg.): Kompendium der Logotherapie und Existenzanalyse. Bewährte Grundlagen, neue Perspektiven.- Tübingen. Das Kompendium erschien zum 90. Geburtstag Viktor Frankls am 26. März 1995.

einer „Differenzialdiagnose“ (Frankl 2002[14]: 274) stellt Frankl die Frage: „Ist das Sein ein einziger großer Unsinn oder ein einzig großer Übersinn?“ (ebd.) Diese Frage nach dem Ganzen ist nicht zu beantworten und als Problem nicht lösbar, denn es ist eine Entscheidungsfrage. Da jedes Sein zweideutig ist, sind beide Deutungen möglich. Die Deutung des „totalen Unsinns“ ist genauso denkbar wie die Deutung des „totalen Übersinns“. Aus der Sicht der Logik ist der Mensch nicht zur einen oder anderen Entscheidung verpflichtet, da beide Entscheidungen gleichbedeutend sind. Diese Entscheidung ist keine intellektuelle, sondern eine existenzielle, weil nicht das Wissen, sondern der Glaube entscheidet, „der Glaube ist nicht ein Denken, vermindert um die Realität des Gedachten, sondern ein Denken, vermehrt um die Existenzialität des Denkenden“ (ebd.). Demnach ist die Entscheidung zur Glaubhaftigkeit des Übersinns an den Glauben des Entscheidenden gebunden und zeigt die rückbezügliche Verantwortung des Antwortenden. Zur Absurdität des Lebens gehört die Unüberschaubarkeit des Ganzen, die Uneinsehbarkeit der Sinnfülle, sowie die Unbeweisbarkeit des Übersinns, zum menschlichen Dasein wesentlich mit dazu (a.a.O., 275), weil der totale Sinnmangel ebenso beweisbar sein müsste, wie die Unbeweisbarkeit der totalen Sinnfülle noch keinen Gegenbeweis abgibt, dass es sie nicht gibt. Frankl war sich dieser Paradoxie bewusst, aber um den transzendenten Bezug des Logos zu belegen, postuliert er: „Der Glaube an einen Übersinn ist Sinn.“ (Frankl 1996: 201) Daraus ergibt sich die Frage, ob Frankl aus der Unbeweisbarkeit des Übersinns heraus, zu einem philosophischen Pragmatismus[102] greift, um damit seine Theorie zu stützen oder zu begründen?

Die Unterscheidung zwischen Sinn und Übersinn ist Frankl nicht nur in der Theorie, sondern auch in der Praxis (Lebenswirklichkeit) wichtig. Werden Sinn und Übersinn kontaminiert und nicht auseinandergehalten, kommt es zu einer Interferenz, die Handeln verunmöglichen würde. Die Annahme, alles Tun sei dem Übersinn untergeordnet und der Übersinn würde sich durchsetzen müssen, würde zu einer Lahmlegung des Handelns führen. „Daher muß ich so tun, als ob alles von meinem Tun und Lassen abhinge und als ob alles darauf ankäme, was ich tue und lasse.“ (a.a.O., 202) Diese Aussage Frankls verweist indirekt auf das in der praktischen Ausübung des Handelns und im Hinblick auf die Erfüllung des Übersinns liegende Moment der Verantwortung, eines der Axiome der Existenzanalyse, was nicht bedeutet, aus Selbstbezogenheit das Richtige zu tun, oder bloß, weil es Pflicht ist, es zu tun, sondern im Sinne einer wertenden Stellungnahme den kausalen Zusammenhang einer Entscheidung und den Handlungsfolgen zu erkennen, wie der kategorische Imperativ der Logotherapie (Frankl 1982: 104) es fordert. Die überwältigende Macht des Übersinns würde den Menschen lähmen. Vielmehr müsse er sich so verhalten, als ob es den Übersinn nicht gäbe. Als Arzt und Therapeut muss sich Frankl bewusst gewesen sein, dass das Ausblenden des Übersinns den

102 Pragmatismus ist im Sinne des amerikanischen Philosophen Peirce (1839-1914) zu verstehen als eine philosophische Einstellung, die im Handeln des Menschen sein Wesen ausgedrückt findet und Wert und Unwert auch des Denkens in eine enge Beziehung dazu setzt (Philosophisches Wörterbuch. Schischkoff, Georgi (Hrsg.) 1991[22]: 581)

Menschen in eine Krise stürzen könnte. Es ist annehmbar, dass er aus einer ärztlichen Sorge heraus erklärt, dass der Übersinn nicht im Voraus gewusst, sondern nur im Nachhinein erahnt werden kann. So wie die Entscheidung zur Glaubhaftigkeit des Übersinns an den Glauben des Entscheidenden gebunden ist, entzieht sich die Frage nach dem „letzten Sinn", von dem Frankl (2002^6: 88) explizit spricht, ebenso dem intellektuellen Zugriff, und es bedarf einer existenziellen Entscheidung ihn zu glauben. Beim letzten Sinn geht es um den „Sinn des Lebens als eines Ganzen" (ebd.)[103].

Frankl muss sich die kritische Frage gefallen lassen, wie sich der von ihm angenommene als personenbezogen und situationsgebunden verstandenen Sinn zum universalen Sinn verhält (vgl. dazu auch Böschemeyer 1977: 90) und wie sich eben dieser individuelle, auf Person und Situation zugeschnittene Sinn objektivieren lässt?

In der „Ärztlichen Seelsorge" (1946) lässt sich feststellen, dass Frankl davon ausgeht, dass das Reich der Werte ein transzendentes Reich objektiver Gegenstände ist, deren Wert dem intendierenden Akt (wertkognitiver Akt) gegenüber notwendig transzendent ist (a.a.O., 31). Da Frankls Kriterium einer Werterkenntnis die Objektivität absoluter Werte voraussetzt, deren Erkenntnis wiederum durch eine bestimmte Verfassung des Subjekts bedingt ist, bleibt die Werterfassung mittels „wertkognitiven Akt" (ebd.) ohne weitere Konkretisierung antastbar. Jedoch unabhängig von dieser vagen Annahme gilt in der Logotherapie und Existenzanalyse die Sinnsuche in der Außenwelt als Bedingung für die Verwirklichung der Werte. Frankls Absicht, die These der objektiven Werte mit dem Ansatz der Tätigkeitsorientierung zur Verwirklichung der Werte und der Sinnsuche in der Außenwelt in seine Theorie einzugliedern, wird im Kapitels 3.2 erörtert, in dem konkrete Möglichkeiten der Werteverwirklichung vorgestellt werden.

In dieser Arbeit werden des öfteren Verweise auf Überlegungen in kommenden oder bereits abgeschlossenen Kapiteln gegeben. Diese Hinweise werden als notwendig angesehen, zeigen sie doch, trotz mancher Inkonsistenz in Frankls Gedankengang (siehe auch Kapitel I, Hinführung zum Leitgedanken) zur Entwicklung der philosophischen Anthropologie, die das Gerüst zur Logotherapie abgibt, die Konvergenz (als übereinstimmende Ergänzung) der Thesen in seiner Theorie im Bemühen eines Dienstes zur konkreten Hilfe für eine konkrete Person in einer konkreten Situation. Im Konflikt von Inkonsistenz und Stringenz zeigt sich Frankls Absicht, den Menschen zu „heilen" und den Menschen im Spannungsbogen von Autonomie und dem Bedürfnis auf Angewiesensein zu helfen.

---

103 *Ergänzend ist Frankls (2002^6: 88) leidenschaftliches Plädoyer für den „letzten Sinn" hinzuzufügen: „Es geht da um den Sinn des Ganzen, um den Sinn des Lebens als eines Ganzen, und ich kann mir nicht vorstellen, daß es eines Psychiaters, überhaupt eines Wissenschaftlers, würdig ist, von vornherein, aufgrund apriorischer Voraussetzungen, um nicht zu sagen ideologischer Indoktrinationen, auch nur die bloße Möglichkeit eines solchen (nicht unikalen, sondern) universalen Sinnes schlechtweg in Abrede zu stellen."*

Die Generalisierbarkeit des Sinns beantwortet Frankl mit einer Analogie zum Film: Ein Film, „setzt sich aus tausenden und abertausenden von einzelnen Szenen zusammen, und jede einzelne trägt an den Zuschauer einen Sinn heran; aber der Sinn des ganzen Films dämmert uns erst gegen Ende der Vorstellung – vorausgesetzt, daß wir zunächst einmal auch den Sinn jeder einzelnen Situation mitbekommen“ (Frankl 2002[6]: 88). Analog zum Leben enthüllt sich der Sinn des Lebens ebenfalls erst zuletzt. Der End-Sinn hängt davon ab, ob der Sinn jeder einzelnen Situation erfüllt wurde. Dieser absoluten Haltung Frankls kann in dieser Arbeit, angesichts der *Gebrechlichkeit* des Menschen, nicht zugestimmt werden, aber in affirmativer Absicht, dem „Wollen“, das zur jeweiligen Zeit die differenzierteste Entscheidungsmöglichkeit zur Sinnerfüllung zulässt. Frankl spricht vom sinn-gläubigen Menschen. Diese Sinngläubigkeit bedeutet demnach, dass ein letzter, allumfassender Sinn nicht mehr denkbar, sondern nur noch glaubbar ist. „Hier gibt das Wissen auf, und der Glaube hat das Wort: aber was un-wiß-bar ist, braucht nicht un-glaub-lich zu sein.“ (a.a.O., 91)[104] Entschließt sich ein Mensch für den Glauben an einen letzten Sinn, an den Sinn des Lebens als ein Ganzes, dann hat er auch den Übersinn akzeptiert, der der Sinn des Ganzen in Relation zum Weltbezug steht. Ob der Mensch an einem „Übersinn“ oder an den „letzten Sinn“ glaubt ist letztlich selbst für Frankl fraglich.

Aber, ob er es „will oder nicht, ob er es wahrhat oder nicht – der Mensch glaubt an einen Sinn, solange er atmet. Noch der Selbstmörder glaubt an einen Sinn, wenn auch nicht des Lebens, des Weiterlebens, so doch des Sterbens. Glaubt er wirklich an keinen Sinn, keinerlei Sinn mehr – er könnte eigentlich keinen Finger rühren und schon darum nicht zum Selbstmord schreiten.“ (Frankl 1982: 118)

Dieser Glaube an einen Sinn, sagt Böschmeyer (1977: 81) ist keine Projektion unerfüllter menschlicher Wünsche oder Ausdruck neurotischen Fehlverhaltens, sondern den einen Aspekt des Menschen zur Weltoffenheit und zur Selbsttranszendenz, zum Ausgerichtetsein auf den Logos repräsentierend, von Frankl der „Wille zum Sinn“ (Frankl 1982: 114) genannt. Dieser Wille ist die Motivation und Grund für die Suche nach dem Sinn.

3.1 Die Suche nach dem Sinn

Das Credo und Axiom der Logotherapie ist das Vorhandensein von Sinn. Für Frankl ist der Sinn der geistigen Person von Anbeginn an immanent und verweist ebenso auf den ontologischen Charakter von Sinn, wie auf die fundamentale Sinnorientiertheit des Menschen. In einer handschriftlichen Notiz vermerkt Frankl, dass der

---

104 *Mit Nachruck verweist Frankl (a.a.O., 91f.) auf die Frage nach dem letzten Sinn als eine existenzielle Entscheidung: „Wo die Argumente für oder gegen einen letzten Sinn einander die Waage halten, können wir noch immer das Gewicht unseres eigenen Seins in die Waagschale 'pro' werfen, und das heißt eben, sich für die eine oder zwei Denkmöglichkeiten entscheiden. Angesichts der beiden Denkmöglichkeiten spricht der sinn-gläubige Mensch sein 'fiat', sein Amen: So sei es – ich entscheide mich dafür, so zu handeln, 'als ob' das Leben einen unendlichen, einen über unser endliches Fassungsvermögen hinausgehenden – einen Übersinn hätte.“*

zentrale Gedanke der Logotherapie, nicht zu fragen, was man vom Leben zu erwarten habe, von Alfred Adler[105] stammt (Längle 2001: 63). Längle, Frankls langjähriger Vertrauter, schreibt in der Biographie über Frankl, dass dieser wenig über Alfred Adler berichtete, und wenn, dann aus einer „verehrenden Distanz" heraus (a.a.O., 62). Im privaten Kreis äußerte er sich beispielsweise über Adlers Spätwerk „Über den Sinn des Lebens" (1933). Dieses sei ausgezeichnet, weil Adler vom Anfang an davon ausgehe, dass das Leben einen Sinn hat. Den Fehler, den Adler begehe, sieht Frankl darin, dass Adler nach dem Sinn des Lebens fragt (ebd.). Eine solch fragende Haltung führe am Sinn des Lebens vorbei. Es gehe vielmehr darum, sich vom Leben befragen zu lassen und darauf zu achten, was das Leben von einem verlangt, um eine persönliche Antwort darauf geben zu können.

Auf dem 3. Weltkongress für Logotherapie an der Universität Regensburg (16. – 19.6.1983) stellt Frankl fest, dass der motivations-theoretische Ansatz der Logotherapie darin bestehe, dass der Mensch für ein Wesen gehalten wird, das sich ständig auf der Suche nach Sinn befinde. Durch gesellschaftliche Bedingungen gestalte sich die Sinnsuche schwierig und verursache Frustration, die nach Frankl auf das „Konto jener tragischen Trias zu buchen" ist (Frankl 1996: 51), die sich aus Leid, Schuld und Tod zusammensetzt. Niemand bleibt es erspart, mit „unvermeidbarem Leid, mit unausweichlicher Schuld und schließlich mit seinem unentrinnbaren Tod" (ebd.) konfrontiert zu werden. In diesem Zusammenhang stellt Frankl die Frage, wie es trotz der tragischen Aspekte menschlicher Existenz möglich ist, „trotzdem Ja zum Leben zu sagen" (ebd.). Und im Weiteren, ob das Leben trotz der negativen

105 *Alfred Adler wurde am 7.2.1870 in Wien geboren. Er war Arzt und Begründer der Individualpsychologie, nach der das Seelenleben vom Geltungsdrang und Streben nach Überlegenheit im gesellschaftlichen Verhalten bestimmt ist. Die Überwindung daraus entstehender Konflikte hängt von der Stärke des mitwirkenden Gemeinschaftsgefühls ab, bzw. von der Fähigkeit und Einsicht des Einzelnen negative Selbstwertgefühle (Minderwertigkeitskomplexe) zu kompensieren (Kompensationstheorie). Alfred Adler starb während einer Vortragsreise am 25.5.1937 in Aberdeen (Schischkoff: Philosophisches Wörterbuch 1991: 6).*
Der Sinn des Lebens hat bei Adler zwei Bedeutungen. Erstens meint er den Sinn, den ein bestimmter Mensch sucht und findet. Da Adler davon ausgeht, dass jeder Mensch eine Meinung von sich, seinen Mitmenschen und vom Leben hat, hängt der gesuchte Sinn damit zusammen. Adler geht davon aus, dass sich Meinung und persönlicher Lebensplan gegenseitig ergänzen. Damit hängt die Erfüllung der Aufgabe ab, die dem Menschen vom Leben gestellt wird. Es ist dies die Stellungnahme zu den Mitmenschen, damit er mit ihnen zusammenleben und die Wohltaten der Gemeinschaft genießen kann. Der Beruf oder die Beschäftigung, die es dem Menschen ermöglicht zu überleben, und die Liebe.
Die zweite Bedeutung des „Sinn des Lebens" hat für Adler nur „Wert und Bedeutung, wenn man das Bezugsystem Mensch – Kosmos im Auge hat" (Adler 2002: 185). Der Kosmos besitzt eine formende Kraft und kann als „der Vater alles Lebenden" (ebd.) betrachtet werden. Um den Anforderungen des Kosmos genügen zu können, sei alles Leben im Ringen begriffen. In diesem Zusammenhang spricht Adler davon, dass in diesem Ringen kein Trieb bestünde, der sich nur zu entfalten bräuchte, um alles im Leben zu Ende zu bringen. Vielmehr handle es sich um einen angeborenen Drang, ein Streben zur Entwicklung, und um ein Etwas, ohne dem Leben nicht vorstellbar wäre.

Aspekte einen Sinn besitze und wie der „Sinn unter allen Bedingungen und Umständen behalten“ (ebd.) werden könne. Frankl plädiert dafür, dass es trotz der tragischen Aspekte im Dasein eines Menschen eine Möglichkeit geben müsse, das Beste daraus zu machen, „to make the best of it“ (ebd.). Es gibt keine Lebenssituation, die wirklich sinnlos wäre. Durch die Transformation der tragischen und negativen Aspekte in etwas Positives, wie beispielsweise das „Leid in Leistung – die Schuld in Wandlung – den Tod in einem Ansporn zu verantwortetem Tun“ (ebd.) kann eine Sinnverwirklichung erlebt werden. In einer weiteren Frage nach der Möglichkeit der Sinnfindung versucht Frankl von einer Frage nach dem Sinn des Daseins auszugehen, und findet eine Antwort in der Behauptung, der Sinn des Lebens liege im Leben selber. Diese Behauptung expliziert Frankl, indem er die Auffaltung so vornimmt, dass diese Aussage als Tautologie angesehen und die Lösung des Sinnproblems als Scheinlösung gehalten werden könnte. Bei genauer Betrachtung zeigt sich, dass Lebenssinn und Leben eine paradoxe Gleichsetzung darstellen, aber keine tautologische Formulierung. Die Bedeutung des Lebens in der Aussage beziehe sich das erste Mal auf das fakultative Leben. Das faktische Leben ist das *gegebene Dasein,* das fakultative Leben das *aufgegebene Dasein.* Der Paradoxie entkleidet, enthält die obige Behauptung eine These vom Leben als dessen eigenem Sinn: „Das Fakultativum ist der Sinn des Faktums.“ (a.a.O., 199) Karlheinz Biller vertritt die Auffassung, dass Sinn als Lebens- und Daseinssinn dazu beiträgt, das Leben eines Menschen wieder sinnvoll zu gestalten, damit er „trotzdem Ja zum Leben“ sagen kann, was zur Folge hat, dass die Sinnfrage auch immer die Forderung nach Sinn enthalte. Biller differenziert sechs verschiedene Sinnaspekte bei Frankl, von denen im Folgenden drei diskutiert werden und in diesem Rahmen als Zusammenfassung von Frankls Sinnsuche in der Außenwelt zu verstehen ist.

„Sinnverwirklichung durch Werteverwirklichung“ (Biller 1995: 111) In dieser Bedeutung meint Sinn die Forderung, Werte zu verwirklichen. Auf eine Gleichsetzung von Sinn und Wert darf jedoch nicht geschlossen werden. Nach Frankl ist Sinn immer an eine bestimmte, einzigartige und einmalige Situation gebunden, die der Mensch entscheidend und handelnd realisiert. Werte werden von Frankl als „Sinn-Universalien“ bezeichnet und bieten eine umfassende Sinnmöglichkeit. Werte sind auf verschiedene Objekte und Situationen übertragbar, nicht aber ein bestimmter Sinn, der immer an seinen Träger gebunden ist. Als „Situationswert“ ist Sinn die Verwirklichung von Möglichkeiten und die Anspruchseinlösung, der in einer einzigartigen Situation wahrgenommen wird. Biller sieht im Sinn dasjenige, was notwendigerweise im freien Entschluss getan werden muss und über die Gestaltung einer Situation indirekt beeinflussbar ist. Dem Sinn wohnt damit ein „Sollen“ inne und besitzt damit Aufforderungscharakter zur Verantwortlichkeit. Biller verweist darauf, dass Frankls therapiebezogene Auffassung vom Sinn sich von jenem Sinnverständnis abgrenzt, das „Sinn als Kriterium zur Überprüfung von Funktionstüchtigkeit oder als Bedeutung von etwas oder jemandem versteht“ (a.a.O., 112).

„Sinn als Lebens- und Daseinssinn ist einmalig und konkret“ (ebd.) Biller verweist auf die Einmaligkeit und Einzigartigkeit des Sinns, der mit folgender Fragekette von Hillel, einem „der beiden Begründer des Talmud“ (Längle 2001: 181), ausgedrückt wird: „Wenn nicht ich, wer denn? Und wenn nicht jetzt, wann denn? Aber wenn nur für mich, was bin ich?“ (Biller 1995: 112) In der Aufschlüsselung der Fragekette vertritt Biller die Meinung, dass der erste Satz die Unvertretbarkeit der Person meint, der zweite die Unwiderruflichkeit der Situation und der dritte Satz auf die Person verweist, die als geistige Person immer über sich selbst hinausweist auf Menschen, die zu lieben, oder auf Aufgaben, die zu erfüllen sind. Damit sind die Forderung der Stunde sowie die Einzigartigkeit des Sinns und die Einmaligkeit der Person gemeint. Biller vermerkt ergänzend, dass der einmalige und einzigartige Sinn nicht ein willkürlicher oder beliebiger sei. Vielmehr spricht Biller von einer inneren „Sinnstruktur“, die als Raster über die wahrgenommenen Sinnmöglichkeiten gestülpt werden könnte. Die Sinnstruktur bedient sich nach Biller der „Sollensgehalte aus Sitte, Recht, politischer Ideologie und Religion – so wie sie das Subjekt verstanden hat – und bezieht darüber hinaus die eigene Erfahrung ein“ (ebd.). Zusammenfassend können drei wichtige Merkmale am Sinnbegriff festgestellt werden: Die *Unvertretbarkeit der Person*, die *Unwiderruflichkeit der Situation* und die unbedingte *Sinnhaftigkeit des Lebens und Daseins.*

„Sinn als Lebens- und Daseinssinn ist unverfügbar“ (ebd.) Sinn kann nie verloren gehen und ist unverfügbar. Diese faszinierende Schlussfolgerung beruht auf Frankls Aussage (1996: 57), dass der Sinn ein potentieller ist, der jeweils darauf wartet, aktualisiert zu werden. Um zu einer Sinnerfahrung zu kommen, lassen sich Sinnmöglichkeiten gestalten oder stiften, da Sinn ja nicht erzeugt werden kann. Lediglich ein subjektiver Sinn, ein bloßes Sinngefühl oder Unsinn kann erzeugt werden. In diesem Zusammenhang weist Biller darauf hin, dass umgangssprachlich von einer Sinnstiftung gesprochen wird, die sich bei genauerer Betrachtung jedoch als Produzierbarkeit des Sinngefühls erweist, welche mit der Logotherapie unvereinbar ist. Denn „Sinnfindung geschieht im Sinne der Logotherapie am besten durch das Wahrnehmen eines Anspruchs, einer Möglichkeit für Beglückendes, Erhabenes, Bedeutendes und Schönes“ (Biller 1995: 113). Womit Biller *diese* Sinnfindung meint, die Frankl (2002^{14}: 155) einen *Prozess* nennt, der auf eine Gestaltwahrnehmung hinauslaufe, bei der es sich um die Entdeckung einer Möglichkeit vor dem Hintergrund der Wirklichkeit handelt.

Diese Grundvoraussetzung zur Sinnfindung hat Frankl in Extremsituationen erfahren. Die Erkenntnis, die er aus Auschwitz und Dachau gewann, war die, dass Menschen Grenzsituationen am ehesten überleben konnten, wenn sie Möglichkeiten der Realisation von Zielen entdeckten, sich auf die Zukunft ausrichteten und eine Aufgabe, d.h. ein Sinn, auf sie wartete, den sie erfüllen wollten. Frankls Frage (2002^{14}: 154): „Sollte nun, was von einzelnen gilt, nicht ebenso auch von der Menschheit im Ganzen gelten? Und sollten wir uns nicht, im Rahmen sogenannter Friedensforschung, die Frage angelegen sein lassen, ob nicht auch für das Überleben der Menschheit die einzige Chance letzten Endes in einer allen gemeinsamen Aufgabe liegt, in einem gemeinsamen Willen zu einem gemeinsamen Sinn?", steht im kausalen Zusammenhang mit dem Konsequenzwissen, den Erkenntnissen, die er aus dieser Zeit zog/beobachtete und wissenschaftlich verwertete. Sein beabsichtigtes Ziel, entspringt einem visionären Wunsch und/oder Traum und drückt sich im proklamierten universalen Gemeinschaftsgefühl, sowie dem Wissen um das Potential der menschlichen (moralischen) Entwicklung aus und geht mit Alfred Adlers optimistischer Sichtweise konform, die beseelt war von dem Vertrauen und dem Wunsch in die Menschheit, diese möge um ein stärkeres Gemeinschaftsgefühl ringen und von ihm durchdrungen sein. Am Vorabend des 2. Weltkrieges (1933) vermerkte Adler hoffnungsvoll: „Es besteht die berechtigte Erwartung, daß in viel späterer Zeit, wenn der Menschheit genügend Zeit gelassen wird, die Kraft des Gemeinschaftsgefühls über alle äußeren Widerstände siegen wird. Dann wird der Mensch Gemeinschaftsgefühl äußern wie Atem." (Adler 2002: 196)

Die These, auf der Suche nach Sinn leitet den Menschen das Gewissen, das in eine unbewusste Tiefe hinabreicht und in einem unbewussten Grund wurzelt (Frankl 2002[6]: 23), deshalb als Stimme der Transzendenz und insofern selber als transzendent bestimmbar und als Sinn-Organ nur nachträglich einer „sekundären Rationalisierung erschließbar" (ebd.), wird gefestigt durch die Setzung, dem Gewissen ist ein praemoralisches Wertverständnis vorgelagert, das aller expliziten Moral wesentlich vorgängig ist (ebd.). Die Aufgabe des Gewissens besteht darin, dem Menschen das „Eine, was not tut" (a.a.O., 24) zu erschließen, wobei es sich um ein erst „Sein-sollendes", ein erst zu „Verwirklichendes" (a.a.O., 23) handelt, das ein absolut Individuelles ist. Das individuelle Sein-sollende wird daher auch von keinem generellen Gesetz, von keinem „moralischen Gesetz" im Sinne Kants gefasst, sondern von einem „individuellen Gesetz" vorgeschrieben, das im Rahmen der Theorie als eine Leistung des Gewissens intuitiv erfasst wird. Das Gewissen allein vermag das „´ewige`, allgemein gefaßte ´moralische Gesetz`" (a.a.O., 25) abzustimmen auf die jeweilige Situation einer konkreten Person.

Die zielgerichtete, intentionale Entscheidung ist durch Erziehung beeinflussbar und lässt sich mittels Erziehung verfeinern. Die Mithilfe Erwachsener beim Aufbau einer differenzierten Orientierungshilfe ist unerlässlich. Anhand von Frankls Konsequenzwissen resultiert sein selbstgesetztes sozial-politisch-ethisch motiviertes Anliegen, den Menschen „instand" zu setzen (a.a.O., 75), die zehntausend Gebote vernehmen zu können, die in zehntausend Situationen verschlüsselt sind, mit denen das Leben ihn konfrontiert. Solcherart sei der Mensch immunisiert gegenüber Konformismus und Totalitarismus, denn ein waches Gewissen mache widerstandsfähig, dass er sich nicht dem Konformismus fügt und sich nicht dem Totalitarismus beugt. Damit stellt Frankl eine radikal demokratische Weltanschauung in den Vordergrund, die, wie oben bereits angesprochen, seinem Wunsch nach einer globalen Friedensordnung entspringt.

Frankl geht von einer ontologischen Vorstellung aus, dass der Ursprung des Gewissens von Gott kommt und es einen vorgegebenen Sinn erspürt. Somit bringt Frankl einen Aufweis auf das Sein Gottes, vor dem der Mensch letztlich verantwortlich ist und auf den hin er sich transzendiert. Der ungläubige Mensch sieht im Gewissen die letzte und nicht die vorletzte Instanz, vor der er sich zu verantworten hat. „Das Gewissen ist aber nicht das letzte Wovor des Verantwortlichseins; es ist keine Letztheit, sondern eine Vorletztheit.“ (a.a.O., 42) Genauso wie die Freiheit ist auch das Gewissen immanent, entspringt der Freiheit und ist mit ihr verknüpft.[106] Dies wird erklärbar durch Frankls Credo, gleichzeitig auch das Axiom, das sich deutlich durch seine Anthropologie zieht und seine ethische Dimension offen legt, die die ganze Menschheit einbezieht: *Der Mensch als geistiges Wesen ist frei, das macht ihn nicht willkürlich, sondern verantwortlich!*

Als Unterstützung zur Gewissensentscheidung bieten sich Sinn-Universalien an. Frankl nennt diese Sinn-Universalien Werte, durch die der Mensch eine Erleichterung erfahre, weil es sich dabei um allgemein geltende Werte handle und um moralische und ethische Prinzipien, die sich im Laufe der Geschichte aus der menschlichen Gesellschaft heraus tradierten und können als eine allgemeine Vorstellung von Sinn charakterisiert werden. Diese tradierten oder objektiven Werte ermöglichen eine Orientierung in Entscheidungssituationen. Trotzdem rufen diese Werte Konflikte hervor, weil sich ihre Geltung „über weite Areale sich wiederholende typische Situationen“ (a.a.O., 72) erstreckt, und diese Areale sich überschneiden. In Situationen, in denen der Mensch vor eine Wertwahl, die einer Rangordnung gleichkommt, gestellt ist, muss er sich zwischen Werten entscheiden: das kann er auch, weil Werte und ethisches Verhalten ihren Ursprung in der Freiheit haben. Freiheit ist die Freiheit, immer auch anders zu können (siehe auch Fußnote 104) postuliert Frankl. Das Gewissen, das „Sinn-Organ“ (Frankl 2002^6: 71) der Existenz, ein spezifisch menschliches Phänomen und der Endlichkeit unterworfen, ist die Fähigkeit, den einmaligen und einzigartigen Sinn, der in jeder Situation verborgen ist, aufzuspüren. Folgerichtig kann geschlossen werden, dass Werte die Bedingung von Sinn sind, der durch das Tun verwirklicht wird. Die „Sinnfindung“ (Frankl 2002: 17), der im Mittelpunkt stehende Begriff der Logotherapie und Existenzanalyse, ist, wie bereits gezeigt, an die Möglichkeit der freien Entscheidung gekoppelt. Frankl (1996: 202) spricht von „drei Wegen“, die zum Sinn führen.

---

106 *Vgl. Frankl (2002^6: 42f.), der über die Freiheit der Entscheidung schreibt, die vom Gewissen beeinflusst wird: „Gerade der religiöse Mensch müßte doch auch diese negative Entscheidung seines Mitmenschen respektieren können; er müßte diese Entscheidung sowohl als grundsätzliche Möglichkeit anerkennen wie auch als tatsächliche Wirklichkeit hinnehmen. Denn gerade der religiöse Mensch müßte wissen, daß die Freiheit einer solchen Entscheidung eine gottgewollte, gottgeschaffene ist, denn in einem solchen Grade ist der Mensch frei, von seinem Schöpfer frei geschaffen, daß diese Freiheit eine Freiheit bis zum Nein ist, daß sie so weit geht, daß ein Geschöpf sich auch gegen seinen eigenen Schöpfer entscheiden, daß es Gott auch verleugnen kann.“*

3.2 Sinn und Werte

Mittels Intuition kann der Mensch den einmaligen und einzigartigen Sinn, der in jeder Situation verborgen ist, finden. In der „Ärztlichen Seelsorge“ (1946: 31f.) geht Frankl davon aus, dass die Erkenntnis der Werte subjektiv bedingt ist. Die subjektive Verfassung ermöglicht die „Werterkenntnis“ (a.a.O., 32), wie im Kapitel 3, Teil II bereits diskutiert. Frankls Tätigkeitsorientierung setzt voraus, dass der Sinn des Daseins erfüllt und unser Dasein mit Sinn erfüllt wird, indem Werte verwirklicht werden. Die hinter den Aufgaben („Forderungen des Tages“ Frankl 1946: 32) stehenden Werte lassen sich nur durch die Aufgaben hindurch intendieren (ebd.). Noch einmal wird deutlich, dass Werte die Bedingungen für Sinn sind. Die Werteverwirklichung wird auf drei Wegen möglich: *Erlebniswerte* und *schöpferische Werte* beziehen sich auf rezeptive (aufnehmende) und kreative Lebensmöglichkeiten. Die dritte Möglichkeit der Werteverwirklichung liegt im Erleiden des Seins, im Ertragen eines unabänderlichen Schicksals und wird von Frankl (1996: 202f. siehe auch 1946: 34) *Einstellungswert* genannt, im Gegensatz von nicht schicksalhaft notwendigen unnötigem Leiden, das keine Leistung, sondern Mutwille bedeutet.

Einstellungswerte: Im Leiden, hier muss ausdrücklich das unabänderliche Leiden betont werden, sieht Frankl die Möglichkeit, den höchsten Wert zu verwirklichen und die Gelegenheit, den tiefsten Sinn zu erfüllen. Nicht der „Homo faber“ (Frankl 2002: 131), der sein Dasein schaffend erfüllt und nur zwei Kategorien kennt, in denen er denkt: Erfolg und Misserfolg. Nicht der „Homo amans“ (ebd.), der den Sinn des Lebens erlebend, begegnend und liebend erlebt, erreicht die wahre Sinnerfüllung, sondern der „Homo patiens“ (ebd.), der sein Leiden leistet und dessen Kategorienpaar Erfüllung und Verzweiflung heißen. Für Frankl ist die Sinnerfüllbarkeit des Leidens unbegrenzt und er sieht daher die Einstellungswerte gegenüber den schöpferischen Werten und Erlebniswerten sittlich und dimensional überlegen (Frankl (1996: 203). Weil das Kategorienpaar: Erfüllung und Verzweiflung einer anderen Dimension angehören, wird der leidende Mensch durch sie senkrecht zur Linie aller Erfolgsethik gestellt. Aus dieser dimensionalen Verschiedenheit ergibt sich die dimensionale Überlegenheit, weil sich der Homo patiens noch im äußersten Misserfolg, im Scheitern erfüllt (Frankl 2002: 131). Die Realisierung der Einstellungswerte, wie Frankl (1996: 203) es meint, bedarf nicht nur der schöpferischen Fähigkeit und der Erlebnisfähigkeit, sondern der Leidensfähigkeit, die nicht angeboren, sondern erworben – der Mensch „muß sich erst er-leiden“ – ist. Nachdem Frankl in einer angeborenen Leidensfähigkeit eine Charaktereigenschaft erblickt, die zur Apathie führen würde, um das Leiden auszuschalten, ist der Erwerb der Leidensfähigkeit ein aktiver Akt der *Selbstgestaltung*, weil menschliches Sein „entscheidendes Sein“ (ebd.) ist, wie Frankl Jasper zitiert. Als entscheidendes Sein entscheidet der Mensch nicht nur etwas, sondern jeweils auch sich selbst. Die Entscheidung, wie Frankl sie sieht, die jeder Entwicklung einer Leidensbewältigungsstrategie vorangeht, entspringt Frankls fundiertem Willen nach verantworteter Entscheidung, deren Auffinden in Frankls Anthropologie eines der Ziele dieser

Arbeit ist. Es kann kein Zweifel daran bestehen, dass Frankl aus seiner ethischen Verantwortung heraus darauf hinweist, dass die Möglichkeiten der Entscheidung vergänglich sind. Sind sie aber einmal verwirklicht worden, bleibt diese Verwirklichung bestehen, auch wenn sie vergangen sein mögen. Das ist ein Aufruf zur verantwortungsvollen Entscheidung, weil die Vergangenheit der sicherste Ort für Geschehenes ist:

„... in ihrem Vergangensein sind sie vor der Vergänglichkeit gerettet – hineingerettet worden in die Vergangenheit: in ihr sind sie nicht unwiederbringlich verloren, sondern im Gegenteil, unverlierbar geborgen; denn was einmal geschehen, läßt sich nicht mehr ungeschehen machen, läßt sich nimmer herausschaffen aus der Vergangenheit ..." (Frankl 200214: 78)

Das unabänderliche Leiden heißt für Frankl *leisten, wachsen* und *reifen.* Die eigentliche Leistung des Leidens ist ein Reifungsprozess, der darauf beruht, dass der Mensch zur inneren Freiheit gelangt und Glücksgefühle empfinden kann – trotz äußerer Abhängigkeit. Bestätigend dazu die Art und Weise, wie trotz objektiver Abhängigkeit, subjektiv differenzierte Bewertungsprozesse stattfinden können, zeigen Mayrings „Empirische Studien zum Glückskonzept" (1991: 144-149) in Form von Interviews mit Hochbetagten, wie sie im Kapitel 2.1, Teil I bereits diskutiert wurden.

In Extremsituationen ist der Mensch von außen aufoktroyierten Bedingungen ausgesetzt. Von diesen Umständen und äußeren Bedingungen kann der Mensch sich distanzieren und sich selbst-transzendieren. Durch die Fähigkeit des Heraustretens aus einer ausweglosen Situation vermag der Mensch die Unversehrtheit des Ichs zu fühlen. Nur im Verwirklichen der schöpferischen und Erlebniswerte ist der Mensch abhängig, in der Verwirklichung der Einstellungswerte jedoch frei von äußeren Bedingungen und frei zur Bewältigung des Schicksals (Frankl 1996: 207).[107]

107 Längle beschreibt eine Grenzsituation, die Frankl eine situationsbezogene Bewältigung des Schicksals abverlangte. Frankl schrieb nie darüber, aber „in einer späten Nachtstunde" (Längle 2001: 89) erzählte er davon. Für Längle ist sie „ein Juwel in der Begegnung Frankls und die tiefempfundene Erfahrung des 'Seinsgrund`" (ebd.), wie er dieses Erleben bezeichnet. Im Konzentrationslager Theresienstadt wurde Frankl zu einem Sondertransport bestimmt, von dem man wusste, dass dieser regelmäßig ins Gas ging. Er überlegte, Selbstmord zu begehen, obwohl er immer dagegen ankämpfte, dem Leben die letzte Gestaltung zu nehmen. Nach der Verabschiedung von seiner Mutter und seiner Frau wollte er noch einmal den Sonnenuntergang erleben. Dabei wurde ihm bewusst, dass er alles getan hatte, was er in diesem Leben hätte tun können. Die Last des Lebens fiel von ihm ab und ein Gefühl der Leichtigkeit stellte sich ein. Er fühlte, dass sich seine Existenz gleichsam schwebend über sein Leben stellte, und er fühlte sich wie von einem Hauch aus dem Jenseits berührt. Das, was das Leben jetzt bringt, ist nicht mehr von ihm zu gestalten oder zu beeinflussen. Frankl fühlte ein unbekanntes Glücksgefühl, große Dankbarkeit, ein Gefühl der Freude und Zufriedenheit über sein bisheriges Leben. Er fühlte sich durchströmt von einem Gefühl der Verbundenheit und des All-eins-Seins mit sich und der Welt, der er aber gleichzeitig schon entrückt war. Nach diesem Erlebnis war ihm nicht mehr danach, sich zu töten. Sein Interesse erwachte an der Frage, was dieses Leben noch mit ihm vorhabe. Später nannte Frankl dieses Interesse am zukünftigen Leben „wissenschaftliche Grundhaltung zum Leben". Diese sachbezogene Haltung könne zu einer Hoffnung gegen alle Hoffnung verhelfen (a.a.O., 90f.).

Norbert Leser, der sein Buch „Gottes Türen und Fenster“ Viktor Frankl gewidmet hat, vertritt die Meinung, dass Frankl die Sinnhaftigkeit des Lebens und des menschlichen Leides auch dort bejaht, wo sich der Mensch zunächst sträubt, sie zu akzeptieren, im besonderen in den Grenz- und Extremsituationen. Diese Überzeugung trug jedoch Frankl den Vorwurf ein, menschliches Leid zu glorifizieren und der „Schrecklichkeit, die ihm innewohnt, zu berauben“ (Leser 2001: 132f.). Leser bezieht dazu Stellung, indem er schreibt, dass Frankl „lediglich“ (a.a.O., 132) davon ausgehe, „daß es falsch sei, das Leiden um jeden Preis zu vermeiden und aus ihm unwiderruflich negative Schlüsse zu ziehen, entweder in Form des Selbstmordes oder in der Verzweiflung. Und seine Erfahrungen im Konzentrationslager haben ihn in dieser Auffassung bestärkt.“ (ebd.) Nach dieser Erfahrung im Konzentrationslager fände es Leser legitim, pessimistische Konsequenzen zu ziehen. Doch Frankl zog keine pessimistischen Konsequenzen, sondern ethische: In paradigmatischer Umsetzung der ethischen Konsequenz lehnt er die Kollektivschuld ab (siehe Kapitel 2.3.1 Teil II) und spricht vielmehr im Sinne einer Selbstbestimmung von einer prinzipiellen Verantwortung des Menschen, die er im Guten wie im Schlechten über seine Lebensführung hat. Die Ethik der verantwortungsvollen Entscheidung veranlasst Frankl im Kontext einer politisch-demokratischen Absicht auf die verlässliche Orientierungshilfe des Gewissens hinzuweisen, welches entwickelt werden muss, um Totalität und Konformismus zu erkennen, um diesen entgegentreten zu können. Der Ursprung des ethischen Verhaltens, so wurde bisher versucht nachzuweisen, liegt nach Frankl im Wesen des Menschen als geistiges Wesen, das frei zur Entscheidung und frei zur Verantwortung ist.

Schöpferische Werte: Um schöpferische Werte zu verwirklichen, benötigt der Mensch Talente, die angeboren sind und der Benützung harren. Ebenso werden Werte verwirklicht durch das Setzen einer Tat oder das mutige Eintreten für jemanden. Das Schaffen eines Werkes mit Hilfe der Talente oder der Arbeit, die Tag für Tag bewältigt wird, lässt Wertvolles entstehen und Sinn finden (Frankl 1996: 203), weil schöpferische Werte, in Form von Leistung verwirklicht, gemeinschaftsbezogen wirken, worauf menschliches Erleben gerichtet ist (Frankl 1946: 101). Die Strukturiertheit, die das Leben durch seinen Aufgabencharakter gewinnt, „wirkt sich bis ins Biologische aus“ (a.a.O., 97). Deshalb wird der Verlust der Arbeitsfähigkeit oder der Verlust der Arbeit (Arbeitslosigkeit) als Orientierungssicherheit besonders tragisch empfunden, wie aus Fallschilderungen (beispielsweise Frankl 2002:124, besonders aber Frankl 1946: 91-101) ersichtlich wird. Nach Frankl (1946: 33) ist es bedeutungslos, wie „groß sein Aktionsradius ist; wichtig ist allein, ob er [der Mensch d. Vf.] seinen Aufgabenkreis erfüllt. Ein einfacher Mensch, der die konkreten Aufgaben, die ihm Beruf und Familie stellen mögen, wirklich erfüllt hat, ist trotz seines 'kleinen' Lebens 'größer' und höherstehend als etwa ein 'großer' Staatsmann, in dessen Hand es liegt, mit einem Federstrich über das Schicksal von Millionen zu entscheiden, der aber seine Entscheidungen gewissenlos trifft.“ Frankl weist explizit darauf hin, dass jede Tätigkeit ihren Wert besitzt, entscheidend ist die verantwortete Haltung dazu (ebd.). Arbeitsfähigkeit ist weder ein zureichender noch ein notwendiger Grund, um das Leben mit Sinn zu erfüllen (a.a.O., 98), weil die Sinnerfüllung der menschlichen Existenz noch andere Möglichkeiten der Werteverwirklichung kennt, die wegen des „Reichtum[s] der Wertewelt“ (a.a.O., 33), die hinter den Forderungen des Tages und der persönlichen Aufgaben liegen, „diesbezüglich eine ausgesprochene Elastizität, eine elastische Anpassung an die Chancen“ (ebd.), die das Leben bietet, erfordert. Durch die Diskussion der „schöpferischen Werte“ und die Fokussierung auf die Sinnerfüllung durch Tätigsein, wurde eine Vorbereitung getroffen, die ein rückblickendes Argument erlaubt, das zur Bestätigung des Kapitels 2.2 Teil I erforderlich ist. In dem Kapitel wird die Meinung vertreten, der gefühlsmäßige Zustand der Zufriedenheit trägt das Potenzial der innerpsychischen (emotionalen und kognitiven) Entwicklung in sich, mit dem Ziel, inneres Gleichgewicht zu erlangen, um eine bestimmte Haltung und Einstellung zur Lebenswirklichkeit zu entwickeln. Frankls Argumentation über den Sinn der Arbeit, (die auf eine sozial-gesellschaftliche Zustimmung abzielt), soll belegen, dass Zufriedenheit als ein Entwicklungsprozess, der die eigene Entwicklung fördert, in der Regel über eine kognitiv-wertende Stellungnahme (Begründungen) erfolgt, wobei die Erkenntnisfähigkeit bei der Einschätzung der Lebenswirklichkeit eine große Rolle spielt: „Wer stehenbleibt, wird überholt, und wer da selbstzufrieden ist, verliert sich selbst. Weder als Schaffende noch als Erlebende dürfen wir uns also mit dem jeweils Erreichten begnügen; jede Stunde macht neue Taten nötig und neue [glücksfördernde d. Vf.] Erlebnisse möglich.“ (a.a.O., 101)

Erlebniswerte: Die Möglichkeit, die Schönheit von Natur oder Kunst aufzunehmen, ist ein Akt der Verwirklichung der „Erlebniswerte“ (ebd.), zu dem der Mensch seine Organe braucht, beispielsweise die Ohren zum Hören einer Symphonie oder die Augen zum Sehen des Alpenglühens. Ebenso, wie der Mensch die Welt durch sein Tun reicher macht, macht er sich durch das Erleben selbst reicher (a.a.O., 35). Durch das Erleben, Begegnen und Lieben kann im Leben Sinn verwirklicht werden (2002:126). Frankl (1946: 35) spricht davon, dass der Mensch zur Freude „verpflichtet“ sein kann. Ein Mensch ist „pflichtvergessen“ (ebd.) zu nennen, der Zeuge eines Sonnenunterganges wird und trotzdem in der Zeitung weiterliest oder den Duft, der eben in Blüte stehenden Akazie nicht wahrnimmt oder sich diesem Naturerleben nicht hingibt. Deshalb macht Frankl (a.a.O., 34) aufmerksam, Erlebniswerte nicht zu unterschätzen und nicht daran zu zweifeln, dass der aktuelle Sinn eines bestimmten Augenblicks im menschlichen Dasein, jenseits allen Tuns und Handelns, in bloßem Erleben erfüllt sein kann. Er verweist auf das Gedankenexperiment, dass schon an der Größe eines Augenblicks sich die Größe eines Lebens ermessen lässt. Die „Höhe einer Bergkette wird ja auch nicht nach der Höhe irgendeiner Talsohle angegeben, sondern ausschließlich nach der Höhe des höchsten Berggipfels“ (ebd.). Im Leben, so Frankl, entscheiden die Gipfelpunkte über dessen Sinnhaftigkeit und ein „einziger Augenblick kann rückwirkend dem ganzen Leben Sinn geben“ (ebd.). Freude, die in der Verwirklichung der Erlebniswerte empfunden wird, als „ganz bestimmter Tanz von Molekülen oder Atomen oder Elektronen innerhalb der Großhirnganglienzellen“ (a.a.O., 31), lässt sich, wie auch das Glück, selbst nicht intendieren. Freude ist eine „Vollzugswirklichkeit“ (ebd.), die im Vollziehen wertkognitiver Akte realisiert wird. Natur- und Kunsterleben fördern aber das Vermögen zur Freude, der eine Erkenntnisquelle zugrunde liegt, wie obiges Gedankenexperiment von der Größe eines Augenblicks, die von der Größe des Lebens zeugt, konkretisiert. Im bewussten Erleben kann das Wahre, das Gute, das Schöne aufgenommen werden. Diese Aufnahmefähigkeit ist ein anthropologischer Tatbestand und entstammt der Besonderheit des Menschen in seiner Existenz als geistiges Wesen. Die Selbsttranszendenz und die Liebe haben in dieser Geistigkeit ihren Ursprung, durch die sich der Mensch zur Welt in Beziehung setzt. Auch die Liebe besitzt Erkenntnisqualität und Freude gibt es nur, wenn man liebt[108]. Liebe macht „wertsichtig“ (a.a.O., 102) und der Wert, den sie sieht, ist noch keine Wirklichkeit, sondern bloße Möglichkeit. Die echte Liebe, sagt Frankl (a.a.O., 105) ist eine geistige Beziehung zum anderen, die zwar einerseits von Person zu Person zu verstehen ist, aber der ursprüngliche Beweggrund auf einen Wert oder Sinn hin. Obwohl bereits im Kapitel 2.4.2 Teil II erkannt wurde, dass das universalmenschliche Grundbedürfnis nach Wohlwollen und Anerkennung durch moralisch richtiges Handeln erfüllt wird, indem durch den rückbezüglichen geistigen Vollzug zu Sachen und Personen diesen zu ihrem Höchstwert verholfen wird, soll noch einmal der Blick auf Frankls Daseinsauffassung in Bezug auf Liebe und Sinnerfüllung geworfen werden. Der Tugend der Sachlichkeit und der Gerechtigkeit entspringt der geistige Vollzug zu Sachen und Menschen, wird gesagt (Kapitel 2.4.2). Warum nicht auch der Tugend der Liebe? Menschen zu ihrem Selbstwert zu verhelfen, entspringt der Liebesfähigkeit und gleichzeitig der individuellen Selbstbestimmung durch Sinnerfüllung. Liebt man, um die eigene Entwicklung zu fördern, also um seiner selbst willen? Kant verneint dies und macht darauf aufmerksam, dass eine solche Einstellung nur dazu führen würde, die eigene Glückseligkeit zu fördern, deren Maxime dann so lauten würde „Liebe dich selbst über alles, Gott aber und deinen Nächsten um dein selbst willen“ (Kant „Kritik der praktischen Vernunft“ 1975. 205). Liebe braucht nicht die Krücke der Moral. Moral, weist Comte-Sponville (2004: 263) nach, wird nur in Ermangelung der Liebe gebraucht – wo die Liebe fehlt, da befiehlt sie in und durch Abwesenheit. „Die Moral schreibt uns nicht Liebe vor, sie schreibt uns vor, aus Pflichtgefühl das zu tun, was die Liebe bereits freiwillig getan hätte.“ (ebd.) Die Liebe, die Wohlwollen und Anerkennung gewährt, vollzieht sich als Universalität der praktischen Liebe, die sich an einer moralischen Gemeinschaft orientiert, wie Kant versucht zu zeigen und sie entspricht dem „Homo amans“ (Frankl

108 Solcherart rezipiert der französische Philosoph André Comte-Sponville (2004: 297) Spinoza in Bezug auf Liebe und Freude. In seinem „Brevier über die Tugenden“, in dem er 18 Tugenden abhandelt, schreibt Comte-Sponville, dass die Liebe die höchste aller Tugenden ist. Er begründet diese These damit, dass jemand ganz und gar liebt, wie beispielsweise eine Mutter ihr Kind, ganz selbstverständlich auch die anderen Tugenden aufweist. Nur jemand der nicht liebt, bedarf erst der anderen Tugenden (a.a.O., 263).

2002: 131), der den Sinn des Lebens erlebend, begegnend und liebend erlebt, von Frankl dem „Homo patiens“ zwar untergeordnet, doch in dieser Arbeit vorgezogen, weil im Rahmen einer universalen Ethik, die diese Arbeit in Frankls Anthropologie untersucht, auf den liebenden Menschen nicht verzichten kann.

Liebe zu „Menschen ist zwar möglich, kann aber nicht geboten werden; denn es steht in keines Menschen Vermögen, jemanden bloß auf Befehl zu lieben. Also ist es bloß die praktische Liebe, die in jenem Kern aller Gesetze verstanden wird. [...] den Nächsten lieben heißt, alle Pflicht gegen ihn gerne ausüben. Das Gebot aber, das dieses zur Regel macht, kann auch nicht diese Gesinnung in pflichtmäßigen Handlungen zu haben, sondern bloß darnach zu streben gebieten. Denn ein Gebot, daß man etwas gerne tun soll, ist in sich widersprechend [] [und d. Vf.] gerade der gebotenen Gesinnung zuwider wirken würde." (Kant „Kritik der praktischen Vernunft" 1975: 205).

Die Liebe ist also kein Gebot sondern ein „Ideal der Heiligkeit“ (a.a.O., 206), wie Kant sie setzt.[109] Dieses Ideal bietet eine Orientierungssicherheit im Anspruch des Lebens, der potentiell die ganze Menschheit einbezieht. Die verbindliche Orientierungssicherheit wird benötigt, weil auf der ethisch-anthropologischen Folie es keine Entwicklung zur sittlichen Vernunft gibt, sondern nur innerhalb der sittlichen Vernunft (Spaemann 1998: 150). Moralische Entwicklung ist nie zu Ende, sie ist wesenhaft immer in Entwicklung, womit eine bessere Erfassung unserer Welt einhergeht. Das zeigen auch die Ergebnisse aus der Untersuchung von Frankls Anthropologie, die das Selbst-Weltverhältnis der jeweils sich ändernden Lebensfragen strukturieren.

Die Resultate ergeben sich aus der *These*, die den Anspruch, im Sinne formal universeller Bedingungen zu gelingender Interaktion, auf Universalität erhebt. Die Begründung erfolgt über die anthropologischen Kriterien der Freiheitsfähigkeit und der Antwortfähigkeit des Menschen, die die Bedingungen für die Entscheidung zum aktiven Tun bilden. Sie ermöglichen die Realisierung der Werteverwirklichung, die im Handeln und in der Zeit erfolgt. Im aktiven Tun der Werteverwirklichung werden die Wechselwirkung der Autonomie des Menschen und seine Bezogenheit zur Umwelt sichtbar. Entscheidend für Frankl ist nicht, was die Natur/Umwelt mit dem Menschen gemacht hat, sondern was der Mensch als selbstentwerfendes Wesen daraus macht. In diesem Zusammenhang wird noch einmal Kant zitiert [110], der in der Hinführung zum kategorischen Imperativ formuliert, dass der Wille als ein Vermögen der Vorstellung gedacht wird, Gesetzen gemäß sich selbst zum Handeln zu bestimmen (Grundlegung zur Metaphysik der Sitten, BA 64 in Weischedel 1974: 59), was besagt, dass die Vernunft und die Freiheit (bei Kant) wesentlich zusammengehören. Die objektiven Werte, die sich dem Bewusstsein als Gegebenheiten eröffnen, sind zugleich Eröffnungspotentiale, die eine moralische Richtung anzeigen und der Freiheit den Ermöglichungsgrund bietet, weil Freiheit nur möglich ist,

---

109 Vgl. auch Comte-Sponville 2004: 203

110 Bereits im Kapitel 2.4.1 verwendet.

wo man sich aus Vernunftgründen motivieren lässt. In der unabdingbaren Ableitung wird demnach die Freiheit als eine Bedingung der Moral sichtbar. Mit der Freiheits- und Antwortfähigkeit sowie die Entscheidung zum aktiven Tun wurden universelle Bedingungen zu gelingender Interaktion gefunden, die im Sinne der Verantwortung, die wir als geistige und freie Menschen haben, der Verwirklichung harrt. Da sich ethisches Handeln im Horizont der Anerkennung vollzieht, bedarf es der Hinführung und der Ableitung und zeigt sich in dieser Arbeit gemäß dem gesetzten Ziel der ethischen Bewertung von Frankls Anthropologie, in einer allgemeinen Moral.

Entsprechend der Analyse wird eine *universale Moral* erkannt, die die Achtung vor dem Menschen einfordert. Begründet wird das mit Frankls Ich-Du-Beziehung, die das dialogische Prinzip des rückbezüglichen geistigen Vollzugs zu Sachen und Personen eröffnet. Dabei stößt Frankl zu einem universalmenschlichen Grundbedürfnis – dem Erkennen und Anerkennen – einer Maxime ethischen Verhaltens, vor. Das universell moralische Verhalten erhebt den Anspruch auf sozialethische Bedingungen mit der Aussicht, das Glück aller zu ermöglichen und ergibt das Bindeglied im Spannungsbogen der Autonomie des Menschen und dem Bedürfnis auf Angewiesensein. So wie Frankl das dialogische Prinzip setzt, erfordert die Beziehung zu Personen und Sachen von einem Mitglied einer moralischen Gemeinschaft (allen gegenüber) ein universell moralisches Verhalten, wobei Achtung und Anerkennung die Bedingungen dieser Moral sind. Gleichzeitig leistet die moralische Haltung die individuelle Bestimmung der Sinnerfüllung, die gemäß Frankls Zielaufgabe der Sinnfindung und entsprechend der eigenen Wertvorstellung durch Hinwendung, durch Zuwendung und durch Öffnung zu einem anderen Menschen erfüllt wird – also im Handeln erfolgt.

Als methodischer Schritt wird die universale *Moral* aus Frankls Anthropologie zwischen der *These* von universellen Bedingungen einer gelingenden Interaktion und Frankls „moralischem *Imperativ*" im Sinne von kognitiv-wertend-verantworteten Entscheidungen (die allem Tun vorangehen), angesiedelt, weil die wechselseitige Anerkennung einen *ethisch grundlegenden Ausgangsbegriff* bereitstellt/anbietet. Der „moralische Imperativ" erhebt ebenfalls einen Anspruch auf Universalität, weil die Achtung vor dem Menschen in Frankls Anthropologie als ethische Orientierungshilfe aller Entscheidungen und Handlungen vorgängig ist und zeigt, dass Frankl zufolge ethisches Verhalten als Individualethik innerhalb eines Kollektivs erfolgt. Trotz erhobener Kritik im Kapitel 3 Teil II bezüglich mancher Inkonsistenz in Frankls Annahmen, ermöglicht der vorgenommene methodische Schritt die Geschlossenheit und Verflochtenheit Frankls wichtigster Thesen in seiner Theorie offen zu legen. Diese Offenlegung verdankt sich der wissenschaftlichen Methode der empirisch-hermeneutischen Textanalyse, mit der in Teil II gearbeitet wird. Die methodischen Schritte zur Auffaltung von Frankls Menschenbild erfolgen durch die besondere Beachtung der Schwerpunkte: Die Geistigkeit des Menschen und die Frage nach dem Sinn. Dabei wird der komplexe Wirkungszusammenhang von Frankls Aussagen (Phänomen) nach Zweck und Absicht (Finalität) im sozial-ethischen

Kontext der Lebenswirklichkeit hin untersucht (Kausalität), weil der Weltprozess nicht außer Acht gelassen werden kann und die gesellschaftlichen sowie geschichtlichen Verhältnisse/Ereignisse auf die psychische Befindlichkeit des Menschen einwirken.[111] Die Medialisierung erreicht Frankl über das gesprochene, und in dieser Arbeit über das geschriebene Wort. In der Analyse der Theorie zeigt sich jedoch, dass die universelle Moral der Achtung und Anerkennung das Medialisierungsprinzip in Frankls moralischem Imperativ ist. Gestützt wird diese Erkenntnis durch das erarbeitete Konzept der Selbstachtung, als das „Andere des Anderen". Als Mitglied einer ethischen Gemeinschaft wie Frankl sie antizipiert, ist die Selbstachtung die Voraussetzung, eine auf Achtung und Anerkennung basierende Beziehung zu Personen und Sachen zu pflegen. Achtung und Selbstachtung sind das gemeinsame Kriterium für eine angemessene Haltung der Verantwortung, die der Mensch für sich, für die Mitglieder einer ethischen Gemeinschaft und universell trägt. Über den Weg der wechselseitigen Anerkennung wird jenes Ziel erreicht, das Frankl anvisiert, wenn er den Menschen fähig zur Verantwortung bestimmt. Was das für den Einzelnen bedeutet, wird im letzten Ergebnis der Untersuchung gezeigt. Bei eingehender Textanalyse wird auch Frankls Konzept der Subjekt-Objekt-Philosophie sichtbar, die in dieser Arbeit als Individualethik innerhalb eines Kollektivs bezeichnet wird. Damit steht Frankl, zwar zeitlich früher, in der Tradition mit Martin Seel, Martha Nussbaum, Harry Frankfurt und etwa zeitgleich mit Erich Fromm[112], deren anerkennungstheoretischen Thesen im Teil I bei der Entwicklung der Theorie eines guten, geglückten Lebens erörtert wurden und deren Ergebnisse wesentlich zur Erreichung, zum Gelingen des gesetzten Zieles beitrugen. Vor der Diskussion des „moralischen Imperativs" wird nochmals auf die Sichtbarmachung der Bedingungen/Voraussetzungen des „moralischen Imperativs" durch die Reflexion auf die angewandte Methode hingewiesen, quasi als Legitimation der Art und Weise des Vorgehens der Explikation von Frankls Anthropologie.

Hinsichtlich der Freiheitsfähigkeit und der Antwortfähigkeit als Bedingungen der Möglichkeit zur Mitgestaltung der Lebenswelt weist Frankl bezüglich der verwirklichten Möglichkeiten als bleibende Wirklichkeiten auf die Verantwortung der vorangehenden Entscheidung hin. Weil gemäß der logotherapeutischen Maxime der Mensch fähig zur Verantwortung ist und eine Daseinsverantwortung trägt, ist entsprechend Frankls Individualethik innerhalb eines Kollektivs jede Entscheidungssituation zwar eine individuelle, bedarf aber einer moralischen Zielsetzung zugunsten des Zusammenhangs zwischen einer Entscheidung und den Handlungsfolgen. Entscheidungen, die im Sinne von kognitiv-wertend-verantworteten Entscheidungen getroffen werden, bedenken die Folgen für sich und die anderen. Gerade weil Frankls Grundkonzept den Menschen als vernünftig, als autonom und gleichzeitig

111 Vgl. dazu auch die Fußnote 9, in der Freuds Grundstimmung und Katastrophenbewusstsein zum Ausdruck kommt.

112 Den Menschen verstehen. Psychoanalyse und Ethik. (1947). Titel der amerikanischen Originalausgabe: Man for himself. An Inquiry into the Psychology of Ethics. (Vgl. Fromm 2004^6, Umschlagseite).

als bedürftig bezeichnet, ist die vorgängige verantwortete Entscheidung eine starke fundamentalethische Forderung, die in erkenntnistheoretischer Absicht in weiterer Folge den Menschen, der auch als freiheitsfähig, als antwortfähig und verantwortungsfähig bestimmt ist, zum Übernehmen und Tragen der Folgen von eigenem und fremdem[113] Handeln verpflichtet. Wegen des Zusammenhangs von Entscheidung und Wirklichkeit zeigt sich die Vollzugswirklichkeit der Wechselwirkung von der Subjektseite als Autonomie und von der Objektseite als ein Betroffensein. Im Betroffensein als ein Eingehen auf Sachen und Personen[114], zeigt sich gleichzeitig auch Frankls Bemühen, ein Gleichgewicht zwischen dem Menschen und seiner Umwelt herbeizuführen. Aufgrund dessen wird in weiterer Folge neben der Achtung vor dem Menschen (siehe oben) in dieser Arbeit für „*Frankls moralischen Imperativ*" der Anspruch auf Universalität erhoben, weil die fundamentalmoralische Forderung der verantworteten Entscheidung, so wie Frankl seine Theorie konzipierte, zwar immer zeitgemäße Entscheidungen sind (im Kontext der jeweiligen sozialen Rahmenbedingungen), aber über das Hier und Jetzt hinausgehen.

Das Ergebnis der gewonnenen Kenntnisse und Erkenntnisse der schrittweisen Auffaltung von Frankls psychotherapeutischem/philosophischem Menschenbild zeigt sich in der Essenz des ethischen Prinzips der Universalität der These, der universellen Moral und dem moralischen Imperativ, die zugleich zusammenfassende Beweisziele der Ergebnisse sind.

Frankls These besagt: im Sinne der Verantwortung, die wir als geistige und freie Menschen haben, vollzieht sich ethisches Handeln im Horizont der Anerkennung.

Die universelle Moral bei Frankl ergibt sich aus der Achtung vor dem Menschen. Frankls Imperativ als handlungsleitendes Prinzip des Menschen in Bezug auf die Zukunft wird von der Freiheit und der Verantwortung abgeleitet und lautet:

Bedenke die möglichen Folgen für dich und die anderen in Bezug auf die Gegenwart und in Bezug auf die Zukunft.

Entscheide dich zwischen den gegebenen Möglichkeiten im Bewusstsein, dass verwirklichte Möglichkeiten bleibende Wirklichkeiten sind.

Handle so, dass die Würde sowohl in deiner Person, als auch in der Person eines jeden anderen geachtet und nicht verletzt wird115 und schaffe Bedingungen, in denen solches Handeln möglich ist.

---

113 *Dies gilt ebenso in Bezug auf eine Staatengemeinschaft, in der die Folgen politischer Entscheidungen sowie auch Folgen der globalen Umweltverschmutzung und des Ressourcenmissbrauchs vom Einzelnen zu tragen sind.*

114 *Vgl. dazu Fromm (2004[6]: 86ff.).*

115 *Abgeleitet von Kants kategorischem Imperativ (Menschheitsformel).*

4. Conclusio

Mit dem Blick auf den Menschen als ein „Sein auf Sinn hin“, wie ihn die Existenzanalyse, und dem „Sein vom Sinn her“, wie ihn die Logotherapie sieht, ist die Auffaltung Viktor Frankls Anthropologie abgeschlossen. Frankl, der mit der Existenzanalyse und der Logotherapie die Geistesrichtungen seiner Zeit, am Beginn des 20. Jahrhunderts, den Psychologismus in der Psychotherapie und den Nihilismus in der Philosophie überwinden wollte, hat ein philosophisch-psychotherapeutisches Menschenbild geschaffen, in dem das spezifisch Humane, die Geistigkeit, die Freiheit und die Verantwortung die Würde des Menschen ausmachen. Das Postulat der unverlierbaren Möglichkeit der inneren Freiheit, der Selbst-Transzendenz und der Ausrichtung auf das Sein auf Sinn hin, schafft eine Weise der Lebenspraxis, die die subjektive Bezogenheit des Menschen auf die Lebenswirklichkeit einbezieht, im Sinne einer individuellen sittlichen Selbstbestimmung, in der der Mensch eine prinzipielle Verantwortung im Guten wie im Schlechten über seine Lebensführung hat. Die wesenhafte Freiheit des Menschen und die Fähigkeit, die Beziehung zwischen Ursache und Wirkung zu erfassen, somit die Kausalkette zu unterbrechen und eine Neuheit im Hier und Jetzt zu setzen, verantwortet den Menschen seine Entscheidungen und sein Handeln auf die Auswirkung im Kontext des sozialen Zusammenlebens zu treffen, um auf einer sozialethisch-rechtlichen Grundlage die Möglichkeit zu schaffen, unter anderem dem Kollektivismus und dem Konformismus entgegenzutreten. Diese Sorge entspringt Frankls Konsequenzwissen um die Verführbarkeit des Menschen und Frankls Wunsch nach einer globalen Friedensordnung. Das legt Frankls individualethische Dimension offen, die die ganze Menschheit einbezieht, gemäß dem Postulat, der Mensch als geistiges Wesen ist frei, was ihn nicht willkürlich, sondern verantwortlich macht. Die Geistigkeit, die Freiheit, die Verantwortung und das Gewissen entstammen der „Transzendenz“[116] und führen durch die Sinnerfüllung, die sich in der Unwiderruflichkeit der Situation und in der Unvertretbarkeit der Person zeigt, auch wieder zurück zu einer personalen Instanz, vor der der Mensch letztendlich verantwortlich ist und die Frankl Gott nennt. Die Existenzialien der Geistigkeit, Leiblichkeit und Endlichkeit werden unabhängig von Geschlecht, ethnischer oder sozialer Herkunft erfahren und offenbaren deshalb in Frankls universell anthropologischer Konzeption eine unbedingte Zustimmung zu einem Seienden und dem unbedingten Wert des Individuums, dem die Eventualität der Veränderung und das Potenzial der Entwicklung zu Grunde liegt. Nicht das Verbleiben im faktischen Sein, sondern das potenzielle Sein des Menschen ist für Frankls Theorie paradigmatisch. Eine ethische Kernaussage in Frankls Anthro-

116 Analytisch als a priori.

pologie ist die Ich-Du-Beziehung zu Sachen und Personen, denen durch liebende und respektvolle Begegnung zu ihrem Höchstwert verholfen wird. Auf diesem Sachverhalt beruht die anerkennungstheoretische Basis, die ein allgemein menschliches Grundbedürfnis nach Erkennen und Anerkennen, eine Maxime ethischen Verhaltens, erfüllt. Aufgrund dessen ist für ein ethisches Modell Selbsterkennung und Anerkennung entscheidend, das durch das Wiederkennen als Bedingung eines emanzipatorischen Modells erweitert wird, dessen subsummierte Wirkung, gemäß der anthropologischen Grundannahme des Menschen als selbstentwerfendes Wesen, die individuelle (ethische) Entwicklung fördert.

In Hinblick auf die leitende Forschungsfrage, ob Frankls philosophisch/psychotherapeutisches Menschenbild Beiträge liefern kann, die für eine ethische Theorie relevant sind, auf deren Grundlage von einer an universellen Prinzipien orientierten Entscheidungsethik gesprochen werden kann, die in weiterer Folge eine Orientierung und Erweiterung von Verantwortung und Glück im Umgang und Austausch (Wechselwirkung) des Subjekts mit der Außenwelt in Bezug auf einen problemlösungsorientierten Lebensvollzug fördern, wird ein paradigmatischer Antwortversuch[117] vorgenommen.

Die Ethik bei Frankl, die von der Liebe und der Verantwortung abgeleitet wird, ergibt sich aus der Achtung vor dem Menschen. Entsprechend seiner Theorie ist der Mensch nicht determiniert, auch nicht ethisch determiniert, sondern moralisch autonom, geistig und frei und trägt Verantwortung gegenüber seinen Entscheidungen. Die Verantwortung des Menschen zwingt im Horizont der Anerkennung zum ethischen Handeln, das ein vorgängiges Bedenken der Folgen für sich und die Anderen mit dem Ziel einfordert, auf die Sinnfrage des Lebens antworten zu können, um das Glück aller zu ermöglichen. Das Vollziehen solcher kognitiver Handlungen zur Bewertung von Möglichkeiten als Vorbedingung einer Entscheidung zu/vor einer Handlung, ist die Stellungnahme des Menschen zur Erfahrung von Freiheit und sittlicher Autonomie Dieser Anspruch lässt die Schlussfolgerung zu, dass Frankl kantisch dachte, im Sinne der Entwicklung der eigenen Vollkommenheit und der Förderung der fremden Glückseligkeit.[118] In einer solch verantworteten individuellen Entscheidung (und moralischer Entwicklung) kann schließlich von einer Verschränkung von Glück und Ethik gesprochen werden und offenbart die universelle ethische Dimension in Frankls Anthropologie. Damit zeigt sich auch die Übereinstimmung mit den Bedingungen, wie sie die Theorie eines guten, glückenden, gelingenden Lebens aus Teil I aufweist, die eine zuverlässige Orientierung in der Bewältigung und Sinnerfüllung des endlichen Lebens bietet.

Sollten diese Überlegungen zur ethischen Dimension mit Anspruch auf Universalität in Viktor Frankls philosophisch/psychotherapeutischem Menschenbild nicht als Illusion eines utopischen Moments gedacht werden, so müssen sie letztlich durch den Menschen im Hier und Jetzt verwirklicht werden, zu dem er (nach

---

117 Als Bedeutung eines Leitbildes gemeint.

118 Vgl. Einleitung zur Tugendlehre. Kant (1990: 18f.).

Frankl) alle Voraussetzungen dazu besitzt. Aufgrund dessen geben Frankls ethische Prinzipien lediglich eine angemessene Handlungsanweisung zu einem guten geglücktem Leben und gelten als Maßstab des Handelns, weil in ihnen die anthropologische Konstante, in Form der Theorie der Freiwilligkeit des Handelns, enthalten ist. Das führt dazu, dass in selbstkritischer Weise davon abzuleiten ist, die Theorie des geglückten Lebens aus Teil I, sowie Frankls ethische Prinzipien zur Erreichung eines geglückten Lebens, sind unbewiesene Annahmen.

In dieser Arbeit wurde mit der Abduktion als wissenschaftliches Modell gearbeitet, die, wie bereits gesagt, einer Detektivarbeit gleicht, zur Auffindung neuer Hypothesen dient. Ein Abduktionsschluss ist potentiell Wahrheit entdeckend und Erkenntnis erweiternd. Diese Anforderung wurde mit der wissenschaftlichen Methode der empirisch-hermeneutischen Textanalyse in dieser Arbeit geleistet, indem der komplexe Wirkungszusammenhang von Frankls Theorie auf die Lebenswirklichkeit hin gedeutet wurde. Bei genauerer Differenzierung wird jedoch in der Conclusio sichtbar, dass im wissenschaftlichen Prozess der Entwicklung einer gültigen Theorie eines geglückten Lebens, sowie in der Analyse von Frankls Anthropologie eine Hypothese gebildet wurde – eine erklärende Hypothese, die sich auf die *Möglichkeit des Wollens* und gleichermaßen auf die *Möglichkeit des Könnens* bezieht, aber deren empirische Bestätigung nur im Vollzug der Lebenswirklichkeit vom einzelnen Mensch falsifiziert oder verifiziert werden kann. Diese ernüchternde Erkenntnis, als erschütternde Tatsache erlebt, hatte schon Viktor Frankl, als er sagte, dass die „Suche nach dem Sinn" im Konzentrationslager „existenziell verifiziert und validiert" und durch das „experimentum crucis" (Frankl 1995:75) empirisch bestätigt wurde.

Diese Conclusio in der Conclusio macht im wissenschaftlichen Prozess die Unendlichkeit des wissenschaftlichen Diskurses sichtbar und bietet Aussicht auf weitere empirische Forschung/Erforschung der unbewiesenen Tatsache, Frankls ethische Prinzipien sind zum Erreichen eines geglückten sinnvollen Lebens hilfreich. Und schon stellt sich die erste Frage, ob eine Methode wissenschaftlich ist, wenn sie Voraussagen empirisch beweisen kann, oder philosophisch, wenn sie Theorien entwickelt, sich in der Welt besser zu Recht zu finden?

Das bedeutet nicht, dass der „moralische Imperativ", der auf der Würde des Menschen gründet, eine Utopie ist, oder die ethische Dimension des Imperativs zur Disposition gestellt wird. Es bedeutet vielmehr, dass der „moralische Imperativ" eine verlässliche Orientierungshilfe bei Entscheidungen bietet, die der Mensch zu treffen hat, weil die ethische Dimension darin als Wertmaßstab des handlungsleitenden Prinzips enthalten ist. Trotzdem stellt sich am Ende dieser Arbeit die unsichere Frage, was letztlich zu einer gelingenden Verwirklichung eines geglückten Lebens führt? Und noch einmal wird mit Kant eine Antwort versucht, eine Antwort, die der Intention nach, wie durch die Analyse seines Menschenbildes bestätigt, auch von

Viktor Frankl stammen könnte. Es ist eine Antwort, die auf der Idee der Freiheit und auf der Idee der Vorstellungskraft beruht und vielleicht deshalb eine hoffnungsvolle Antwort ist: **„Der bestirnte Himmel über mir, und das moralische Gesetz in mir.“**[119]

119 *Immanuel Kant: Kritik der praktischen Vernunft. Grundlegung zur Metaphysik der Sitten. (1974: 300, A 298).*

Literatur

Adler, Alfred: Der Sinn des Lebens.- Frankfurt am Main: Fischer Taschenbuchverlag, 2002, 22. Auflage

Améry, Jean: Jenseits von Schuld und Sühne. Bewältigungsversuche eines Überwältigten.- Stuttgart: Klett-Cotta, 2004, 5. Auflage

Anzenberger, Hans: Der Mensch im Horizont von Sein und Sinn: die Anthropologie Paul Tillichs im Dialog mit Humanwissenschaften (Rupert Riedl, Erich Fromm und Viktor E. Frankl) St. Ottilien.- EOS-Verlag, 1998

Aristoteles: Die Nikomachische Ethik.- München: Deutscher Taschenbuch Verlag, 2004, 6. Auflage

Arlt, Gerhard: Philosophische Anthropologie.- Stuttgart, Weimar: Verlag J.B. Metzler, 2001

Bechstein, Ludwig in: Strich, Christian: Das große Märchenbuch.- Zürich: Diogenes Verlag, 1987

Begley, Louis: Auf der Suche nach dem guten Leben in: Stäblein, Ruthard (Hrsg.): Glück und Gerechtigkeit. Moral am Ende des 20. Jahrhunderts.- Frankfurt am Main: Insel Verlag, 1999, 1. Auflage, S. 21-25

Bericht zur Drogensituation 2004, im Auftrag der Europäischen Beobachtungsstelle für Drogen und Drogensucht, Lissabon, und des Bundesministeriums Gesundheit und Frauen, Wien. Österreichisches Bundesinstitut für Gesundheitswesen, Oktober 2004

Biller, Karlheinz in: Kurz, Wolfram/Sedlak, Franz (Hrsg.): Kompendium der Logotherapie und Existenzanalyse. Bewährte Grundlagen, neue Perspektiven.- Tübingen: Verlag Lebenskunst, 1995

Böschemeyer, Uwe: Die Sinnfrage in Psychotherapie und Theologie. Die Existenzanalyse und Logotherapie Viktor E. Frankls aus theologischer Sicht.-Berlin, New York: Walter De Gruyter, 1977

Camus, Albert: Der Mythos des Sysiphos.- Reinbeck bei Hamburg: Rowohlt Verlag, 2002, 4.Auflage

Comte-Sponville, André: Ermutigung zum unzeitgemäßen Leben. Ein kleines Brevier der Tugenden und Werte.- Reinbeck bei Hamburg: Rowohlt Taschenbuch Verlag, 2004, 3. Auflage

Czikszentmihalyi, Mihaly: Flow. Das Geheimnis des Glücks.- Stuttgart: J. G. Cotta'sche Buchhandlung Nachfolger GmbH, 2001, 9. Auflage

Dalai Lama & Cutler, Howard C.: Die Regeln des Glücks.- Bergisch Gladbach: Gustav Lübbe Verlag, 2002, 5. Auflage

Der große Brockhaus. Jubiläumsausgabe: Band 3, Band 12.- Wiesbaden: F.A. Brockhaus

Düsing, Klaus: Fundamente der Ethik. Unzeitgemäße typologische und subjektivitätstheoretische Untersuchungen.- Stuttgart-Bad Cannstatt: Friedrich Frommann Verlag, Günter Holzboog, 2005

Eckermann, Johann Peter/Schönberger Otto (Hrsg.): Gespräche mit Goethe in den letzten Jahren seines Lebens.- Stuttgart: Philipp Reclam jun., 1998

Epikur: Briefe Sprüche Werkfragmente.- Stuttgart: Philipp Reclam jun., 2001

Fenner, Dagmar: Glück. Grundriss einer integrativen Lebenswissenschaft.- Freiburg/München: Verlag Karl Albert 2003, Band 72, Alber praktische Philosophie

Fintz, Anette: Die Existenzanalyse: eine angewandte Existenzphilosophie? in: Batthyàny, Dominik/Zsok, Otto (Hrsg.): Viktor Frankl und die Philosophie.- Wien New York: Springer Verlag, 2005, S. 183-212

Frankfurt, Harry G.: Gleichheit und Achtung in: Betler, Monika und Guckes, Barbara (Hrsg.): Freiheit und Selbstbestimmung.- Berlin: Akademie Verlag GmbH, 2001, S.189-200

Frankl, Viktor E.: Der Wille zum Sinn. Ausgewählte Vorträge über Logotherapie.- Bern Stuttgart Wien: Verlag Hans Huber, 1982, 3. erweiterte Auflage

Frankl, Viktor E.: Ärztliche Seelsorge.- Wien: Franz Deuticke, 1946

Frankl, Viktor E.: Theorie und Therapie der Neurosen.- München Basel: Ernst Reinhardt Verlag, 1993, 7. aktualisierte Auflage

Frankl, Viktor E.: Was nicht in meinen Büchern steht. Lebenserinnerungen.- München: Quintessenz MMV Medizin Verlag, 1995, 2. Auflage

Frankl, Viktor E.: Der leidende Mensch. Anthropologische Grundlagen der Psychotherapie.- Bern: Verlag Hans Huber, 1996, 2. Auflage

Frankl, Viktor E.: Das Leiden am sinnlosen Leben. Psychotherapie für heute.- Freiburg-Basel-Wien: Herder, 1997, 13. Auflage der Neuausgabe, 24. Gesamtauflage

Frankl, Viktor E.: Der Mensch vor der Frage nach dem Sinn.- München: Piper, 2002, 14. Auflage

Frankl, Viktor E.: Logotherapie und Existenzanalyse.- Weinheim und Basel: Beltz Verlag, 2002, Beltz Taschenbuch 129

Frankl, Viktor E.: Der unbewußte Gott. Psychotherapie und Religion.- München: Deutscher Taschenbuch Verlag, 2002, 6. Auflage

Frankl, Viktor E.: ...trotzdem Ja zum Leben sagen. Ein Psychologe erlebt das Konzentrationslager.- München: Deutscher Taschenbuchverlag, 2005, 25. Auflage

Frankl, Viktor E./Lapide, Pinchas. Gottsuche und Sinnfrage.- Gütersloh: Gütersloher Verlagshaus GmbH, 2005

Freud, Sigmund: Das Unbehagen in der Kultur. Und andere kulturtheoretische Schriften.- Frankfurt am Main: Fischer Taschenbuch Verlag, 2001, 7. unver-

änderte Auflage
Fromm, Erich: Den Menschen verstehen. Psychoanalyse und Ethik.- München: Deutscher Taschenbuch Verlag GmbH & Co. Kg, 2004, 6. unveränderte Auflage
Gehmacher, Ernst: Mehr Glück mit Verstand.- Wien: Deutike Verlagsgesellschaft, 1991
Habermas, Jürgen: Erläuterung zur Diskursethik.- Frankfurt am Main: Suhrkamp Verlag, 1991, 1. Auflage, (=stw 975)
Heuser, Isabella in: „Brigitte" Balance.- Hamburg: Druck- und Verlagshaus Gruner + Jahr, 1/2005
Horster, Detlef: Recht, Moral und Gerechtigkeit in: Stäblein, Ruthard (Hrsg.): Glück und Gerechtigkeit. Moral am Ende des 20. Jahrhunderts.- Frankfurt am Main: Insel Verlag, 1999, 1. Auflage, S. 273-245
Houellebecq, Michel: Suche nach Glück. Gedichte. Französisch – Deutsch Übertragen von Hinrich Schmidt-Henkel.- Reinbeck bei Hamburg: Rowohlt Taschenbuch Verlag, September 2003
Huxley, Aldous: Schöne neue Welt.- Frankfurt am Main: Fischer Taschenbuch Verlag, 1987
Kant, Immanuel/Weischedel, Wilhelm (Hrsg.): Kritik der praktischen Vernunft. Grundlegung zur Metaphysik der Sitten.- Werkausgabe Band VII.- Frankfurt am Main: Suhrkamp, 1974
Kant, Immanuel: Grundlegung zur Metaphysik der Sitten.- Stuttgart 2000: Philipp Reclam jun. GmbH & Co.
Kant, Immanuel: Metaphysische Anfangsgründe der Tugendlehre. Neu herausgegeben und eingeleitet von Bernd Ludwig.- Hamburg: Felix Meiner Verlag, 1990
Karmasin, Matthias/Ribing, Rainer: Die Gestaltung wissenschaftlicher Arbeiten, 2. überarbeitete Aufl.- Wien: WUV-Univ.-Verlag, 1999
Kast, Verena: Lebenskrisen werden Lebenschancen. Wendepunkte des Lebens aktiv gestalten.- Freiburg, Basel, Wien: Herder, 2000, 2. Auflage
Körtner, Ulrich H.J. in: „Dem Rad in die Speichen fallen" in: „Die Presse" vom 21. Jänner 2006, Spectrum IV
Laß keinen Tag ohne Freude vergehen. Worte und Gleichnisse östlichen Denkens.- Zürich, Stuttgart: Aldus Manuntius Verlag, 28. Druck
Längle, Alfried: Viktor Frankl. Ein Porträt.- München: Piper, Februar 2001
Leser, Norbert: Gottes Türen und Fenster. Ein erneuter Blick auf die Gottesbeweise: Erkenntnisse und Bekenntnisse.- Wien, Klosterneuburg: EDITION VA BENE, 2001
Leser, Norbert: Viktor E. Frankls Kampf gegen den Reduktionismus in: Batthyàny, Dominik/Zsok, Otto (Hrsg.): Viktor Frankl und die Philosophie.- Wien New York: Springer Verlag, 2005, S. 1-12

Liessmann, Paul Konrad: Bruder Müll, in „Die Presse“ vom 17. September 2005, Spectrum II.
Liessmann, Konrad Paul: Vom Nutzen und Nachteil des Denkens für das Leben. Vorlesungen zur Einführung in die Philosophie.- Wien: WUV-Univ.-Verlag, 2002, 3. Aufl.
Lévinas, Emmanuel: Der Anblick des Gesichts. in: Stäblein, Ruthard (Hrsg.): Glück und Gerechtigkeit. Moral am Ende des 20. Jahrhunderts.- Frankfurt am Main: Insel Verlag, 1999, 1. Auflage, S. 213-218
Ludwig, Ralf: Kant für Anfänger. Die Kritik der reinen Vernunft.- München: Deutscher Taschenbuch Verlag, 2001, 7. Auflage
Lukas, Elisabeth/Bette, Heinrich W. (Hrsg.): Von der Trotzmacht des Geistes.- Freiburg i. Br: AGJ-Verlag, 1993
Lukas, Elisabeth: Sehnsucht nach Sinn. Logotherapeutische Antworten auf existenzielle Fragen.- München/Wien: Profil Verlag, 1997
Lutz, Bernd (Hrsg.): Metzler Philosophen Lexikon. Stuttgart, Weimar: Verlag J.B. Metzler, 1995, 2. erweiterte und aktualisierte Auflage
Marc Aurel: Selbstbetrachtungen.- Stuttgart: Alfred Kröner Verlag, 2001
Margalit, Avishai: Politik der Würde. Über Achtung und Verachtung.- Berlin: Alexander Fest Verlag, 1997, Deutsche Ausgabe
Mayring, Philipp: Psychologie des Glücks.- Stuttgart/Berlin/Köln: Verlag W. Kohlhammer, 1991
Morus, Thomas: Utopia.- Zürich: Diogenes Verlag, 1981
Nietzsche, Friedrich: Unzeitgemäße Betrachtungen. Sämtliche Werke in zwölf Bänden, Band II.- Stuttgart: Alfred Kröner Verlag, 1964
Nussbaum, Martha: Menschliches Tun und soziale Gerechtigkeit. Zur Verteidigung des aristotelischen Essentialismus in: Steinfath, Holger (Hrsg.): Was ist ein gutes Leben? Philosophische Reflexionen.- Frankfurt am Main: Shurkamp Taschenbuch, 1998, 2, Auflage, (= stw 1323) S. 196-234
Orenga, Hélène in: Mitscherlich, Alexander/Kaow, Gert: Glück – Gerechtigkeit. Gespräche über zwei Hauptworte.- München: Piper & Co. Verlag, 1976
Pico della Mirandola, Giovanni: Über die Würde des Menschen.- Zürich: Manesse Verlag, 1996, 4. Auflage
Piper, Annemarie: Glückssache. Die Kunst gut zu leben.- München: Deutscher Taschenbuch Verlag GmbH & Co. KG, 2004, 2. Auflage
Ludwig, Ralph: Kant für Anfänger. Die Kritik der reinen Vernunft. Eine Lese-Einführung von Ralph Ludwig.- München: Deutscher Taschenbuch Verlag, 2001, 7. Auflage
Rehfus, Wulff D. (Hg): Handwörterbuch Philosophie.- Göttingen: Vandenhoeck & Ruprecht, 2003
Scheler, Max: Die Stellung des Menschen im Kosmos.- Bonn: Bouvier Verlag, 2002, 15. unveränderte Auflage

Schischkoff, Georgi: Philosophisches Wörterbuch.- Stuttgart: Alfred Kröner Verlag, 1991, 22. Auflage

Seel, Martin: Freie Weltbegegnung in: Steinfath, Holger (Hrsg.): Was ist ein gutes Leben? Philosophische Reflexionen.- Frankfurt am Main: Shurkamp Taschenbuch, 1998, 2. Auflage, (= stw 1323) S. 275-296

Seel, Martin: Versuch über die Form des Glücks.- Frankfurt am Main: Suhrkamp Verlag, 1999, 1. Auflage, (=stw 1445)

Spaemann, Robert: Glück und Wohlwollen. Versuch über Ethik.- Stuttgart: Klett-Cotta, 1998, 4. Auflage

Spaemann, Robert: Wert oder Würde des Menschen.- in: Manuskript des Vortrags vom 9. Philosophicum Lech vom 15. bis 18. September 2005

Spierling, Volker: Kleine Geschichte der Philosophie. Große Denker von der Antike bis zur Gegenwart.- München: Piper Verlag GmbH, 2006, Erweiterte Neuausgabe

Strasser, Peter: Gut in allen möglichen Welten. Der ethische Horizont.- Paderborn: Ferdinand Schönigh, 2004

Stephenson, Thomas: Paradigma und Pädagogik. Wissenschaftsanalytische Untersuchungen im Spannungsfeld zwischen Pädagogik, Therapie und Wissenschaft.- Wien: Empirie Verlag, 2003, Habilitationsschrift, Universität Wien

Tatarkiewicz, Wladyslaw: Über das Glück.- Stuttgart: Ernst Klett Verlage GmbH u. Co., 1984

Toifl, Karl: Chaos im Kopf. Chaostheorie – ein nichtlinearer Weg für Medizin und Wissenschaft.- Wien/München/Bern: Verlag Wilhelm Maudrich, 1995

Wolf, Christa: Die Philosophie und die Frage nach dem guten Leben.- Reinbeck bei Hamburg: Rowohlt Taschenbuch Verlag GmbH, 1999

Zsok, Otto: Was heißt, dass jede Person ein „absolutes Novum“ ist? in: Batthyàny, Dominik/Zsok, Otto (Hrsg.): Viktor Frankl und die Philosophie.- Wien New York: Springer Verlag, 2005, S. 163-181

Kolibri 360 GmbH
Ferdinand-Jühlke-Straße 7
99095 Erfurt, Deutschland
produktsicherheit@kolibri360.de